经典与解释(66)

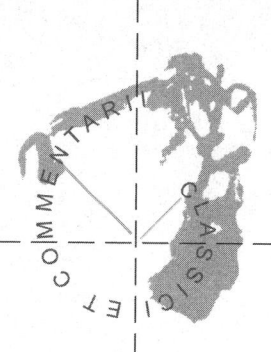

沃格林与韦伯

中国人民大学文学院古典文明研究中心 编
主编 刘小枫　执行主编 娄林

华夏出版社
HUAXIA PUBLISHING HOUSE

目　录

论题　沃格林与韦伯（郑家栋　策划）

- 2　韦伯和沃格林 …………………………………… 奥皮茨
- 28　论马克斯·韦伯 ………………………………… 沃格林
- 47　马克斯·韦伯 …………………………………… 沃格林
- 68　沃格林论韦伯 …………………………………… 郑家栋
- 95　德国霸权问题 …………………………………… 沃格林
- 108　尼采：危机与战争 ……………………………… 沃格林
- 146　临终遗稿 ………………………………………… 沃格林

古典作品研究

- 176　"心智"的神话宇宙论内涵与哲学意义 ………… 刘旭

思想史发微

- 200　亚里士多德、洛克与美国建国 ………………… 厄勒
- 243　马克·吐温的《圣女贞德传》：一位美国女子？
  ………………………………………… 巴兹尔　亚历山大

旧文新刊

278 濂溪一滴 ……………………………………… 黄葆年

评　论

316 评《波斯人信札》………………………………… 阿什塔

322 评《施特劳斯和文化的神学政治》…………… 希莱尔

论题　沃格林与韦伯

韦伯和沃格林

奥皮茨（Peter J. Opitz） 撰
郑家琛 译

一

沃格林和韦伯的关系极其矛盾，尽管前者对后者评价颇高，但两人从无一面之缘。沃格林很早便视韦伯为他那个年代罕有其匹的德语思想家——他在1925年和1930年的两篇长文中就做出了这样的评价。1934年，在与美国社会学家尤班克（Earle Edward Eubank）对谈时，沃格林称韦伯为"最伟大的德国思想家"，可见他仍和此前一样尊敬韦伯，虽然这有悖于他早年导师斯潘（Othmar Spann）的立场，后者从未高看韦伯。① 尽管沃格林这两篇文章都不包含对韦伯

---

① Dirk Käsler, *Soziologische Abenteuer*, Opladen 1985, 页147, 页119-120。

著作的细致分析，他在写于 30 年代的各样书评中也鲜少给出提示，但他在写于 20 年代末关于"统治理论"的长篇讲演课手稿中有一小节专门讨论韦伯，后被收入沃格林的遗稿，① 这表明他熟悉韦伯的著作。在与玛丽安妮·韦伯（Marianne Weber）始自 1936 年 2 月的简短通信②中，沃格林向她打听，韦伯是否以及在何种程度上熟悉基尔克果（Kierkegaard）的著作，这也证明他对韦伯的持续兴趣。此后，沃格林作品中的韦伯痕迹便渐渐淡化。

1952 年的《新政治科学》（*The New Science of Politics*）及沃格林与舒茨（Alfred Schütz）同年的通信又表明，他仍持续致力于韦伯研究。但较之早期作品，他的态度显然更富批判性。韦伯的科学理解的核心要素正经受彻底的批判——怀有尊敬，但也带着 veritas magis quam amicus［真理重于友爱］的意味——亚里士多德曾以此言求取其师柏拉图的谅解。此后，沃格林不再广泛地研究韦伯，不论在出版著作还是讲演稿中，他都只是偶尔提及韦伯对信念伦理（Gesinnungsethik）和责任伦理（Verantwortungsethik）的区分。1964 年夏，时值慕尼黑大学为韦伯诞辰 100 周年举办的大课系列（Ringvorlesung）期间，沃格林再次为韦伯献上题为"伟大的马克斯·韦伯"（Die Größe Max Webers）的报告。尽管后来考虑到出版规划，他修改了讲稿部分内容，但是，这份文本直到他逝

---

① 沃格林，《统治理论》（"The Theory of Governance"），载于 *The Collected Works of Eric Voegelin*, Volume 32: *The Theory of Governance and Other Miscellaneous Papers* 1921-1938, Columbia and London: University of Missouri Press, 2003, 页 270-271。

② 1936 年 2 月 5 日韦伯夫人致沃格林的信，载于 Eric Voegelin, *Die Größe Max Webers*, hrsg. von Peter J. Opitz, München: Wilhelm Fink Verlag, 1995, 页 59 以下。

世之后才正式出版。① 早年的称许再次占了上风，但沃格林没有撤回对韦伯的批判。

沃格林在70年代初的《自传体反思录》中最终显示出对韦伯的高度赞许。这本书的开篇用三页篇幅谈论韦伯，他坦承多年来，在一系列关键点上，韦伯对他本人的思想有"持久的影响"。② 这个回顾表明，韦伯就是沃格林最为着力研究的20世纪思想家。

这番简短的勾勒应当已经清晰地揭示出沃格林和韦伯之间关系的内在张力。下文将更详细地描绘此种关系的各个阶段，并试图指出沃格林所追随的韦伯之路，以及他与韦伯分道扬镳的拐点。

二

在1925年的《德意志文学研究和思想史季刊》(*Deutschen Vierteljahresschrift für Literaturwissenschaft und Geistesgeschichte*)中，沃格林首次表达了他对韦伯的看法。③ 我们不清楚此文的写作动机——也许是为纪念韦伯逝世五周年，也许只是为了表达对韦伯的宗教社会学论文和《经济与社会》的赞同。④ 但该文并未措意于韦伯的这些著作，只是讨论他的两篇著名演说《科学作为天职》和《政治作

---

① Eric Voegelin, *Die Größe Max Webers*, hrsg. von Peter J. Opitz, München: Wilhelm Fink Verlag, 1995, 页85-103。

② 沃格林，《自传体反思录》(*Autobiographische Reflexionen*), Peter J. Opitz 编，München: Fink Verlag, 1994, 页29-31。

③ 沃格林，《论马克斯·韦伯》(*Über Max Weber*), 收于 *Die Größe Max Webers*, 前揭，页9-28。

④ 《自传体反思录》，前揭，页29。

为天职》。这种选择表明，沃格林对于韦伯著作的某些特定方面不甚感兴趣，而是深究韦伯抛出的问题，即"一般意义上关于科学的意义的问题"。沃格林试图从这一提问角度出发，把握韦伯著作中宏富的材料堆积及其百科全书式和碎片化特征的深层意义。这种寻求百科全书式特征的原因和把研究对象的多样性统一起来的意义的努力，成为贯穿沃格林整篇文章的线索，即便他间或出离这种视线。沃格林在文末给出了回答，此处不妨跳过具体的思维轨迹，并提前勾勒其结论：韦伯的人格是其作品的真实基点，他纵横捭阖的研究，"借助他所确立的与理性主义观念的共同联系"① 而凝聚为一个严格的统一体。但是，在这种统一体——韦伯的理性化结构原则施用于[具体]材料——中，真实的历史结构不太能够反映出作者的努力，"在思辨过程中达到那个可以使自己的存在得到理解和证明的点"（同上，页26）。以下几句话把这层意思说得更清楚：

> 韦伯这样分析他的历史：在他创造的世界中，除了他的激情和听天任命（Resignation）、他的理性主义和他的决断守护神（dämon）之外，对他来说，还有一个可以理解的地方，他因此证实了——我们用词有点尖锐——生命的最终意义不是寻找其意义，而是不断创造意义。（同上，页27）

在行文即将结束之处，沃格林补充了一句，很显然，他不再（或只是间接地）参照韦伯，而是似乎要表述自己的立场。他着重指出：

---

① 沃格林，《论马克斯·韦伯》，前揭，页26；更简明扼要的表述见1930年的论文，文章信息参后文注。

我们意识到，在世界面前有一个点，我们在那里是孤独的，孤独到无人能够追随我们到达那里——除了守护神。（同上）。

这种论断总是意味着、在某种意义上似乎又预示了沉思态度和超越体验的来临，它们将在很久之后成为沃格林著作的显著背景。可以肯定，这个论断不包含他对韦伯的批判，反而强调了对韦伯的同情和对其成就的尊重——这种尊重在文末体现得淋漓尽致：

韦伯抵达了这个世界的创造之所，与守护神对话……因为他允许先于世界的知识在他的作品中完全成形，他不仅是伟大的学者和热情的思想者，我们时代的命运也在他身上找到了最强有力的象征。（同上）

这篇文章在两个方面颇有意趣。一方面，我们可以看出沃格林对韦伯的态度及其立场。沃格林主要关注韦伯著作中的"历史形而上学"这一突出特征，还没有说明自己在何处以及在何种程度上赞同韦伯的观点，即便如此，我们也无法忽略他对韦伯的赞美和对其立场的理解。人们徒劳地搜寻沃格林对韦伯的批判点（Kritikpunkten）——它们后来以许多不同角度出现在《新政治科学》中：如通常而言的"价值"、韦伯的"价值中立的科学"的概念以及事实上不令人满意的"信念伦理"和"责任伦理"的二元论。韦伯的"历史形而上学"——沃格林显然已经厘清其思辨性特征——没有引起显著的异议。很显然，沃格林此时尚处于学术形成期。他尚未发现一个能从事更坚实且更进一步的理论批判点，因此，他的阐述的基调是沉思的和移情的，仿佛他从远处饶有兴致地观看韦伯"与其守护神的对话"。

另一个意趣在于沃格林的工作方式。一个很明显的特点一直在强化并塑造他后来的作品：避免从外部观察并描述其他思想家，而是立足于作品，向这个思想家生存的中心推进，这样就能从内部显明并赢得其内在的统一性。在若干年后对韦伯的第二篇解读文章中，他试图推进到韦伯作品的碎片化特征的"内在，即滋养他的生命的力量之源"，进而通达对韦伯的"精神核心的内在结构"的理解。[1]

三

五年后的 1930 年 6 月 13 日，时值韦伯逝世十周年忌日，沃格林为由维也纳的"维也纳社会学协会"（Wiener Soziologischen Gesellschaft）举办的纪念会提交了一份报告。该文依然围绕着沃格林之前在论文中处理过的问题范围，并延续之前的论点。[2] 在此，沃格林把韦伯置于这一精神进程的更宏大背景中，如他所言，西方社会在此进程中面临着一个危险："知性（Verstand）对我们合理的价值正当性的信仰产生了瓦解性的影响"。值得注意的地方在于这一进程的不均衡。在法国、英国和美国，国家的发展能强化了民族形式和传统的根基，并延缓了"知识和信念的分离"，而这种分离在德国的进展则快得多也激烈得多。沃格林在政治和精神的发展中寻找原因，这种发展妨碍了"对共同体价值的更坚定信念"的形成，正是这种信念"会避免公共行动的核心因知性而丧失活力"（同上，页 32）。

---

[1] 沃格林,《马克斯·韦伯》，参下注，页 34。
[2] 沃格林,《马克斯·韦伯》, *Kölner Vierteljahrsschrift für Soziologie*, München, Jg. IX, 1/2 (1930), 页 1—16, 重印版同前揭, 页 29—47。

在致维泽（Leopold von Wiese）的信中，沃格林补充了这种背景中的一个要点——这一点随着手稿的出版而为我们所知晓。维泽觉得，沃格林对知性的腐化和瓦解的效果的评论，是一种"浪漫化的指控"，并误以为沃格林与他所悲叹的时代精神不谋而合。沃格林的报告能否刊行于维泽主管的《季刊》上，取决于他是否愿意删减相关的段落。沃格林在答复中正确地指出，他的报告未作如下断言：

> 因为知性并未瓦解一切价值，相反，还使得它们更加清晰可见；知性仅仅瓦解了那种非此即彼的幼稚信仰。① 但是我并不回避谈论这个主题，因为自尼采以来，知性的作用就是一个棘手的题目，也是韦伯的责任伦理的要害（请特别参考《政治作为天职》）。②

"祛魅化进程"影响深远，沃格林关于它的说法在相当程度上表明他自己的生存论焦虑："先前他会将行动的责任归于理性的原因，而现在，作为行动者则要承担起全部责任。"③ 他还说：

> 每一个个体都被彻底交付给不确定性中，这种不确定性必然随着最后的、最内在的确定性（Fraglosigkeit）的毁灭而来。我们每个人都得对自己在共同体中的行为准则负责。（同上，页32以下）

---

① 沃格林曾把自己致维泽书信的副本和他自己的演讲稿寄给韦伯夫人，供她阅览，她在信的这个位置插入旁注"der Absolutheit＝Alleingültigkeit…"（绝对性＝唯一性）。此外，她表示赞成出版这份报告，因为它可能有助于消除维泽的疑虑。

② 维泽致沃格林的信，1930年6月21日；沃格林致维泽的信，1930年6月24日，参 Die Größe Max Webers，前揭，页48以下。

③ 沃格林，《马克斯·韦伯》，参 Die Größe Max Webers，前揭，页29。

换言之：沃格林看到了这样的人，由于传统价值结构的"祛魅化过程"，他们身处行动变为重负的环境中，最敏感的人在其中忍受痛苦乃至心力交瘁。

沃格林已在1925年论文的结论中表明，韦伯在这个背景下具有特殊的重要性：沃格林认为，在这样的人物身上，我们可以找到"我们时代最强有力的象征"。五年之后，他又这样表达一种不难分辨的连贯看法：

> 韦伯的命运与我们的息息相关，因为我们在其中看到了我们所有人的命运，尽管由于他那严酷的、追究性的知性和强健的激情，他的命运变得更有力、更伟大。（同上，页37）

这里表明沃格林研究韦伯的一个深层原因：就时代的精神氛围而言，韦伯在其人格和作品中已经达到一种意识的明亮（Helle des Bewußtseins）——而"德国精神"则身处这种氛围中，最终陷入传统的保护壳里，整个西方文化圈也陷入其中。因此，沃格林的韦伯阐释具有双重意义：一方面，韦伯对沃格林很重要，因为他极富洞见地诊断了整个西方世界所趋向的精神氛围；另一方面，从韦伯的人格和作品中可以发现对这种氛围的回应，沃格林能够由此展开分析。沃格林坚定不移地延续了韦伯对时代及其氛围的诊断。但沃格林的诊断和韦伯的回答相比如何呢？先说我们的答案：沃格林共享了韦伯的一些核心观点。沃格林在回复维泽的信中表明了自己的立场：

> 除了韦伯的态度，对我们今日依然重要的其他生命态度，便是格奥尔格（Stefan George）以及为他所吸引的友人们的态

度。我并不同情这种态度，但我认为对于一位学者而言，韦伯的态度是唯一可能的、值得向往的。（楷体为沃格林着重强调之处）

但是，韦伯如何回应不断强化的"信念的紧张"？为了恰当地形成针对个人行动的不断增强的责任，韦伯又有什么建议？沃格林引入了尼采的立场以比较和厘清韦伯的态度，因为尼采经历了与韦伯类似的精神氛围，并加以诊断。尼采处于"同样的幻灭和祛魅的明亮之中"，他知道，"一旦知性变得过于清晰和深刻，随之而来的就是动机的斗争"。但尼采揭示出，关于行动合理性的信念如同幻觉，他把人描述为有意识或无意识之动机的傀儡，并以"高贵的背叛"拒斥一切价值和一切责任作为回应：

> 作为漫游者并最终作为预言家和先知的尼采，沿着这条与事物关系松弛并背叛诸种价值的道路，进入一种 vita contemplativa［沉思生活］。（同上，页 40）

沃格林称韦伯为"行动者"（Täter）和行动果断之人（Tatmensch），但韦伯因其政治责任心而遮断了尼采的道路。韦伯也深信世界的"伦理的非理性"，它源自各种价值和价值安排的对抗性斗争，这使得意识到"价值"——确切地说是信奉某个"守护神"——的个体没有其他选择，这种价值内在地分派了他［的命运］，并"抓住他的命运线"。尽管如此，他既没有做远避的旁观者，也没有躲进不负责的具有守护神特征的实践中去——这是一种可能性的实践，可能开辟另一种世界图景。韦伯宁可接受这样一种罪恶——行动在其中会无可避免地牵绊人类，并试图仅通过不完全切断价值和理性之间的纽带来缓解这种罪恶。理性和从中导出的科学保持了双重义

务：它们可以预先说明计划中的行动的影响范围，并由此预判可见的后果和副作用；它们还能够

> 迫使个人对自己所作所为的终极意义做出交代，或至少帮他做到这一点。这在我看来可并非小事，哪怕只是为了纯粹的个人生活，也绝不能等闲视之。①

这种知识并未抵消行动的守护神特征，但它消除了盲目性，行动本来是盲目的，但现在它在其前因后果中被清晰地认识到，也是人所清晰追求的东西。行动者从其盲目中解脱，比从前更加自由，如今能够自觉地为他的行为承担责任。

看不清行动的前因后果有两个结果：一方面，被行动牵缠的罪恶感和悲剧感会变得强烈；另一方面，随着行为者（Handelnde）了解到与他紧密相连的"守护神"和两者间的"对话"，如果想对守护神和他自己"保持忠诚"，他就不能再去做其他事情。但是，借助这些知识，他就能更容易地承担他那部分行动的责任，这些行动通过知识也成为他的属己之物。沃格林感同身受地把"责任"刻画为一种韦伯身处其中的环境和韦伯所发现的解决方案：

> 责任站在知性的思虑与行动的守护神之间的刀刃上。我们乐于强加给"责任"的那些流俗含义已经被清空。"责任"在韦伯的世界里获得了自身的意义，它表达了一种由这一事实而产生的颤抖着的兴奋和意识的折磨——即我的行为是我的行为，但同时又不是我的行为，因为当我作为一个自由人行事时，另

---

① 韦伯，*Wissenschaft als Beruf*, 7. Aufl., unveränd. Nachdr. Der 6. Aufl. Von 1975. Berlin: Duncker und Humblot, 1984, 页32。沃格林的引用见《马克斯·韦伯》，参 *Die Größe Max Webers*, 前揭，页38以下。

一种力量也通过我行事。在行为的悖论中，责任与不负责任不期而遇。……①

信念伦理和责任伦理的区分反映出韦伯的内在矛盾和内在紧张，也许这也导致了他的心理崩溃，他对责任伦理的个人决断也被证明为一种尝试，至少要赢回行动的一部分自由和理性。对责任伦理的决断发生在对科学的志业的决断之前，因为它是负责任的伦理行为得以可能的前提。

此处难免要提出一个沃格林在演说结尾谈到的问题：为什么韦伯要忠于而非挣脱他的守护神呢？也许人们会这样推测，韦伯认为这种联系"无法解开"，因为他已经在这守护神中发现或自以为发现了自己，或更确切地说，发现了自己与守护神之间无法解开的同一性；因为他在他有意识的和自愿的设想中赢得了生存的真理。沃格林只能抛出这个问题，但没有回答：

> 对这个问题的回答是辩证法反思中的最终答案，它把我们引向一种灵魂意义上的根基，我们的目光迷失在其深处。……最内在的事物将自身隔绝在一堵墙的背后，实质性地献身于一种超个人的任务。良心的焦虑、罪负的体验、被抛弃的绝望——这些东西不属于公众；一个人最私密的东西只属于他自己。我们终于也站在这面被最出众的、最富激情的实事性所包围的灵魂之墙面前，我们必须让充满这颗灵魂的行动却无法被传达的信念成为它的秘密。（同上，页46-47）

在演说手稿中还有半句话未见于公开发表的版本，它属于前文

---

① 沃格林，《马克斯·韦伯》，前揭，页39。

"秘密"那句话，有助于更准确地把握沃格林的问题。沃格林写道：

>……成为它的秘密，为什么信念用知性统治（Verstandesherrschaft）的僵硬圆环越来越紧密地箍住自身，认为它无可避免，并且永不逾越。①

但是，是"知性统治"决定了韦伯的行为吗？我们必须询问沃格林。为什么不能说是守护神的稳定性妨碍了韦伯，使得知性不能与"信念"和解？——而在两篇演说②中，韦伯把信念置于与他不相容的对立面。

四

当沃格林为韦伯逝世十周年纪念会撰写报告时，他正处于自身的精神发展的关键期。沃格林从美国（1924—1926）归来后，准备出版其研究《论美国精神的形式》（*Über die Form des Amerikanischen Geistes*, 1928），该书与他在韦伯演讲的开篇论法、英、美、德的国家发展过程的差异性遥相呼应。该书出版之后，他就开始研究一种国家理论体系。到 1930 年，他已完成两大部分的工作，即"法理论"（Rechtslehre）和"统治理论"（Herrschaftslehre）。③ 统治理论的阐述也包含了韦伯的相关理论，沃格林在纪念演讲中已经有所提及，他称韦伯为"善于分析统治合法性基础的大师"。④ 此时他很少

---

① Redemanuskript，页 23。演说手稿的副本请见未出版的遗稿。
② ［译按］指韦伯的《科学作为天职》（*Wissenschaft als Beruf*, 1917）和《政治作为天职》（*Politik als Beruf*, 1919）。
③ 沃格林致柯克（Francis M. Coker）的信，1946 年 5 月 1 日。
④ 沃格林，《马克斯·韦伯》，前揭，页 44。

表达对韦伯的看法,直到20年后,他才在《新政治科学》中再度研究韦伯,而立场已经全然改变。对他而言,韦伯不再是"我们时代的命运能在他身上找到最强有力的象征"的人,而是实证主义运动的一部分——这是沃格林在《新政治科学》导言中的尖锐批评。到底发生了什么?为了理解沃格林对韦伯的态度转变,尤有必要简要回顾一下沃格林本人20年来的思想发展历程。

在完成"法理论"和"统治理论"之后,沃格林计划中的国家理论体系的工作陷入困顿。其原因在于这样一种认识,即国家理论必然在"人的本质的理论"的基础上发展起来,但此种视角却在很大程度上被主流的德国国家理论所忽略。通过恰当的思考就会发现,国家是在一种哲学人类学的根本生存经验根基上发展起来,因此,从现在开始,沃格林的研究核心就是这种哲学人类学。舍勒(Max Scheler)、普莱斯纳(Helmuth Plessner)、雅斯贝尔斯(Karl Jaspers)、兰茨贝格(Landsberg)、格罗图伊森(Groethuysen)和海德格尔的工作为他提供了最重要的出发点。[1] 在沃格林看来,这些人的工作准确处理的内容,正是韦伯的作品中所丢失的、被认为是其缺陷的东西,沃格林在1941年致帕森斯(Talcott Parsons)的信中提到了这一点:

> 韦伯之后,社会理论的革命在德国的哲学人类学运动中发生了决定性的转折,运动的代表人物有舍勒(《人在宇宙中的位置》[*Die Stellung des Menschen in Kosmos*])、普莱斯纳(《权力和人的本性》[*Macht und Menschliche Natur*])、雅斯贝尔斯(《世界观和形而上学的心理学》[*Psychologie der Weltanschaun-*

---

[1] 沃格林,《种族和国家》(*Rasse und Staat*), Tübingen:JCB Mohr(Paul Siebeck),1933,页8。

gen, Metaphysik］)和兰茨贝格（《哲学人类学》[Philosophische Anthropologie］)等等。每个心灵活跃的人都会发觉，一种新的关于人的阐释已被唤起，它将为文明的材料的阐释提供概念框架。①

不言而喻，沃格林本人就是这种"心灵活跃"的人，且他致力于人类学研究，其成果见诸 1933 年的《种族与国家》以及 1936 年的《威权国家》(Der autoritäre Staat)。

除了人类学研究倾向，沃格林与韦伯渐行渐远的原因还有其思想史研究倾向。他对政治观念的宗教内涵的研究，强化了[与韦伯之间]不断增长的距离和疏远；沃格林对登普夫（Alois Dempf）、普日瓦拉（Erich Przywara）、德格里夫（Etienne de Greef）和巴尔塔萨（Urs von Balthasar）的作品的专注研究也有类似的效果。② 沃格林尤其受登普夫和德格里夫影响，他开始越来越多地研究基督教中世纪和经院哲学——这恰恰是韦伯本人在其宗教社会学研究中几乎略而不提的领域，沃格林稍后在《新政治科学》中明确指出了这一点。他在这种相互联系中就韦伯所做的解释，反过来适用于他本人：

> 忽略[宗教改革前的基督教]的原因似乎显而易见。只要是致力于对中世纪基督教的严肃研究，就很难不在它的"众多价值"中发现对一种关于人和社会秩序的理性科学，尤其是关于自然法的理性科学的信仰。此外，这种科学不只是一种"信仰"，它实际上是作为理性之作品而被阐述。韦伯就会在这里邂逅秩序科学这个事实，正如他若是严肃地从事希腊哲学研究也

---

① 沃格林致帕森斯的信，1941 年 9 月 24 日。
② 沃格林致柯克的信，1946 年 5 月 1 日。

会如此。韦伯打算把秩序之真理当作历史事实来引介的愿望，止步于希腊和中世纪的形而上学。为了把柏拉图、亚里士多德，或者圣托马斯的政治学贬至与其他"价值"同等的地位，一个有良知的学者会首先证明，它们自称为科学是毫无根据的。而这样的努力却会事与愿违。当这个想要成为批判者的人，为了使自己的批判有分量，对形而上学的意义已有足够透辟的洞察时，他自己就会变成一个形而上学家。对形而上学的抨击只有在因知识缺陷而与之保持安全距离的情况下才会问心无愧。韦伯的社会科学的视野是宽广的；他越是谨慎地避免过于接近它的核心部分，就越显示出他的实证主义的局限。[1]

那么，韦伯因为忽略了前宗教改革的特征而无法成为形而上学家，但是，沃格林也承认，韦伯在这方面的工作极为有力，并踏上了从政治科学的革新通向秩序科学（Ordnungswissenschaft）的道路。沃格林借助《政治观念史稿》(History of Political Ideas)[2] 的写作，一直在这条路上摸索向前。直到1951年，他在沃尔格林讲座（Walgreen Lectures）上取得"决定性的突破"，并且在大学课程中以书面文本的形式即《新政治科学》呈现给公众。实证科学破坏了作为秩

---

[1] 沃格林, *Die Neue Wissenschaft der Politik. Eine Einführung*, Freiburg (Brsg); München: Alber, 1991, 页43-44。[译按] 中译本参沃格林,《新政治科学》, 段保良译, 北京：商务印书馆, 2018, 页25-26。

[2] 参 Peter J. Opitz, Erste Spurensicherungen: Zur Genesis und Gestalt von Eric Voegelin » History of Political Ideas «, 载于 *Politisches Denken. Jahrbuch 1993*, hrsg. von V. Gerhardt, H. Ottmann, M. P. Thompson, Stuttgart: Metzler 1993, 页135-156; 以及 Peter J. Opitz, Metamorphosen eines Konzepts. Anmerkungen zum Aufbau und zur konzeptionellen Entwicklung von Eric Voegelins »History of Political Ideas«, 载于 Dietmar Herz, *Die spielerische Grausamkeit der Humanisten. Eric Voegelins Studien zu Niccolo Machiavelli und Thomas Morus*, München: Fink, 1995。

序科学的政治科学，而韦伯则是这一破坏过程的终结者。

回顾沃格林的精神发展历程，我们就不会惊讶，沃格林一直致力于其研究范围愈发广大的"历史"（History）的工作。他在这种压力下也很少顾及韦伯，尤其是在"历史"的框架下，他很晚才能顾及20世纪的精神发展。因此，沃格林在这一时期提到韦伯，主要是在为他的国家理论或者说"神话理论"（Theorie des Mythos）奠定人类学基础，所以只提到一些细节，比如在论马基雅维利的章节中提及韦伯的责任伦理概念，或者在分析加尔文的预定论时顺便提及韦伯的《新教伦理与资本主义精神》的相关段落，或在他与帕森斯的通信中——后者把他的韦伯译本的"导论"寄给沃格林——提及韦伯的文明批判或理念型（Idealtyp）的发展的问题。所有这些评论都显示出他对韦伯全部作品的出色了解，但除了少数例外，[①] 它们都是相当技术性的，没有触及韦伯作品本身的核心。

沃格林再度研究韦伯著作并非偶然，而是他自身思想发展的结果。当他带着《新政治科学》的草稿跨过了政治科学的门槛时，沃格林将这本书理解为对柏拉图-亚里士多德的政治科学（epistémé politiké）传统负有责任的秩序科学。跨过门槛之后，沃格林必须首

---

① 沃格林1941年9月24日写给帕森斯的信中有个例外，他在信中提到，韦伯既没有好的心理学，也没有社会功能结构的体系，然后继续说："然而，我想知道，韦伯本人是否也可能会弥补这些系统性缺陷。他对问题的攻击方式总是从历史材料走向它们的体系化；他从未将自己置于体系化思想的中心，以便从这样一个中心出发来组织材料。雅斯贝尔斯（在他关于韦伯的文章中）将韦伯方法的动力描述为由他的个性决定的；如果我没有记错的话，雅斯贝尔斯将韦伯描述为'严重碎片化的'（grosse Fragmentarier）。如果我们接受雅斯贝尔斯的解释，那就意味着不单是韦伯的离世让《经济与社会》成为碎片，而是即使他再活二十年，它也会像韦伯的其他作品一样成为碎片。他的体系化尝试的失败对于一个有洞察力和诚实的人来说已经很清楚了，他在某个阶段就会放弃这项工作。"

先与在19世纪下半叶形成的精神运动划清界限，他把作为原理科学的政治科学的毁灭归罪于实证主义运动。在这种背景中，再次诠释韦伯就变得势在必行。沃格林把他理解为实证主义运动的一部分，在他的人格和逻辑中可以发现这种"内在化逻辑"（immanent-logischen）的终点。因此，对于沃格林而言，韦伯就成了"终点和新的开端之间的思想家",① 如同摩西一样，抵达了应许之地的边界，却不敢跨越。沃格林在《新政治科学》中献给韦伯的段落充溢着两种情感：一方面是对韦伯的尊重丝毫未变，沃格林通过韦伯的著作训练了自己的思想,② 韦伯是他精神发展的形成期最重要的对话伙伴之一；另一方面，沃格林坚信自己在通往政治科学的革新之路上，超越韦伯而跨出了决定性的一步。

因此，韦伯始终代表着沃格林个人发展之路上的一个阶段和时期，即便此时也仍旧对沃格林具有影响。但他只能代表过去的一个阶段。这也可以说明，为何在沃格林如今的作品里，韦伯最终隐入背景之中。

我们没有必要详尽讨论沃格林扬弃韦伯的立场的过程。指出沃格林的批判所聚焦的几个关键点，同时标明他的批判由以形成的立场，这就足够了［兹列关键要点如下］：

一、首先是"价值"（Werte）和"价值判断"（Werturteile）的概念——理性的分析在很大程度上回避了这二者，但它们在韦伯的政治-科学理解中扮演核心角色。沃格林应该在很早以前就清楚，"价值"构成了一个薄弱点，它不仅会导致行动理性的瓦解，还会导致人与社会秩序的理性科学的毁灭，他"无疑"③承认了这些后果。

---

① 沃格林, *Die Neue Wissenschaft der Politik*, 前揭，页35。
② 沃格林, *Anamnesis. Zur Theorie der Geschichte und Politik*, München 1966, 页18。
③ 沃格林, *Die Neue Wissenschaft der Politik*, 前揭，页36。

现在，根据他对 19 世纪以来实证主义运动发展的研究，他能够表明，"价值"是在哲学人类学及其赖以成立的一般本体论衰落之后才出现的现象。随着哲学人类学和一般本体论的恢复，这个问题对他来说就解决了——至少在理论层面上业已解决。然而，有待回答的问题是本体论的衰落是如何产生的——更重要的是，是否有可能立刻恢复本体论——这个问题将在《新政治科学》的后面部分讨论。然而，随着"价值"作为实证主义的科学理解的要素被揭示，信念伦理和责任伦理之间的区别即告失效，而此前韦伯正是借助这种区分，致力于再次摆脱由"守护神"决定行动的处境——如前文所说，他取得了令人怀疑的成功。此外，"价值中立的科学"和"价值相干的方法"的概念也失效了。如果科学被定义为对与某种价值相关的事实的研究，那么，正如沃格林的诙谐说法，"有多少种政治史学和政治科学，就有多少个对何为富有价值有着不同想法的学者"（同上，页 34）。

二、与对"价值"问题的批判密切相关的，同时也是沃格林与韦伯保持距离的第二个要点，在于二者对理性（Rationalität）的理解。尽管对理性化过程的探索构成了韦伯工作的核心，但他并没有对理性的概念进行更深入的哲学分析。准确的说法是：

> 韦伯的指导性问题不是"理性意味着什么"，而是——奇特的和独有的、理论的和实践的"西方理性主义"这种具体的理性［类型］如何产生，是"哪些情况的耦合（Verkettung）"的结果。[①]

---

① Helmut F. Spinner, "Weber gegen Weber: Der ganze Rationalismus einer 'Welt von Gegensätzen'", 载于 Johannes Weiß, *Max Weber heute*, Frankfurt/Main 1989, 页 251。

此外，韦伯基本上把"理性的"理解为手段和目的的充分配合，而所谓手段和目的，则无法以"理性的"分析来把握，只能在"目的理性"和"价值理性"的行动的形式中被典型化，但"理性"的内在的和生存论的核心却被排除在外。韦伯在《社会学的基本概念》（*Soziologischen Grundbegriffen*）中描述了这些类型。

沃格林走上了通往另一个方向的道路。他发现了希腊和基督教形而上学的意义，受此影响，他现在越来越致力于阐明理性的内在核心。《新政治科学》甚至证明这是其具体的关切。沃格林后来评论这本书说，"理性的本质问题，是当前的研究的中心"。①

如果考虑到沃格林主要关注重新加强实践与理性之间的松散联系——一方面是为了使自己摆脱与守护神赋予的"价值"的纠缠，重新赢得生存的自由，从而也重新赢得行动的全部责任；另一方面是为了使政治学从价值相干的相对主义中解放出来，并恢复为一门秩序科学——那么，他专注于理性问题就非常合理。因为只有当他能够表明，理性的力量在揭示人类行动的因果关系方面尚有余力，而且，理性光芒还能指引最终的规范和指导原则，并从内部照亮它们，这时，沃格林才能实现自己的目标。

在研究古典哲学的过程中，沃格林遇到了令他信服的问题解决方案，它可以作为他研究的生存论基础。他发现了人类灵魂向着被体验为另一个世界的神圣存在的一系列真实的运动，这些运动照亮了存在秩序，直至其超越性根基的深处。在他看来，神秘主义哲人的这些"体验"（Erlebnisse）成为构成理性行动的认知核心，而行为合理性的形成基础则是接受通过这些"经验"（Erfahrungen）而变得透明的存在状态（Seinsverfassung）。这种理解证明

---

① 沃格林，*Die Neue Wissenschaft der Politik*，前揭，页16。

了,"理论"是"通过解释某类特定经验来获得生存的意义"的尝试(同上,页99)。

沃格林在与舒茨的通信中特别详细地描述了新获得的理论概念,每写完《新政治科学》的一个章节,他都立即将其寄给许茨。尽管在《新政治科学》中也可以找到与下述说法非常类似的表述,但我们将再次引用这些与舒茨通信中的精炼版本的看法,因为它们在这里与关于韦伯的讨论直接相关:

> 在我看来,"理论"(Theorie)作为对超越性体验的语言符号的阐释,是历史地形成的(大约在前600年—前300年)。在赫拉克利特的爱、望、信的三段论(在保罗那里反复出现)或柏拉图的爱欲(Eros)、死亡(Thanatos)和正义(Dike)的三段论;处于中心的是对智慧(sophon)的爱,也就是奥古斯丁的 amor sapientiae [智慧之爱]。在这些体验中,关于人类本质的知识(在柏拉图-亚里士多德和基督教的意义上)进入了意识;而理论则是这样一种尝试,即用语言来表述这种知识;并不断地用体验验证(或证实)。就这一理论的发展而言,存在着一门关于人和社会的科学,即亚里士多德意义上的 epistéme politiké [政治科学]。那么,我所说的"理论上相干"(theoretisch relevant),是指在方才所说的意义上能够与人的本质的学说相干的东西。我所理解的"理论上进步的",即所有通过进一步区分超越性问题及其理论阐释来推动对本质的研究的尝试;我所理解的"理论上倒退的",则是所有想在不太区分超越性问题的层面上,或者想在或多或少激进的内在性立场上推动人和社会的科学的尝试。

他继而又略微谈论了韦伯:

这也为韦伯式方法的价值问题提供了一个答案。我们相当一致地认识到,韦伯式的意图是在解释的相干性意义上实现方法的客观性。我希望我至少已经在"导论"中清楚地认识到这种意图。但是,这一意图没有得到充分实现,因为缺乏有关上述发展意义上的理论相干性问题的明晰性。诸如"目的理性的"和"价值理性的"行动类型,或相应的"责任伦理"和"信念伦理",这些都没有在理论上得到充分研究。诸如守护神、责任伦理和信念伦理等范畴的产生,只说明"理论的"问题尚未被解决。证据在于,这些范畴占据了应该被发现的理论研究的位置。①

三,重新获得的对理论和理性的理解最终也导致了一种新的历史概念。很明显,韦伯仍然依附于启蒙运动和实证主义传统,他把历史过程解释为理性化发展过程,而他自己的时代则是理性自决的巅峰。韦伯的前辈们把这一过程理解为人类不断成长、走向成熟的过程,并对此持欢迎态度,但是,与他们不同,韦伯却对这一事件持疏远和听天任命的态度。他察觉到"祛魅化"至少已经成为西方历史的一个核心特征,它使人类摆脱了巫术的束缚和蒙蔽,但没有让人更幸运。相反,世界变得更加冰冷;人类被"祛魅化"的秩序模式剥夺了行动的方向,眼看着自己被抛回自身,并在一个朝向无限前进的历史中丧失了生命的意义。未来,还有官僚理性统治的"铁笼"(stählerne Gehäuses)在等待着他。

在关于韦伯的两篇文章中,沃格林阐述了韦伯的"历史形而上

---

① 沃格林致舒茨的信,1951 年 4 月 30 日,参 Eric Voegelin/Alfred Schütz/Leo Strauss/Aron Gurwitsch, *Briefwechsel über »Die Neue Wissenschaft der Politik«*, hrsg. von Peter J. Optiz, Freiburg/Brsg.;München:Alber 1993,页 64 以下。

学"的特殊性，并清楚地表明，他认为这是韦伯的建构，韦伯试图用这种建构使自己的存在通过思辨变得可以理解，变得有意义。然而，沃格林既没有从根本上质疑这种构造，也没有像他后来在胡塞尔的案例中那样，尖锐地指责其意识形态特征。沃格林在 1930 年对韦伯保持克制的原因，与其说是一种有意识的体谅，不如说是他缺乏自己精心设计的历史概念。

在 20 世纪 50 年代初写作《新政治科学》的时候，沃格林有了这样的概念。这个概念显然与对"理性"的得到澄清的理解有关，因此，在 1943 年秋与舒茨的通信中，其结构已经很明显。沃格林——通过与胡塞尔的割席——提出了精神史必须满足的一些一般条件：它必须穿透每一个历史-精神的立场，直到抵达为之奠基的超越性经验，然后可以"系统地研究宏大的材料之链，从而强调历史中的精神开显的秩序序列"，进而"产生一种历史哲学"。①

若将这种思路应用于经验材料，我们就会得出与韦伯完全相反的结论：韦伯确认的理性化的增长，却被沃格林诊断为理性主义的衰败和倒退，因为沃格林关注现代性和一种封闭性（Verschließung）——随着实证主义符号而来的对超越性经验和敞露这种经验的超越性实在的封闭。因此，《新政治科学》指出，"韦伯继孔德之后所设想的现代理性主义，不得不被重新解释为现代非理性主义"。②

在把对理性的新理解应用于已知的更大范围的历史进程时，沃格林并不认为历史进程是一个上升的发展过程。相反，他认为他可以看出一个横跨各个文明社会周期的"大周期"（Riesenzyklus）的

---

① 沃格林致舒茨的信，1943 年 9 月 17 日，参 *Anamnesis*，前揭，页 21–36（尤其页 31 以下）。

② 沃格林，*Die Neue Wissenschaft der Politik*，前揭，页 47 以下。

轮廓，基督教之前的高等文明是上升的分支，而现代则是下降的分支，基督的出现是顶点。这是一个历史哲学概念的草图，沃格林当时已经开始阐述这个概念，并将根据经验材料，在其规划为六卷本的《秩序与历史》(Order and History)中详加阐述。

五

1964年夏，沃格林在纪念韦伯诞辰100周年的大课系列课程中再度研究韦伯，而他的主要著作（magnum opus）也陷入困顿，尽管《秩序与历史》的前三卷在1956年和1957年已相继出版，他在其中描述了古代高等文明的上升路线，将以色列的启示和希腊的哲学识别为两种不同的秩序经验。与之相反，后三卷——本应当研究基督教的顶点和现代理性的衰落——却严重宕期了。拖延的原因有二：为了创建慕尼黑政治科学研究所，他要负责许多管理工作和教学任务；但最主要的还是理论困难，它导致了对《秩序与历史》原初的总体概念的再三斟酌。与此密切相关的，是进一步区分经验理解和理性理解的努力。通过若干规模较小的单项研究，他的努力成果是1964年的主题演讲《何为政治实在？》(Was ist politische Realität?)。

此时还有一个关于韦伯周年纪念的演讲任务。[他写作的]动机和外部环境表明，这其实是一个即兴创作，它与沃格林当时关注的问题相去甚远。与他在早期作品中一样，沃格林在此文中以历史回顾作为开头，在其中融入了韦伯的观点。但此处的回顾与1930年的论文不同，没有延及整个西方的发展，而是聚焦于德国，准确地说，聚焦于德意志"精神史"。沃格林在文中断言，自19世纪30年代以来，出现了一种"风格断裂"(Stilbruch)，或更确切地说是一种标志性的、意味深远的精神轮廓的缺失——至少比起之前哲学上的观念论时期或文学上的古典主义和浪漫主义时期是缺失的。但是，第一印象具有欺骗性且会被立即纠正。通过仔细的检查，我们就会发现使那段时期作为"精神上可理解的时期"的特征。

沃格林认为，我们能够从四个人的作品中辨识出那段时期的精神标志的核心特征。他们是生活在那个时代的毫无争议的世界级人物——马克思、尼采、弗洛伊德和韦伯。他们的作品有许多不同之处，但还是能从中看出若干重要的共同点。首先，他们背景相同，都处在古典伦理学被德国观念论摧毁的衰落时代。对他们来说，人的意义就是原始本能冲动的特定本质，精神和理性被解释为工具即本能领域的面具。在沃格林看来，他们都反感那个时期道德和精神的腐朽，以及与之相应的"［普鲁士军事］贵族主义态度"（Aristokratismus der Haltung）。在他看来，他们最终都没有成功地在哲学上充分洞察对精神衰败的批判。这种失败也表现在"特定语言"（Sondersprachen）的发展上，这个理由可以解释，为什么只有在一个新的时期，我们才能通过回顾揭示出之前那个时代的思想状况，因为在这个新时期，理性的更新令人们对过去的衰败更加敏锐，并恢复了理性批判的标准。《新政治科学》中充满了这种信念，精神恢复的进程已经获得了动力；在"新时期"也就是"哲学的新处境"的程式（它在韦伯讲座中出现过）之中，这种意识已经找到一种更加有力的表达。

但是，韦伯在此阶段占据何种位置？仍然是沃格林在分析实证主义时已经分派给他的位置，韦伯被描述为"终点和新的开端之间的思想家"。现在的说法很相似："四大思想家中最年轻的这一位站在新时代的最前沿。"[1] 衡量标准便是韦伯前后一贯的态度。当其他三人试图通过创造内在世界的终末论，来逃避由超越性的丧失及其

---

[1] 沃格林，《韦伯的伟大》，参 *Die Größe Max Webers*，前揭，页93。

向内在世界的实在领域的转移导致的内在紧张时,韦伯无可避免地认真对待"内在化的非幻觉性"(Illusionslosigkeit der Immanenz),并且拒绝任何逃入虚幻世界的行为。这使他成为四人中态度最为贵族化的人,也因而区别于其他人,成为"更伟大的"一位。

这种伟大是有代价的。沃格林在早期作品中就已经谨慎地指出,韦伯作品的百科全书式的碎片化特征和韦伯的精神崩溃是一种症候,而这种症候显示出韦伯面对激进的内在世界性以及辐射到整个存在的无意义性时的痛苦。现在,我们再次发现相同方向的提示。与此同时,超越[沃格林与韦伯之间]所有差别的,是沃格林对韦伯的尊重和同情,这正是因为韦伯立场的一贯性以及作为其特征的知识和道德的完整性。另一方面,这种同情心并不影响他对韦伯的评价:

> 于是,我们在他那里发现了一种极端的精神敏感性,他认识到错误,想要解决这个张力,但是没有决定性的突破。……无论如何,他身处其中的处境却在这一切当中敞露无疑。正因为如此,韦伯或者韦伯之后,是没有退路的。他已经清楚地描述了问题,我们必须从那里出发,走向对超越性的开放,恢复那些可以解释理性和精神体验的象征。韦伯已经为我们赢得了这个局面,让我们在我们的时代重新恢复现实。①

应该再次牢记,当沃格林写下这些话时——或更正确地说:当他在慕尼黑大学拥挤的报告厅里说这些话时,他再次处于自己的哲学研究的一个重要时期的开端。随着《时间中的永恒存在》(Ewiges Sein in der Zeit)一文的写作,他来到了这样的时刻:作为政治哲学

---

① 同上,页99。[译按]中译本参沃格林,《希特勒与德国人》,张新樟译,上海:上海三联书店,2015,页328。译文略有改动。

核心的意识哲学的事业终于进入了人们的视野。从此时起,他将倾心于此,直到生命的终结。因此,他也更少在作品中提及韦伯。但沃格林与韦伯的精神联系没有中断,在他自己的迢迢长路上,韦伯曾是他的向导和同伴。

论马克斯·韦伯

沃格林 撰
郑家琛 译 林凡 校

文化事件开端的二元性（Urdualismus des Kulturgeschehens）似乎可以调节，因为历史进程的这一个别点（einzelnen Punkte）可以根据两个方向来勘定其位置——某个文化事件在历史序列中的位置及其个人性的起源；① 但是，个体的人的形象在各种客观对象上有可能烙下的印记，却各不相同。宗教启示、艺术塑造、语言的创造和政治家的领导都是某种文化继承的案例，在这种文化继承中，这些个人性因素直接塑造出客观-实事的（objektiv-sachliche）成就——

---

① ［校按］二元性中的一元指某个文化事件在历史中的位置，大者如文艺复兴，小者如达达主义之类，另一元则指具体的人物个体在这个文化事件中的作用，比如但丁或者马基雅维利在文艺复兴思想中的作用，这就是沃格林所谓"个人性起源"，也即下文的"个体的人""个人性因素"和"个人核心"，等等。

它们不仅从外部触及并完善这种成就，还以一种源于个体命运层次的新的实事性（Sachlichkeit）渗透其中。每一种这类建构都是一个宇宙。可以肯定，它的客观结构（首先以艺术品、宗教等行式为其特征）与同类型的许多其他建构相协调，并在某个前后序列中确定其意义；但是，这种构建转向作为形而上学意义起源的个人核心时，终究不会受限于这一历史维度的具体意义问题。与前述这类客观对象并列的其他客观对象——比如各种类型的科学——中，个体的参与则被压缩到最低限度。一般来说，科学成就能够由于某种伦理态度而问世，没有这种态度就不可能实现这种成就。人们的确可以说，如果不是因为某个特定的发明者或发现者的特殊的因而不可替代的［个性］特征，就根本不会或很晚才会有这样或那样的发现。虽然近来的艺术史家和文学史家可以在没有外部个人资料的帮助下直接重建创作者的个性，但我们很难通过这种方式从一个数学家或物理学家的作品中发现他的个性。如果考虑到这一点，那么，所有的科学成就或其中的某项成就对［科学家］的个性特质的依赖就在非常表面的层次上。

我们知道，在处理一个数学命题或物理公式时，如果我们为了解释它们而使用逻辑或经验以外的论据，那就不伦不类且毫无意义；就此而言，客观-物质的结构抑制一切个人内容。数学和数学的自然科学拥有一套明确的、属于自身的规律，并因此而具有意义；但是，历史科学由于其本质上的不完整特征——比方说，很多遗迹消失了——所以必然导致其自身存在的根据问题。所有（个人取向缺失）的个别科学（einzelnen Wissenschaften）天然就无法取得完整的意义，这显然令这些科学受辱，而这种天然的不完整在历史学中达到顶点，并由此导致一般意义上关于科学的意义的问题，这个问题已经变得非常棘手。

这是阅读韦伯著作集的人会面临的问题。他的著作——除了科学理论和政治论文——包括对大量没有直接联系的领域的历史考察：中世纪的商人协会、古典时代的农业史、世界诸宗教的经济伦理、音乐社会学、《世界社会和经济史概要》（*Abriß der universalen Sozial- und Wirtschaftsgeschichte*），以及更系统阐述经济类型、国家、社团形式和宗教的理论——它们汇编于《经济与社会》（*Wirtschaft und Gesellschaft*）一书。韦伯著作的范围及其阐释的质量保证了他即便在伟大的多面手当中也首屈一指；正是这种与他的个性特点相符合的百科全书式的特点——汇集了所有内在于历史本身的有疑问的意义问题——使我们产生一个希望：我们能够向自己说明他为什么要汇聚如此繁多的材料。

韦伯也向自己提出了这个问题，并以历史形而上学（Geschichtsmetaphysik）作答。百科全书式的材料搜罗不能"科学地发现"实践的态度；这种材料搜罗不能使某种立场合法化为正确的立场，而就其脱离所有的个人因素而言，它与人类行动中有意义的活力没有直接关系，这同艺术作品与艺术家的经验之间的关系不同。即便我们希望知识能够作为正确行动的指南，知识也不会有助于我们在世界中确定方向（Orientierung）。关于生活的价值行为有许多起源，它们都不能被回溯到某个"立场"或某种绝对的秩序。尽管人们试图将个人观点建立在科学论证的基础之上，但是，作为伟大的历史综合体，德意志文化、法兰西文化和英格兰文化之间，不存在以科学为基础的价值观差别。它们作为历史性的强权彼此独立、互不相干、互不相通；它们相互排斥、相互争斗，这一事实只是它们积极的价值存在（Wertexistenz）的消极表现，而它们各自的价值存在并没有任何进一步的起源可能。

虽然历史科学不能决定是支持强权还是终极价值，但是，它确实揭示了一套属于自己的规律，并构建了历史进程的类型。因此，通过其理论知识，实践者首先获得了做出有意识的、因而也是负责任的决定的可能性。但这只是可能性；在任何情况下，这种可能性都不会变成一种由理性证明的必然性。例如，国家理论可以区分审议和决策的原则，可以追溯它们在议会制和独裁制宪法的变体中的发展，可以最准确地追溯这两种制度的幸福和不幸福的特征，但它永远不能声称其中一种是完全"真实的"或"公正的"。科学总是朝着决定的门槛前进，但把决定本身留给实际行动着的个人。今天的情况与古典时代相同：希腊人向阿芙洛狄忒、赫拉、战神马尔斯和雅典娜献祭；首要的是，每个人都向自己的城邦神献祭。今天，众神已经被剥去神话和巫术的外衣，然而在可能的行为范围内，他们的生命力并不亚于［原先作为］神［的时候］，因为命运支配了他们的斗争，而科学绝对做不到这一点。

今天，我们对生活及其力量的看法再一次类似于古典时代。这个"今天"以两个消极概念为特征，这是韦伯作品的根本概念：祛魅（Entzauberung）和日常性（den Alltag）。在古代，权力的多元化在形式上表现为对诸神的信仰；［今天，］个人领导权向非个人命运的转变，以及人与超越性力量之间的巫术联系的丧失，令世界得以祛魅。人、自然和诸神不再形成一个律法下的一个伟大社会；相反，他们的个体所蕴含的内容被还原为人性，结果发现［人、自然和诸神］同样都更加赤裸，并被剥去外衣，在一种非个人的机制中更多地被扔回自己身上，在一个不透明的空间中孕育着令人恐惧的命运。

祛魅使我们与古代分离，日常性使我们与基督教和中世纪分离。赐予恩典，即宗教先知的卡里斯玛（Charisma）通过对"唯一需要的东西"的了解取代了万神殿；信仰的多样性变得狭窄，只剩下一个承诺从世界得到救赎的教义。即使基督教伦理学确实为生活在这个世界上提供了合理的指导，但其意义始终是为了离开存在"善"和"恶"的世界，到达无瑕的圣洁世界。宗教的卡里斯玛和对其中鲜活的价值的信仰，意味着逃离作为一种持续的生命形式的世界，意味着一种高于神灵、权力和命运在其上运作的层面上的狂喜升华（Hinausgehobensein）。从信仰的卡里斯玛回到世界，标志着回归日常性。在经过千余年对基督教伦理的体验（Pathos）的唯一取向之后，我们文化的命运就是重新进入宗教的日常性。

我们在韦伯的历史哲学的核心发现这一思想：我们文化的历史意义在于其"理性主义"（Rationalismus）。消极地看，它的基本要素是祛魅和日常性。积极地看，其基本要素是实证科学和责任。为了赋予理性主义这个模棱两可的术语精确含义，我们需要更多细节规定。理性行为的种类可以在任何存在论的基础上得到解释：比如在中国，更严格地考察官员的诗艺可以作为防止干旱和饥饿的措施，因为在国家的福利和官员的"德性"（文学教养）之间存在一种巫术联系的主观信念，那么，目的和手段之间的关系表现为彻底理性的，即便这种关系基于"巫术的因果关系"。另一方面，理性主义作为一种文化基础，与因果性的经验科学类型有关——此种类型的起源由古代概念的发现和文艺复兴时期的理性实验所决定。"概念"使真理在按照逻辑规则进行理性论辩这一特殊意义上成为可能，只要明确地给出前提，就可以确立所有讨论参与者的一致目标。然而，这种形式工具的材料由实验提供，实验是一种能被有效控制的经验手段。只有二者联系起来，才构成现代理性主义，因为希腊人的理性概念技术恰恰在关键点上偏离了现代的概念思考。对我们来说，客观的正确性（objektiven Richtigkeit）依赖非个人的经验，它只能把我们带到实际决定和评价的门槛，取而代之的便是伦理正确性（ethischen Richtigkeit）的观念。苏格拉底的箴言"只有有知者才是有德者"源自这样的信念：正确的概念可以把握事物的本质，只有认识到真正的存在的人——尤其作为城邦民，才可以在生活中正确地行事。苏格拉底对"一""真""善"的信念与多神论所体现的多真理理论矛盾，在这个意义上，它所开启的哲学之花在结构上与基督教的宗教卡里斯玛密切相关，预示着古典古代思想框架的终结。然而，尽管逻辑学拥有绝对的理性主义，它的卡里斯玛式倾向却推动着人们试图从事物的概念表层直接穿透到世界的本质。这种倾向从根本上把它与现代理性技术区分开来，因为在现代理性技术中，科学只停留于表面，拒绝一切更深刻地阐释世界意义的理论。

理性科学是责任的先决条件；只有在具备理性的判断标准和政治微分学（politischen Kalküls）之后，个人才能自觉地承担起他的行为后果的全部责任。责任伦理与信念伦理正相对立，前者是一种基于强力（Gewalt）的具体的政治行动的伦理，后者则指导我们不计后果地去做正确之事；政治人为他的行动所可能造成的一切副作用承担责任——事实上，如果他接受了强力和历史实在的力量，这些副作用就必定出现。无论一个人希望实现的目标多么纯粹，他都需要追随者，需要人这种"复杂的用具"（apparatus），他必须面对这种"用具"的一切不完善之处；越是在一个运动从激烈的斗争阶段向"日常性"及其抵抗的摩擦推进的时候，就越能感受到这些不完善之处的不愉快。如果他主观上的纯洁行为产生了不良的后果，信念伦理学家就会把责任归于世界及其愚蠢或腐朽，而责任伦理学家则会把世界上的愚蠢和腐朽作为需要考虑的要素，并在可以追溯到与其行动有关的程度上对后果承担全部责任。他考虑到了人的一般缺陷——事实上，他无权期望人的善良和完美——他可以在他能够预见的范围内，转移对他的行动的责备。他必须以知识磨砺锐利眼光，并在诸多可能的行动路线之间做出决定，他必须知足（bescheiden)：他完全了解自己的愿望，对历史处境有清晰的认识，有能力评估处于二者交汇处的可能性。他能分辨可实现的和不可实现的，因此，他的行动由一种责任意识——同时也是一种听天任命（Resignation）的感觉——来承担。这种情绪似乎只有当作为理性知识和责任的伙伴时才会获得自身的敏锐性和实际意义，因为只有在存在处境在理论和实践上达至完全的透明时，只有知道生活中的每一个点都是诸多终究无可调和的秩序或力量的交叉点时，只有在我们的目光碰触到行动的极限时，才会出现放弃所有其他目标的感觉。这是屈从于唯一目标的意愿的相关产物，也是一种痛苦的损失的感觉——因为听天任命不是单纯的放弃，而是对失去的价值有着充分的意识并承认这种失去的价值。

然而，实际行动的个体听天任命在本质上有别于西美尔（Simmel）的审美式听天任命，后者也产生于同样的生活态度。西美尔也面对着世界的多样性。在这个多样的世界中，无论路径通往何处，人们必须抵达最初的起源和最后的决定而非绝对的起源和决定。他对选择的可能性的态度在艺术创作方面有着最为清晰的展现。所有艺术在其与活生生的存在的关系中都有一种听天任命的倾向；它否认自己品尝现实，这当然是为了强调其最突出的特征，然后从现实中得到比这一实际内容包含得更多的东西。由于听天任命和这种新的丰富性相互触发，它们就使对事物采取审美态度的做法有了吸引力。西美尔用更一般的术语把这种态度表述为，不拥有却又以某种方式拥有，是一种把握但同时又是一种放手。这是一切调情（Koketterie）的最本质的东西，它源自生活带来的不可避免的、悲剧性的问题：存在一个事实——面对许多事情，面对根本无法拒绝的关系，人们无法承担一个明确的、理所当然的、坚定的立场。为了使生活中的犹豫不决变得可以容忍，我们有必要参与到一个有可能同时产生赞成和反对、是和不是——而非是或不是——的游戏中。

这种关于有保留决定的"可能"（Vielleicht）情势，是西美尔与生活之间关系的标志，同样也反映了他的哲学问题。哲学概念要赋予实存的表面以它们必须赋予的东西：思想的轨迹从表面的出发点一直延伸到哲学深处，在某个点相遇，进而建立一个体系——这是一种一元论者的偏见，与哲学功能多于实质这一本质相抵触。世界的多样性与试图在其中找到自己定位之间的裂缝，深入到思维最私密的领域，这是向世界屈服的愿望与由这种屈服——向一个世界屈服意味着必然失去其他一切世界——导致的痛苦之间的裂缝，因为世界与生活是当下可理解的，不是在它们最内在本质的层面，而永远只是在一个外在化的形态（Gestaltung）所采取的多样形式中。游戏、艺术、调情、最广泛意义上的"可能"的态度，这些是在对实在的放弃中更敏锐地感受到实存之冲击力的手段，尽管是通过单一的形态贯穿整个生命之流——正是由于与这生命之流保持了距离，并以一种清晰的却又听天任命的意识来品尝某种形而上学式的固定位置上的幸福。

韦伯的听天任命不是审美距离的情绪，不是对人与世界之间的永恒裂缝的寂静忧郁和哀悼的流露，不是西美尔意义上一个被拒绝进入的人从远处瞥见应许之地的情感状态：韦伯的听天任命源于行动者为了在现实中发挥作用而无条件地、无距离地冲向实在的激情。这种必须在听天任命的根源处找到的距离——尽管和其他地方一样——已经转移到其他地方；它并不存在于所有生活构造的整体性和沉思者之间——似乎由此能够在考察所有可能性的过程中找到与生活的关系，相反，它存在于实在的某种构造和在实在之内控制各种行为的意识之间。做出某种可能决定的行动者（der Handelnde），并不是以信徒的方式做出决定。所谓信徒，只是以这些后果所要达到的目的的完全救赎性的福佑来确证一切后果的合理性，从而将罪责的负担转移到一个独立于其意志之外的客观秩序，以"上帝意欲"取代了"我意欲"：相反，[韦伯的行动者]仍然具有全部的激情，对处于行动及其后果中的行动和个体决定——也可能是不同的行动或者决定——保持开放心态。

  信念伦理学家的行动由其服务的理想秩序明确地决定；作为一个原则问题，他不能以其他方式行事；同样，作为一个原则问题，责任伦理学家可以以其他方式行事，他的责任的本质恰恰就在于这个事实之中。（至于最极限的情况，"我在这里……"，将在稍后的命定论问题那里讨论。）他并没有沉溺于自己的行动中，不会只看到自己的行为本身，而看不到任何其他东西；相反，他与自己的行动保持距离，他控制自己的行动，将其放在其他可能性之中。这种保持距离的做法使得占有实在变得可能，但只是片段性的占有，可能性的广阔领域因为一个选择而得以保留。这种韦伯式的听天任命的范畴，不是对世界保持审美距离，而是一种在世界之中的激情行动变得可能的"直觉判断"。激情、直觉判断和责任是区分作为行动者原型的政治家的三种品质。在这种情况下，如果一定要把对多样性的态度从审美距离中带入实在，激情就意味着必须与其他两种品质联系在一起的特殊品质，这样，任何一种行动都可以在人格的充分影响下进行，而在任何情况下都对自己的行动和在尽可能多的情况下对他人的行动都保持有距离的审视，就导向韦伯特有的"带有激情的听天任命"的特殊悖论。

  悲剧性的命运伴随着所有生命，诸如神、权力、秩序和起源等不可还原的诸多实存永远不会屈从于统一其意义的意志：这种命运——在西美尔那里以沉思的听天任命为幌子，为了游戏的所有可能性而放弃对实在的片段化占有——被重新塑造为激情和负责任的行动的听天任命。这种听天任命可能拥有实在，尽管只是以片段化的方式，因此，其他更深刻的和"激情的"方式（乃至于仇恨的方式）的可能性都不是这种听天任命所熟悉的，也与西美尔的审美沉思相反。它可能与实在的所有形式保持距离，但也正因为这种距离，它可能在"可能"的范畴内占有它们。

祛魅与日常性、激情和听天任命、责任和直觉判断，它们结合起来就形成一种生活方式。对于肤浅的观察者来说，这种生活方式的显著特征就是信仰缺失（Glaubenslosigkeit）。如果信仰被理解为一种依照理性形成的价值秩序的行为指导、或一种由对清晰的、值得尊崇的目标或理想的追求而引领的生活道路，那么，信仰确实失落了。韦伯多次强调，他在这个意义上缺乏信仰，尤其是在涉及政治问题时。他的民主派色彩不是来自对民主的唯一救赎品质的信念，而是来自对以下事实的冷静权衡：在他那个时代的历史和政治形势下，民主是选择领导人的最佳方式，而且，他在每个场合都强调自己赞赏君主制。在回应一些针对威廉二世的言论时，他在1917年写道：

> 对我来说，国家的各种形式就是各种技艺，如同任何其他机械装置一样的技艺。如果君主是一个政治家或承诺成为一个政治家，我就会反对议会，支持君主。

政党目标和理想与韦伯的历史哲学不相容。这些目标和理想瓦解了个人对生活的控制，而这种控制常常首先使得生活可以忍受，即把所有的行动视为由某个超越人的原则所决定的可能性；在这种情况下，人们不能把对正确行动的关注转移到客观的秩序上，或转移到一个只需要人们简单展开的"程序"上。因此，"缺乏信仰"对人的心理和精神力量提出了能够想象得到的最高要求。一个人要逃避这些要求，只有通过"智识的牺牲"——从自主的理性知识和理性责任的领域逃向"忏悔"的教条——无论是教会的教条，还是政治宗教的多样性教条。这种"逃离"可以从两方面进行：要么从日常生活的战场上撤出，追求和平，这种和平包括放弃参与"日常营生"（Betrieb）——这是当前历史展开的形式；要么逃避责任，同时在现代国家的生活中保留所有权力的要求，即所谓观念论的恶作剧——它尤其在德国这个世界观政党的土地上流行，它利用也许是bona fide［善良信仰］的理想来避难，从而掩盖个人的无能和卑劣。

韦伯与这两种形式的信仰同样相距甚远，但有一点，韦伯的理性主义绕了一个远道，但还是接受了一种价值取向，也就是说，通过这种价值取向，一种针对知识所开启的丰富可能性的态度看到自身被迫做出决定性的选择。必须基于这一点而产生决心——把行动的方向区分为有价值的和应该做的：这些决心是命运通过他出生的社会和守护神（Dämon）所确立的。从韦伯战时写就的政论文和信件集中，我们可以看出他对与民族共同体的联系的感受何其深沉。这些内容始于他在战争初期对未能亲赴前线参战的感叹，一直延续至1918年11月写给克鲁修斯（Crusius）的一封信，信的结尾是：

> 110年前，我们向世界表明，我们——而且只有我们——能在外国统治下成为伟大的有教化民族的一员。现在，我们将再次做到这一点！已经赐给我们——而且只是赐给我们——第二春的历史，将赐予我们第三次。我毫不怀疑这一点，你也是——quand même［纵然如此］！现在公开说的，自然被rebus sic stantibus［目今的情况］而非pour jamais［永恒］所限制！Toujours y penser［永远考虑到这一点］……

"永远考虑到这一点"的观念以及这些话在一封信中频繁出现的

事实，至少和这段话的内容一样，反映出典型的韦伯立场。他总是避免"忏悔"或建立方案，因为他的信念不能被表达为一种"理想"或未来的计划；这种特殊性基本上是由历史情境所决定，而他想通过他的历史哲学概念使人们能够以理性的理解来接近这种历史情境。祛魅将人类孤立在世界之中，责任将人类孤立在社会之中。如今的社会不再把个人笼罩在传统的精神和社会的规范的氛围之中；它不再通过特定的"风格"给个体分配一种对其实存的正确行动的关切，因为共同性（Gemeinsamkeit）已经从行动的直接形态退回到一切形塑（Formung）之前的一层，所以它被留给个体的守护神及其责任，来决定"历史"及其命运的具体形态。

与其说"国家"（Nation）是与层次和等级有关的社会关系的缩影，不如说它是一种历史力量，在一切个体构造当中让自身具有象征性；它不是人与人之间的技术交往关系或由此而来的秩序，而是站在所有个体背后，他们只是由于具有共同起源而相互之间有了关联。例如，中世纪的相互性在所有人那里都是活生生的，而在他们的行动中，这种相互性是一种未经反思的构造；它允许个人不仅仅作为他的职业或他的财产的代表出现；它还提供了一种超人格的印记，个人事实上必须在它面前退却；它产生了一种特定的共同体文化。与此相反，理性知识和责任把单个生命分割为一个外部的社会学意义上的理性行动技术和它的意义，现在，这一单个生命——可以说［在这个单个生命之上］不再有覆盖物，但它又意识到了它自身——对它与日常生活的接触和被理性的概念主义钝化的危险都很敏感，于是退缩到纯粹人与人之间关系的内在化的"柔板"（pianissimo）之中。

如果我们把一个民族的归属性（Volkszugehörigkeit）视为一种价值要素，这一价值要素与守护神一起，带来了理性主义所开启的各种可能性之间的选择，那么，价值特征（Wertcharakter）与理性基础之间就不具有决定性的差异。因为这个基础本身就包含看待生活的价值态度（wertende Stellungnahme），这种态度虽然不能被"证明"为客观正确，但它作为一个同样不担负责任的、因此是非理性的事实而出现在历史中，就像"民族"和守护神一样。被界定为理性的欧洲文化共同体、民族共同体（Volksgemeinschaft）、守护神等，都在不同层面上促成了韦伯的科学阐述，只有当我们考虑到所有这些层面的价值特性（Werthaftigkeit）时，这种百科全书式的历史存在类型才能得到理解。因为韦伯的科学活动——我们在这一点上引入一个关键观念——本身就是一个具体的行动，它不再面对一切可能性，而是已经做出了选择，特别是选择了理性科学的形式；到目前为止，我们只知道这种形式的一个要素，即理性的概念和经验的技术，但还不知道民族（Volk）和守护神的其他要素。

因此，韦伯式的历史发现自身处于意识反思自身的典型处境中，事实在其中出现了两次：第一次作为意识的内容，第二次作为工具，即作为这种内容的形式——举例来说，如果确定意识的内容在意识流中占据一个"位置"，在时间维度上有一个秩序，那么，对这个位置或秩序的思考在我的个体意识中也有其位置。同理，韦伯的历史哲学的内容也不仅仅是内容，同时还是他的科学由以达到实在的形式。但这种实在并非由"理性主义"的要素所明确界定；不存在唯一的理性科学，而是每个民族共同体都以次一级的民族价值层次渗透到这种欧洲文化发展的产物之中，以至于往往某个民族的学者的目标对于其他民族学者而言完全不可理解。

二十年前，杜姆（Pierre Duhem）以德国和法国的物理学为参照，出色地分析了英国物理学的结构，他的分析证明了民族性会对数学物理学等科学——它似乎是客观性（sachlich）科学的典范，不会掺杂任何个人的和价值性的（wertartig）因素——施以决定性的影响。[①] 英国科学界的一位知名人士的评论证明，各种历史科学也因其属于一个民族实体而表现出深刻的差异，而且其程度更加明显，也就是说，对英国科学家而言，战争产生的最重要的影响之一就是，他们已经摆脱了价值中立的科学的噩梦。因此，在各种类型的理性科学中，一种特殊的科学即价值中立的科学，被认为是一种特殊的德国现象，韦伯在他的全部作品中以最具决定性的方式代表了这种特殊类型。科学中的"价值中立"意味着放弃价值判断；科学判断不发表赞同或反对意见，科学之事仅限于最忠实地再现通过经验获得的知识，而不考虑任何形式的意图关切——这与英国社会科学的典型实用主义形成对比，瓦拉斯（Graham Wallas）或罗素（Bertrand Russell）的社会学调查可为典型。（事实上，在德国也存在着与实用主义态度相近的理论，例如科学社会主义，但实用主义在德国并不典型，我们在此不讨论这个问题。）

价值中立或实用主义的科学假定了一种类似于我们在前面详细定义过的第二层次的理性主义姿态。即便是一个建立在巫术（Magie）基础上的过程，也可以被认为是理性的；因此，为了更详细地描述和区分，我们必须谈论一种［基于］巫术而非理性的理性主义。同样，价值中立只能相对于更高的价值层面（übergeordneten Wertschicht）来理解。所谓更高的价值层面是所有历史科学所特有的，无论这些科学

[①] Pierre Duhem, *Ziel und Struktur der physikalischen Theorien*（《物理理论的目的和结构》）(Leipzig: n. p., 1908), pt. 1, chap. 4。法语重印第二版：Pierre Duhem, *La Theorie Physique: Son Object—Sa Structure*, ed. Paul Brouzeng (Paris: Librairie Philosophique J. Vrin, 1981; 英译本：*The Aim and Structure of Physical Theory*, trans. Phillip P. Wiener (Princeton: Princeton University Press, 1954)。——《沃格林文集》编者注，以下注释同。

在其他方面是价值中立的还是实用主义的。历史学要成为一门科学，就需要具备能够协调各种历史材料的某些特定观点；例如，所有与英国议会主义发展相关的要素都是从一个材料库中挑选出来，因此，就这个特定案例而言，材料首先是"历史的"。对这些权威观点的选择实际上是一种评判价值的行为，而在这种适用于一切历史的方法性假设中，价值中立发现了它的界限。

韦伯把作为历史科学附属概念的权威性价值观念称为"理念型"（Idealtyp），我们之所以选择这些价值中的一种或另一种——例如"理性的统治"或"传统的统治"的理念型，是因为就历史事件的进程在一定程度上与理性的或传统的统治相关而言，这个进程对我们来说具有某种超出科学的理由的"意义"或"重要性"。选择一种价值的决定性理由，可以由多种不同的方式呈现。李凯尔特（Rickert）是第一个在历史科学中阐述"价值相干的方法"（Wertbeziehende Methode）的人，他认为选择和形成材料所采用的观点应该是"得到普遍承认的价值"（allgemein anerkannte Werte），同时也是活在所描述的历史时期的人所普遍承认的价值。在韦伯看来，这种决定并不十分清楚，因为只能从历史事实中解读出一个历史时期的人的价值取向，但是，历史事实又要通过某种价值观点才得以组织，因此，这种价值观点必然是从外部引入的。

韦伯首先考虑的是，历史学家必须理解如何自觉或不自觉地把实在的事件指向普遍的文化价值。在此基础上，他们再强调对我们来说有意义的背景。"对我们来说"（für uns）作为标准，从决定我们如何看待历史的价值观念中剔除了一切客观决定，而价值观念也因此具有文化科学研究中的个人因素。没有研究者的价值观念，就没有取舍材料的原则。这就如同没有研究者对文化内容的意义的信念，所有寻求历史实在的知识的工作都会丧失意义，所以研究者个人信念的方向将为他的工作设定目标。与科学天才的研究对象相关的价值观念，将决定人们如何看待整个时代，并决定现象的哪些方面有价值，哪些没有价值，哪些重要或者不重要。因此，韦伯科学的要素有三：建立在理性经验之上的知识；"价值中立"的科学的轮廓；由研究者个性决定的价值观念；后两者共同发挥作用。

现在，韦伯在自己的历史社会学著作中采取的价值观念，原则上就是前文所述的理性主义观念，以及对理性主义观念的可能的偏离。他关于宗教社会学、普通社会和经济史概要以及音乐社会学的散论，都遵循了历史实在的类型化的结构模式，此种模式基于历史实在与理性主义的关系。理性因素存在于各个历史时期——不仅仅是现代，但是，举例来说，我们必须说明儒教的理性主义与新教的理性主义有何不同，而且只有与后者相关的现象，如理性的簿记，才会凝聚为现代资本主义的理性之基。正是因为这种基础，现代资本主义才与其他时代的资本主义制度——如建立在古代城市封建主义之上的资本主义——不同。或者说：在不同的音乐系统里都有理性化的尝试——例如，印度、中国和阿拉伯音乐都建立了等距音程，但只有现代调性系统，才会尝试以"$u/u+1$"的公式作为形成音程的原则，来实现和弦的和谐与标度的结构。

因此，如前文所述，就历史材料意味着最大的意义空无而言，它通过参照某些价值观念而得到有意义的排列，从而首先获得一种逻辑的（客观物质的）结构；当然，与数学和物理学相比，这种结构并非自明。然而，通过价值的参照（Wertbeziehung），我们发现，与艺术、语言、宗教等其他文化对象相比，所有科学都缺少个人因素，而这种个人因素却能够赋予材料以历史意义，因为价值观念是历史事件在研究者头脑中的反映方式的一种表达。我们在此再次遇到这种特殊的、反思性的转折：历史的内容转向产生它自己的形式，而形式则转向产生它自己的材料，因为只有通过某些材料对价值观念形式的参照，才能产生"历史"；这种历史的内容，对韦伯来说就是文化朝向理性主义的发展，而对我们来说，这种历史描述了历史中的那个转折点，从这里开始，理性的历史科学的决定性理由变得可以理解，它令一切可能性都可能达成。价值观念塑造了历史，而历史反过来又告诉我们，为什么我们今天——日日带着激情和屈从站在一个祛魅的世界里——来自我们塑造的历史，或者更准确地说——这正是要害所在，来自韦伯所塑造的历史：对他而不是对我们来说，历史——不是历史，而是他的历史——告诉我们，这个历史向他揭示了一切行动的可能性的人，为什么选择成为一位学者的可能性。

今天，在理性可以把握的所有原因背后，在知识和责任背后，最终的决定却由指导人生命运的守护神做出。由于来自守护神般的兴趣，由于他的价值观念对历史之流的醉心征服，在他的科学中原本羞愧地隐藏着的悲怆所爆发的地方，韦伯只找到了浮士德压抑自己对知识的激情和贪婪的文字：

　　……新的冲动苏醒了。
　　我急忙离开，去啜饮她永恒的光。
　　在我面前是白天，在我身后是黑夜。
　　天空在我头顶，身下则是海浪。[①]

关于百科全书式科学的意义的问题已经得到回答：它不是一种最缺乏意义的科学类型，而是一种就其与个体性的关系（而非其逻

[①] 歌德，《浮士德》，Walter Kaufmann 译，New York：Anchor Books，1961，1. 1085-1088, pp. 142-143。

辑结构）而言有别于其他科学的科学。借助他所确立的与理性主义观念的共同联系，韦伯纵横捭阖的研究凝聚为一个严格的统一体。但是，伴随着在反思性转折的特殊形式中的人和对象的统一，韦伯找到了实现所有伟大哲学体系的梦想和渴望的新方式，这个梦想就是在思辨过程中达到那个可以使自己的存在得到理解和证明的点。他不是为了自己而蒐集历史知识，即便他在具体的科学工作中做到了最大程度的谨慎，这些知识也从来都只是在为他建立历史形而上学大厦的宏伟基底提供材料，正是这种思辨有助于他了解自己和他的时代。历史的这种内容作了如下解释：今天的生活再次被交托给祛魅的神灵和权力，这导致守护神为这一个或那一个人服务；通过这种解释，历史的内容达到了客观理性表述的非理性极限，因为这种历史哲学的建立正是它自己所谓的守护神的工作。

历史世界的客观理性结构就这样被取消了，而且世界本身也随之被取消了，因为在这之前似乎是终极的东西——坚实的形式和建构的意义（gefügte Sinn）——变成了一个倒数第二的东西（ein Vorletztes）。在它之后出现了一种不可把握之物，它首先把一切有意义的事物引入世界，或更准确地说，使世界在其意义性中显得像是一个创世大能（weltschaffender Übermächte）的游戏。具有客观性和理性、神灵和日常性、社会交往的技术和人与人之间的关系的历史世界不是被给定的，因为人并非出生于独立于他的事件序列中；有意义的世界首先是为他（zu ihm）而创造的，可能正因为如此，它的边界——与作为其前提和来源的不可理解的东西相抵触——才可以识别。韦伯这样分析他的历史：在他创造的世界中，除了他的激情和听天任命、他的理性主义和他的决断守护神之外，对他来说，还有一个可以理解的地方，他因此证实了——我们用词有点尖锐——生命的最终意义不是寻找其意义，而是不断创造意义。我们意识到，在世界面前有一个点，我们在那里是孤独的，孤独到无人能够追随我们到达那里——除了守护神。这就是诗人笔下的那个点：

> 所以我必须独自奋斗到最后
> 在忠诚的怀抱中永不停息？说吧！
> "你激起了我的同情心，因为没有人
> 确实与你同在——除了你和我。"①

韦伯抵达了这个世界的创造之所，与守护神对话。他作品中的每一个字都充满了悲怆、高贵和责任，只有这种最终的孤独才会赋予他这种责任，因为他允许先于世界的知识在他的作品中完全成形。他不仅是伟大的学者和热忱的思想者，我们时代的命运也在他身上找到了最强有力的象征。

---

① So ring ich bis ans end allein? so weil ich Niemals versenkt im arm der treue? sprich! "Du machst dass ich vor mitleid zittre, freilich Ist keiner der dir bleibt, nur du und ich." Stefan George, "Prelude," XXII, 载于 *The Works of Stefan George Rendered into English*, Olga Marx and Ernst Morwitz 译, 2d ed. Chapel Hill, N. C.: University of North Carolina Press, 1974, p. 181。编辑们感谢 Dietmar Herz 教授就这段引文提供的友好帮助。德文版见：Stefan George, "Der Teppich des Lebens und die Lieder von Traum und Tod mit einem Vorspiel, Vorspiel XXII," 4th stanza, 载于 *Werke: Ausgabe in Zwei Banden*, 3d ed. (Düsseldorf and Munich: Verlag Helmut Küpper Vormals Georg Bondi, 1976), p. 186。

马克斯·韦伯[*]

沃格林　撰
郑家琛　译

　　我们西方的科学文化显示出一种知性（der Verstand）和行动之间的张力，一方面，知性对我们合理的价值正当性的信仰产生了瓦解性的影响；另一方面，我们很难在远离这种信仰的情况下还怀有必要的确信力量行事。各种自然科学依据与人类［生存］核心的距离，获得它们在存在之域中的等级次序，于是，它们被移出中世纪统一的世界图景。首先被移除的是力学，然后是植物科学和动物生命的科学。在各种自然科学之后，是诸如宗教、艺术和语言等精神领域。最终，把人类本质视为灵魂的、精神的——既是自为存在（Für-sich-Sein）也是社会之中的存在——科学也受到影响。

---

　　[*]　本文是沃格林于1930年6月14日即韦伯逝世十周年之际在维也纳社会学协会的讲稿。载于 *Kölner Vierteljahrshefte für Soziologie* 9（1930）：1—16。

在任何一个存在领域，知性活动都没有摧毁实在和价值，但是，它无疑摧毁了我们对自己的价值和行动方向的"正确性"的天真信念。应当之事（Gesollt-Seins）在多大程度上可能，取决于公认有价值的行动的态度和可能性，这样，行动者先前会将行动的责任归于理性的原因，而现在则要承担起全部责任。尽管这样的价值——关于把握实在（Wirklichkeitsbeherrschung）、行动的清明和正直以及理智良知的价值——已经重建，但是，知性的确定性也已经从我们行动所依据的价值的信念中被移除。因此，对信仰的强度的要求已被推至极限。

在我们文化圈的所有国家当中，认识与信仰的分离并非步调一致。西方的民族共同体——法兰西、英格兰和正在成形的美国社会——生活在17世纪以来一直塑造着他们的政治社会和人民的观念传统之中。西方列国在一战之后决定性地实现了民族统一，在此时期，德意志的政治和精神形式则跌至低谷。① 法国由于两位红衣主教和路易十四的庇护而创造出一种政治形式，与此同时还创造出一种语言形式，并通过法兰西学院而得以传承保护，并创造出沙龙形态的优雅的私人社交形式。从拉法叶夫人（Madame de Lafayette）到普鲁斯特（Marcel Proust），优雅的礼仪为心理小说的文化和人的内在时间性（Innerzeitlichkeit）的教养提供了基础。这种教养的哲学表现形态也有多种来源，比如从笛卡尔独白中的"思"（cogitare）到柏格森的绵延（der Dauer）的形而上学，直到瓦莱里（Paul Valéry）在其哲思性诗歌中提出的爱利亚式难题（eleatischen Problemen）。从君主制到大革命再到复辟，再到民主共和政体，对作为现实存在的

---

① 直到19世纪末和20世纪初，欧洲学者才把德意志疆界和1871年之后的德国传统视为西方的一部分。

意识流进行处理的从未间断的传统，经受住了政治形式的更迭。

自 1789 年的大革命以来，这类分析又为公民政治自由理论所补充：在一个小的、私人的范围内按照自己的意愿行事的自由。西耶斯神父（Abbé Sieyès）最为清晰地表达了国民议会（Nationalversammlung）的自由信条，它并不要求行动的自由，而是要求拥有一块安稳、平静的小资产阶级生存空间。在国家领域之内，一片私人领域所具有的意义与私人文化在社交和哲学沉思的形式中拥有的意义相同。哲学信条，语言的、社交形式的和小说的文化，政治理论和完全为该理论服务的社会科学——所有这些都被统合于［法兰西人］以人的价值及其 liberum arbitrium ［自由意志］为核心的信仰，也统合于法兰西为拣选民族以实现内在于其文化共同体的人的价值的信仰。

同样的观察也适用于英格兰。即便在当代，英国的社会心理学仍然具有精确性，他们的政治理论也有影响力，但是，这种精确性和影响力还不足以产生对这些学科的伦理的和形而上学前提的自我反思。即使理论带着明显的政治意图，试图为工党（Arbeiterpartei）新获得的权力打造精神根基，也不能超越［英格兰人关于］人和社会的理想，此种理想以对合适之人担任领袖的普遍且自愿的赞成为基础。由克伦威尔的新教革命确立的英式理想在洛克的著作中得到了哲学层面的完善。虽然知性活动在此可以作为实现社会价值的工具，但它从未独立。因此，它从未以一种反思的、没有活力的（reflektierend-lähmend）方式渗入人和国家的活动核心。

美国的社会科学受其政治观念束缚极深。在美国，大批移民重塑国家的任务成为外部的驱动力。异族有必要同化为一个国家中的同文阶层，教育和社会心理学的所有资源都服务于这种必要性。这就解释了何以在美国出现了一些远低于我们的理性专业标准的粗糙理论，但它们作为基本准则，却能为异族在灵魂和教化上的归化发挥良好的功效。就内在而言，必须从美国社会结构的角度来理解其对具体目标的强烈执着。在美国当今社会，占主导地位的移民群体由欧洲农民和小资产阶级的后代组成，他们的眼界很狭窄。培育知性工具的精神使命是匮乏的；在这种［精神］能力本应存在的地方（或者说它们如今肯定存在），它们却受制于固守既有成就的人的轻视，即便这些成就是天分较低的大众所无法达到的。国家意志的安全性和连续性在其公民身上体现得淋漓尽致，以至于美国学者可以主观忽略那些看似与国家影响力不相干或对国家不利的研究成果，而不必有任何智识上的愧疚。就社会的一般情形而言，这不会损害他们的声誉。

举个例子，美国的社会学学者会天真地认为，比起我们所处的自由时代的全盛期，中世纪是幼稚的黑暗时代；在没有任何人质疑的情况下，他们还可能敢于进一步坚持认为，伟大的艺术只可能与民主形式相关。以这一经验性定理为依据，他们会预言美国将盛开空前绝后的艺术之花。

在西方伟大的精神传统背景下，在最接近生活和受生活影响的思想领域的背景下，在一种尚未被腐蚀的信仰的庇护下，德国精神自身的运动和其中的韦伯形象更清晰地浮现在我们面前。我们的精神史并非稳步前行，而是在巨大的波浪中浮沉。古典主义和浪漫主义的盛行紧随着17世纪的低谷，而紧随这一繁盛期的又是19世纪末的新低谷。在这一溃退的最低点，语言也日渐颓败，哲学和历史开始逐步恢复文化遗产，而格奥尔格（Stefan George）作为一种新语言的创造者出现了。目前，人们对层出不穷的奇迹议论纷纷。据说，最有名望的一些人也相信我们的民族永远年轻，这是德意志区别于其他民族的好运。可以肯定，今天比以往任何时候都更需要这种好运。德意志民族缺乏政治统一，因此它从来没有产生过公民政治生活形式的图景（Bild），没有产生过德国人彼此之间以及与国家领袖之间的公共关系的图景，但这种图景会如此彻底地塑造个人的生存，以至于它似乎是人性的自然、不容置疑的向度，好像它在西方已经实现了一样。德国人的灵魂之间缺乏那种对共同体价值的更坚定信念，而这种信念会避免使公共行动的核心因知性而丧失活力。相反，每个个体都会被彻底交付给不确定性，这种不确定性必然随着最后的、最内在的确定性（Fraglosigkeit）的毁灭而来。我们每个［德国人］都得对自己在共同体中的行为准则负责，而西方人则可以在其传统的形式中自由行动。这并不是要否认在［德意志］小邦国时代产生的许多［伦理］关联，尤其是普鲁士-新教的共同体文化，但这些关联没有也不可能产生共同的德意志形式（gemeindeutsche Form）。毫无疑问，也有许多德国社会研究者把他们的科学降到最低水准，来为利益相关方装点门面——但这仅仅与个人相关，而非传统的民族形式。

只有当最明亮的知性、最广博的教育、最强健的精神和激情在同一个人即韦伯身上高度统一起来时，德意志精神的创痛才会在这个人及其作品的生存中显露出来。在他逝世后的十年里，最优秀的诠释工作表明，他的作品的最外在特征——百科全书式的、未完成的特点——堪称通往他的人格最深处的最可靠途径。韦伯著作的主题涵盖经济史、经济和政治理论、宗教社会学、政府和法律社会学、音乐和经济、认识论、方法论、逻辑学、时事政治问题以及学人和政治家的伦理学。在考察这些丰富的内容时，我们发现指导韦伯选择和编排材料的各种价值的统一。关于价值的问题直指辩证法问题的核心，在这个问题的镜像游戏（Spiegelspiel）中，他的激情徒劳地寻求一个固定点。在他的大量作品中，除了古代农业史之外，只有篇幅较为短小的论文和演讲得出了最终的结论。在大多数情况下，他的作品都是未完成的。他关于罗雪尔（Roscher）和克尼斯（Knies）的系列文章尚未收尾；他与迈耶（Eduard Meyer）的辩论没有结束；他有关宗教社会学的一系列论述还有待补足对《诗篇》和《约伯记》、塔木德犹太教、早期基督教和伊斯兰教的分析；他关于经济与社会的鸿篇巨制也没有完成。

韦伯作品的这种未完成的特征被解释为他的人格本质的表现。活跃的哲学头脑深知封闭的体系和外壳令人生疑；他的灵魂对此事深信不疑，那就是所有生命都应当保持为有缺憾的和未完成的，而不能被强行转变为形式和完满。存在主义哲人（der existentielle Philosoph）让他的精神光束滑过世界；他让这精神的意义闪现出来，作为照亮他自身此在（eigenes Dasein）的手段，并且——如果不是为了理解他在世界中的意义——至少也是为了认识他在世界中的位置。如果这个需求得到满足，那么，对材料的所有探究都将变得毫无意义。把韦伯诠释为一个不成体系的思想家，会触及他的内在，即滋养他的生命的力量之源。

韦伯百科全书式的材料的统一在于它与价值的关系的统一，因此，其作品的未完成性特征作为哲学式生存的表达就可以理解了；价值相关（Wertbeziehung）与生存根基的距离，为我们理解他的精神核心的内在结构的丰富性提供了一个暗示。新康德主义者的历史逻辑是最脱离实际、最孤立的逻辑，我们可以从中发现价值和与之相关的材料（Stoffen）之间的对立图景。然而，在运用一种能以某种方式获取价值并借助它把无形态的材料塑造为历史图景的科学模式时，韦伯只是为了在每次运用时打破这种模式。对他来说，材料从来都是无形态的。他能感受到历史所独有的、奇特的意义，感受到人类和行动的命运注定的确定性。他在历史中看到众多对权力的渴望、对最高级的（höchster）——如果可以用这个形容词最高级的话！——现实性（Wirklichkeit）的激情，以及对规律性的激情，但是，这种规律性并非源自某个历史学家的干预。

历史学家在塑造历史时，不是使用由某种哲学体系思辨得出的苍白无力的价值，而是他所处时代中的文化传统的价值。如果像在德国那样，失败的传统无能也无力为国家提供伟大的教化价值，那么，如果一位科学研究者本人具有强大的、有创造力的人格，他就必须确立新的价值。事件（das Geschehen）是具有自身法则的存在领域（Reich des Seins），而研究者本人，就他也是在事件之流中行动的人而言，同样受制于这些法则。同时，历史是研究者利用其个人起源（Ursprüngen）形成的图景。作为确立价值和塑造图景的人，他自由地面对历史，同时，他又无可避免地受到一个客观事件的法则的约束，这个事件造就了他、他的人格、他的起源以及他首先据以塑造历史图景的价值。对韦伯而言，自由的创造和依据法则进行创造的必然性是一组辩证的对立。在从巫术到理性的事件趋势（Geschehensrichtung）之中、在从巫术和宗教的关联到我们理解的日常生活的世界进程中，这种对立变得异常清晰。

韦伯把世界历史——以及其在古代如何创造概念和在文艺复兴时期的实验——理解为一个延续了几千年的、不断摧毁信仰的智识化进程（Intellektualisierungsprozeß）。我们不再相信守护神（Dämonen），不再相信我们可以借以驯服它们的巫术力量；我们也不再相信诸神，不再相信祭祀和祈祷的功效，不再相信启示、预言家和先知；我们不再相信降临在选民身上的神圣的卡里斯玛，也不再相信神的道成肉身和神的国的建立。特别是对于德国人而言，对特定形式的民族共同体的信念——正是这种信念让西方人在行动时具有不再犹疑的冷静和决断力——也已经丧失了。

我们是被祛魅之人，面对着一个每时每刻都迫使我们为生存而行动的世界。凭借已经充分成形的知性，我们可以探查某种境况的各种可能性，在思想中追踪这些可能性显示出的各种路径，直至它们的一切后果和副作用。我们可以探查［达到目的的］手段，并考虑这些手段与目的的意义是否矛盾，是否适合用来实现目的。科学是理性的完美工具，能够精确地为行动的可能性和手段确定方向；科学有助于人自我反省和认识到事实性的关联——我们如果要负责任地行动，就必须建立这种关联。

然而，即便对经验序列（Erfahrungsreihen）进行最精确的、价值中立的处理，对各种可能性进行最仔细的权衡，也不能给予我们任何目标和价值，也不能决定性地将我们的行动推上某条确定的道路。知性活动不会消灭价值，它只会破坏通过理解来认识绝对价值的信念。它以不偏不倚的方式并置所有的价值，并指出实现这些价值的路径。我们理解法兰西、英格兰和德意志文化的民族价值；我们理解和平的人和英雄，也理解作为弱者的朋友和不耐烦的强者。然而，从对不可调和的各种价值的理解之中，不可能产生对其中某种价值的决断。丰富的目标和可能性从四面八方压向一个人，限制他的生活并迫使他最终做出决定，他必须为此承担责任，却无法在知性的基础上为自己被迫如此行动的信念进行辩护。当一个人在互相争斗的力量和价值之间做出决定时，他只是被驾驭其人生命运的守护神所引导。价值相关的方法（wertbeziehende Methode）的贫血公式在自由和必然性的辩证游戏中消解了；而后，这场游戏在守护神行动致命的严肃性中消解了，这行动不得不每时每刻都在被知性照亮的各种路径中做出选择，却没有选择的尺度和基准点。

当代人生活在一个不再对知性活动抱有幻想的世界，这就是西方文化圈的普遍窘境；对德国人来说，这种窘境又极为强烈，因为每个个体都缺乏共同体形式的传统，他必须为自己重新创造一个世界。韦伯的命运与我们的命运息息相关，因为我们在其中看到了我们所有人的命运，尽管由于他那严酷的追究性的知性和强健的激情，他的命运变得更有力、更伟大。尼采同样为自由与必然的辩证法所牢牢攫取，不得不在二者的张力之间寻找存在的基础。如果对比尼采和韦伯的生活，我们就会更清楚地认识到韦伯的生命独特。

尼采的一生和韦伯一样，在同样的幻灭和祛魅的明亮中变得筋疲力尽；他们还是非常接近的同时代人，都在1870年战争以降的德国崩溃进程中，以自己的方式忍受着痛苦。其中一人既要忍受语言中的精神的没落，又要忍受占支配地位的思想中的自由与怨恨（Bosheit）；另一个人则对一段时间后才变得清晰的失败感到痛苦：国家未能完成创造新的政治生活形式的任务，这一由新的统一强加给它的任务。尼采已经明白，一旦知性变得过于清晰和深刻，随之而来的就是动机的斗争。从相同的生活辩证法出发，两人都得出了非常相似的程式，他们试图通过这些程式厘清自己的处境。尼采说，"在行动之前"：

> 我们的反思意识考虑的是我们认为能够完成的各种不同行动的各种不同后果，并在它们之间进行比较：一旦我们断定某种行动后果比其他行动后果都更可取，我们就会认为我们决心采取这种行动；在得出这一考量结论之前，我们经常真诚地感到痛苦，因为要推测一种行动的后果，理解其全部含义，并确信我们已毫无遗漏地将其所有后果计算在内，是非常困难的：因此，这样得出的结果还必须再扣除偶然因素。但是，最大困难在于，所有这些单个已如此难以确定的后果，我们现在却要

把它们放在同一个天平上相互比较，而通常由于所有这些可能后果的质的不同，我们实际无法使用同样的天平和同样的砝码的决疑法来确定它们孰轻孰重。①

在这段引文之后，尼采打消了我们的幻想——我们对动机的计算式权衡最终能带来一个确凿无疑的结果的幻想。我们想象着，我们经历了一系列行动的可能性之后，便会达致理性的决定，并得出我们的行动的合法动机。但事实上，与"后果图像"（Bild der Folgen）完全不同的动机决定了刹那间的行动：

> 它们或者是我们消耗能量的习惯方式，或是某位我们害怕、尊敬或爱恋者的一个眼神或手势，或是我们的懒惰，这种懒惰使我们倾向于什么顺手就做什么，或是由于某些不相干琐事在关键时刻引起我们想象力的激动，或是某些完全无法预料肉体的什么改变的影响，或是兴会所至，或是偶然潜伏的感情的活跃：总之，导致我们行动的真正动机部分是我们不知道的，部分是我们知道得很不清楚的，我们永远不可能预先计算它们。②

这种无形的、无意识的动机的斗争补充了有意识的斗争，而意识领域中的决定的幻觉不过是在深层力量（Untermächte）的两次斗争中的动机之一。尼采在灵魂学家的立场上用灵魂学（der

---

① 尼采，《朝霞：关于道德偏见的思考》，R. J. Hollingdale 译，Michael Tanner 导读，Cambridge：Cambridge University Press，1982，格言129。或许是因为这份文本最初用于讲座，所以沃格林没有提供引文的任何来源。［译按］中译本参尼采《朝霞》，田立年译，上海：华东师范大学出版社，2007，页170-171。

② ［译按］中译本同上，页171。

Psychologie）的术语描述了一个过程，而韦伯则作为一个没有幻想的行动者，在精神力（Geistesmächte）的领域复述了这种描述。作为灵魂学家，尼采试图破坏理性决定的幻觉，他希望表明，尽管知性做了一切准备工作，但行动的方向性力量另有其来源。韦伯也看透并否定了这种幻觉；因此，他活动于责任伦理的辩证法中。科学可以告诉我们，哪些实践立场可以根据其内在逻辑追溯到某些基本世界观。此外，韦伯认为，以价值中立的方式工作的学者

> 能够迫使个人对自己所作所为的终极意义做出交代，或至少帮他做到这一点。这在我看来可并非小事，哪怕只是为了纯粹的个人生活，也绝不能等闲视之。①

个体应该给自己一个交代，他应当具有对自己的无根据（grundlos）行为的最具压力的责任体验——根据（Grund）意味着理性（Ratio），但在决定的领域，知性是失效的。

> 我不知道，怎么能够指望"在科学上"判定法国文化与德国文化的价值。……这与古代世界的情形没什么不同，只不过古代世界还没有从诸神与精灵的魔力中解脱出来，而我们的诸神之争含义有所不同。希腊人有时敬奉阿芙洛狄特，有时敬奉阿波罗，而首先每个人都敬奉自己城邦的守护神。我们今天的

---

① 韦伯，《科学作为天职》，载于韦伯：《社会学论文集》，H. H. Gerth 和 C. Wright Mills 翻译并作序，New York：Oxford University Press, 1946, 页152。这段文字原本是韦伯于1918年在慕尼黑大学发表的演讲。[译按] 中译本参韦伯，《科学作为天职》，李康译，载于《科学作为天职：韦伯与我们时代的命运》，李猛编，北京：生活·读书·新知三联书店，2018，页40。

情形也差不多,只不过已经除去了魔力,除去了希腊人的行为中神秘却具有真实内涵的造型力量。而主宰诸神及其斗争的,当然是命运,而不是什么"科学"。①

责任站在知性的思虑与行动的守护神之间的刀刃上。我们乐于强加给"责任"的那些流俗含义已经清空。"责任"在韦伯的世界里获得了自身的意义,它表达了一种由这一事实而产生的颤抖着的兴奋和意识的折磨——我的行为是我的行为,但同时又不是我的行为,因为当我作为一个自由之人行事时,另一种力量也通过我行事。在行为的悖论中,责任与无责(Verantwortungslosigkeit)不期而遇。尽管我们可以辩证地剖析这个悖论,就像我们在这里所做的,但这种剖解不能被误认为一种"解决方案";它充其量是一种语言近似物(sprachliche Annäherung),表达了某项行动完成之际的生存论上的激动(die existenziellen Erregung)。

尼采已经在"安慰怀疑论者"这则格言中把握住这一悖论:

"我在做什么,我全然不知!我应做什么,我全然不知!"——你说对了,但无须为此担心:你将被做!在每一个瞬间!人类从来都将主动式和被动式混淆,这是他们永远的语法错误。②

在对生存论悖论的思想处理中,韦伯将其人格的深度引向行动者的自由与负责。相比之下,尼采倾向于非自由、无责和无辜(Unschuld)。

---

① 同上,页148。[译按]中译本同上,页34。
② 尼采,《朝霞》,格言120。[译按]中译本参《朝霞》,田立年译,同上,页166。

人对自己的行为和本质毫无责任，这是习惯于将责任和义务视为人性亮点的认知者不得不吞下的一味最苦的药剂。①

人在灵魂斗争中被各种动机来回撕扯，为的是最终选择那看似最强有力的动机，但这种斗争并非他的功劳。深切的悲伤笼罩着洞察到所有发生之事的必然性的人。然而，一旦他舍弃了道德层面，这种悲伤终究会化为智慧之人的新自由。随着幻想的破灭，随着对那些迄今为止一直为我们错误地评价着、爱着和恨着的对象的更细腻的灵魂式理解，领会（Begreifen）的新习惯——不是爱也不是恨，而是超然地审视——将逐渐形成，并从中生长出意识到其无辜的无辜之人。这无责且无辜的人将忠于自身行为的意义，不再让自己在激情的驱使下行事。他试图不断改换精神的状态，以避免僵化。在精神的驱使下，他将从价值前进到价值，作为"高贵的背叛者，背叛能够背叛的一切事物"。② 他将感到自己是大地上的漫游者，即便没有固定的目标。

然而，他确实愿意观察，愿意放眼世界，观察万有，所以他不能过分眷恋个别事物，他心中必须有变化无常、须臾即逝的漫游者。③

作为漫游者并最终作为预言家和先知的尼采，沿着这条与事物

---

① 尼采，《人性的，太人性的：一本献给自由精神的书》，R. J. Hollingdale 译，Erich Heller 序言，Cambridge：Cambridge University Press，1986），vol. 1，格言107。[译按] 中译本参尼采，《人性的，太人性的：一本献给自由精神的书》（上卷），魏育青译，上海：华东师范大学出版社，2008，页103。
② 同上，格言637。[译按] 中译本同上，页388。
③ 同上，格言638。[译按] 中译本同上，页389。

关系松弛并背叛诸种价值的道路，进入一种 vita contemplativa［沉思生活］。

韦伯不是沉思的漫游者，也不是慷慨激昂的未来传报者（Künder）。就其生存根基而言，他是一个行动者。然而，知性对行动的麻痹作用使他深受牵绊，以至于他不愿意承认［自己的］领袖卡里斯玛——这种品质在他的时代堪称稀有，所以他未能确信自己的使命。韦伯基督新教式的克制人格无法自由地向旁人（Nebenmenschen）敞开；他越做不到完全屈从大人物（如果他能在他的时代找到一个［比自己］更伟大的人的话），就越不能忍受他人［对自己］的屈从。

在西方，以伟大的公共形式表现出来的人与人之间的影响，在我们［德国人］中得到了最高贵的表达，那就是私人的、亲密的友人教育（Freundeserziehung），比如赫尔德和歌德之间的友谊、歌德和卡尔·奥古斯特（Karl August）之间的友谊、浪漫主义者协会（Bünde der Romantiker）中的友谊，或者今天以格奥尔格为核心的圈子：这些都是德国特有的高于民众且服务于民众的形式。韦伯那种被抽离的、转而朝向非个人的绝对命运的力量的义务性奉献（Pflichtergebenheit），无法企及对源自古代精神的爱欲（Eros）的更新。但韦伯拒绝这种新的道成肉身，也就是神性在凡人身上的重生，也拒绝屈从其他权威。直到他最后的日子里，他难以理解的这个主题还困扰着他——韦伯作为一个行动者，被迫接受并肯定自己的时代，尽管他看到了时代的一切罪恶，但他不得不利用这个时代的权力和大众（格奥尔格拒绝这两者）作为其活动的手段。这种必要性让他陷于最深刻的矛盾之中。为众人服务的人即便是个英雄，也会伤害人的尊严，因为尊严只在服务于事物（Sache）时才能得到维护。

尽管他用贫乏的孤独状态回绝了门徒和追随者，但韦伯对行动的激情足以让他体验到国家是政治人活动的宇宙，并促使他向他的人民指出政治形成（politischen Formung）之路。尽管他经常赞美自己身为德国人的幸运，但他论及他所热爱的德国形象的段落却非常稀少，且颇为简短。他颂扬了他的国家的永恒青春和无限更新的蓬勃力量——这些品质给我们以希望，让我们看到，从当代可怕的堕落中也能绽放出一个更幸福的境界。他欣赏它的质朴和实事求是（Sachlichkeit），它能够在平凡中发现美，而不是在迷醉中或他人的姿态中发现美。然而，他对作为德国民族性格标志的干劲（Tatkraft）和实事求是的赞美，只表明了他自己的性格特点：一种伟大的、无遮掩的人类力量生活在知性的日常当中，无需一个它信任的形式作为中介；与此同时，西方却因拥有传统形式的好运而感到高兴。

韦伯以他自己的性格为模型，刻画了他的民族性格，新的价值观不可能从这个领域出现。作为学者，他以无幻想、无预设的方式接近社会现实，他的政治著作以同样的方式介入政治行动的运作领域。正如他将自己的生命置于守护神之下，现在，他也把政治行动限制在权力领域的守护神的行动之上。他不相信特定的国家形式的优越性，不相信政治观念，也不相信德意志民族的某种世界使命。权力的运作必须经受住先被给予的材料（vorgegebenen Stoffen）的考验，而不能超出这种被给予性。一个被民众的命运所牵动的政治家不应该关心普遍的发展倾向。相反，他应该在他的改弦更张工作中牢记下一个任务，而未来的命运皆系于此。相比其他国家，德国是一个现代的、地域广大的、民众国家（Massenstaat）；仅当德国的政治成熟度使它有资格干预世界发展的程度时，它才能在政治上发挥作用，这意味着在世界范围内占有一定份额的权势。

只有政治上成熟的民族才能成为"统治民族"（Herren-volk）。这意味着，民众要把行政事务控制权操于己手，并从选举产生的代表中共同选出最优秀者（die Aus-lese）作为政治领袖。

这种民主诉求并不符合任何以民主制作为唯一能救世的（allein-seligmachenden）国家形式的价值信念；相反，这是韦伯在"国家技术"（staatstechische）的名目下思考的结果。他所理解的国家技术，是指对社会科学经验的工具性利用，从而服务于一个在政治上运作良好的国家的创设。在他的时代处境中，他认为英式的君主立宪制是最合适的形式，因为它以占据国家中的至高地位的方式使自己与[政治]竞争者的争斗保持距离。此外，它在君主的位置上同时创造了一个强力的政治统一的象征，以及一个超党派的、中立的权力。在一个以极端议会主义为特征的国家，君主的不可侵犯性与超然性为防止政治斗争的退化提供了保障，还有助于保持政治斗争的自制和威严。然而，德国的政治形势具有一些特殊而不可改变的条件——其中包括末代君主在政治上不同寻常的举止无措，这使得韦伯选择了共和体制。他在1917年的一封信中写道：

> 对我来说，国家体制只是技术问题，就像任何其他种类的机器[问题]。我将支持君主并向议会开火，如果他是一个政治家或决心成为一个政治家的话。

因此，他的思想没有沿着我们今日所熟悉的惯常政治观念的轨迹前进，而是根据他的国家-技术的路径运作，其中包括官僚机构和政治担纲阶层问题。

为了应对现代国家的事务，[国家]必须要有一个由受过专业训练的公务员组成的庞大机构。官僚机构掌控了政治行动的所有手段，从而具有强大的权柄，而一旦领袖选拔机制出了问题，就会引发官僚机构攫取实际的政治任务的危险。自俾斯麦死后，韦伯一直生活在德国官僚统治（Beamtenherrschaft）的有害后果的印记之中。他认为这种统治是德国外交政策一再失败的主要原因，因而也是德国滑向世界大战的原因之一。他认为，俾斯麦留下的遗产是一个缺乏政治教养并且尤其缺乏政治意志的国家，因为德国已经习惯于由政治强人居于顶端，为政治保驾护航。议会在政治上软弱无力，但也别无他法，因为凡是担任部长的议员都必须离开议会。他们因此被剥夺了在其党内追随者中的权力基础，失去了独立性，不得不让自己融入备受质疑的法院和官僚的统治中。俾斯麦去世后，[德国]既缺乏政治传统，也缺乏能够培养这种传统的人，因为这位首相不能容忍周围有性格强势的人。此外，俾斯麦宪法的特殊构造也妨碍了对未来领袖的成功选拔。这种选拔模式带有的西方议会主义特征让韦伯印象深刻。

韦伯的政治诉求确实具有民主制度的外在特征，但它们不是来自一种世界观或理想，而是来自他对政治的本质的洞察。在他看来，政治的本质就是为赢得权力而进行的负责任的斗争和为赢得追随者而进行的宣传。一个现代大众国家的领导人只有在忠实追随者的帮助下才能成功地行使权力。当代形势的无可改变的既定条件使他认为，议会体制是组建追随者团体和选拔领袖的最合适方式——请注意，是"最合适"。当然，作为善于分析统治合法性基础的大师，他并不相信任何一种议会代表理论的"正当性"（Richtigkeit）。他对大众民主的公民投票和凯撒主义特征也有深刻的洞察力，这些特征出现在劳合·乔治（Lloyd George）战时的事实独裁统治中。韦伯不仅认为在实践上有可能排除挡在人民和卡里斯玛型卓越领袖之间的国会议员阶层，还认为这不会损害一种良好的国家-技术的领导层的选拔。对他来说，全面独裁只是独裁倾向的一个极端案例，这些独裁倾向甚至出现在最具代表性的议会形式中，却丝毫没有侵蚀议会形式，反而恰恰是使政治领导——如果不是个人领导，也永远只会是少数人的领导——成为可能的首要前提。对他来说，每一种领袖选拔的形式都是正当的，只要它既能产生一个持久的执政者阶层，又能产生一个不允许事务管理沉沦到一定程度的政治传统——与俾斯麦宪法不同，它不是一个仅仅在百年一遇的伟大政治家的领导下才能发挥作用的体制。

  韦伯对积极负责的政治领袖有着明确的类型划分，这种划分将位于知性活动背后的守护神的人格要素独立出来，并加以强化。在政治现实中，这种类型相应于它的对立面，即从事知性的、技术性计算的官僚。在政治媒介中打破这种生存论上的不和谐（der Dissonanz），会让我们返回这种不和谐本身的变化状态（Abwandlungen）。我们说过，在处理生存论的行动中负责与无责的不期而遇这一悖论时，尼采通过展开辩证法而更倾向于行动的必然决定性，因而倾向于无辜，但韦伯更倾向于自由和责任。现在，二者都遵循辩证法的规律，但他们的态度却转向相反的方向。尼采的更高之人作为漫游者生活在沉思生活中，不断地节制行为，世界的多样性愈发丰富地展现在他从事观察的目光中。但是，在采取这种态度时，这种人想找到一个忠实的友伴是一种妄想：

    他一直以为自己是生活这出伟大话剧的观众，是这场了不起的音乐会的听众，称自己的本性是静观的，而忽视自己是生活这出戏的创作者、继续创作者，忽视他与这出戏的演员是大有区别的，更不同于戏台前纯粹的观众和参加节庆的客人。诚然，他是创作者，其本性特点是 vis contemplativa［沉思力］，但首要的是 vis creativa［创造力］，而这正是那些演员们所缺乏的啊，无论视觉的外观和全世界的信仰会说些什么。①

那些通过思考来感知世界的人，是孕育整个不断成长的世界的人，这个世界有各种色彩、视角和评价；行动的人只是把这个世界转化为日常：

> 凡是当今世界上有价值的东西都不是按其特性而估定价值——特性总是无价值的——价值是人赠与的，我们就是赠与者呀！是我们创造了这个与人有关的世界呀！（同上）

对世界的沉思产生的并非世界的副本，而是一个有着灵魂和精神价值的新世界。漫游着的观察者是真正自由的、有创造力的人。他不像行动之人为必然性所压制。在他身上，人的要素可以自由行动，这种行动可以被体验为主动语态，而不会有语法错误。韦伯走上相反的道路，那就是从负责任的行为——它不能援引信念、程序或宗教要求来为自己辩护，而是通过他的守护神来承担一切过失——直到在无可避免的条件下发生的行动。在他的著作中，"不可逃避性"（Unentrinnbarkeit）一词两次出现在一个决定性的段落里。第一次出现时，科学的历史状况是一种知性活动，服务于自我反思和对事实的相互关联的认识，韦伯称科学的这种历史状况为"不可避免的"；第二次出现时，不可避免性被描述为官僚机构的标志，与

---

① 尼采，《快乐的科学：附有韵律的序曲和歌曲的附录》，Walter Kaufmann 译评，New York: Random House, 1974，格言 301。［译按］中译本参尼采《快乐的科学》，黄明嘉译，上海：华东师范大学出版社，2007，页 285，译文略有改动。

现代理性生活秩序的其他历史性承载者形成对比。① 在这两处地方，不可避免的是理性不断扩张的势力，我们的行动和生活都必须以理性为据。这种命中注定的束缚不是守护神的法则，而是一种外部的、从社会中生长出来的命运，如果我们想用原始的语言表达的话，就是 Ananke [必然性]。当然，正如韦伯补充的那样，只有当我们希望对自己保持忠诚时，这种命中注定的处境才不可避免。

那么，这种由忠诚（Treue）带来的限制是什么意思？我们为什么要对自己保持忠诚？如果可能的话，我们为什么不飞跃到一个新

---

① 第一个段落见于韦伯《科学作为天职》载于 Max Weber：*Wissenschaft als Beruf/Politik als Beruf*, ed. Wolfgang J. Mommsen and Wolfgang Schluchter, abt. 1, bd. 17 of Max Weber：*Gesamtausgabe*（Tübingen：J. C. B. Mohr [Paul Siebeck]，1992），105。这段话内容如下：

在今天，科学是一项围绕专业经营的"天职"，为了实现自我的反省，知道事物彼此之间的关联，而不是预言者或先知凭借恩典的天赋散布神圣之物或启示，也不是贤人或哲学家沉思世界意义的组成部分。这当然就是我们的历史处境无法逃避的既定事物。我们只要还对自己保持真诚，就无法回避这一点。

英译本来自韦伯"Science as a Vocation"，页 152。[译按]中译本参《科学作为天职：韦伯与我们时代的命运》，前揭，页 41。
第二段见于韦伯《经济与社会》，页 129（第 5 版，页 129）：

只有私人的经济利益在其利益范围内，在特定领域的知识和事实知识方面经常性地优于官僚机构。它是唯一真正的[至少是相对的]对理性的、官僚的知识规则的不可避免性有免疫力的例子。所有其他的例子都不可避免地在大众团体中屈服于官僚机构的统治，就像客观务实的精密机器在提供大众商品方面的统治一样。

另一个英译本见 Weber, *Economy and Society*, ed. Roth and Wittich, 1：225。

的信仰？对这个问题的回答是辩证法反思中的最终答案，它把我们引向一种灵魂意义上的根基，我们的目光迷失在其深处。我们在韦伯身上一再发现，他在荣誉、个人尊严和自制问题上极端敏感。在1918年的事变中，没有什么比那些一蹶不振的人、裸露自己的人和公然沉湎于犯罪感之中的人的令人作呕的表现狂（Exhibitionismus）更让他深受伤害。没有什么比几乎所有革命中都存在的狂欢因素——文人和意识形态无赖的狂躁举止——更让他感到痛苦。这帮无赖在写作时对政治上的可能性没有任何概念，也没有负责的意愿，只会在家国的残破之躯上到处做实验。在此，像往常一样，当涉及荣誉和负责任的行为时，韦伯用以克制情感爆发和情感崩溃以及防止判断和知性的统治失效的力量是实事性（Sachlichkeit）和羞耻心（Scham）。两者相互对立，如同知性的统治（Verstandesherrschaft）和行动的守护神的关系一样，只不过它们把这种对立转移到了灵魂空间。最内在的事物将自身隔绝在一堵墙的背后，实质性地献身于一种超个人的任务。良心的焦虑、罪负的体验、被抛弃的绝望——这些东西不属于公众；一个人最私密的东西只属于他自己。我们终于也站在这面被最出众的、最富激情的实事性所包围的灵魂之墙前，我们必须让充满这颗灵魂的行动中无法被传达的信念成为它的秘密。

沃格林论韦伯

郑家琛

引子　沃格林关于韦伯的撰述及其主题

韦伯（Max Weber, 1864—1920）是 19 世纪末到 20 世纪初德国思想界的重要人物，他的著作、理论和人格特质激起同时代学者（如特洛尔奇、李凯尔特、舍勒和雅斯贝尔斯等）的广泛探讨，也在一定程度上塑造了年轻学人的问题意识和思想眼界。沃格林（Eric Voegelin, 1901—1985）曾在年轻时"贪婪地阅读"韦伯的宗教社会学和经济学著作，[①]而对韦伯学术思想的持续关注和反思则贯穿了他的整个学术生涯。

沃格林的韦伯研究脉络很清晰。从 1925 年到 1973 年，沃格林一共

[①] 沃格林，《自传体反思录》，段保良译，北京：华夏出版社，2018，页 29。

留下了五篇（段）以韦伯为主题的学术性专论。笔者按时序罗列如下：①

1) 1925 年，纪念韦伯逝世 5 周年学术报告《论马克斯·韦伯》；②

2) 1930 年，纪念韦伯逝世 10 周年学术报告《马克斯·韦伯》；③

3) 1951 年，专著《新政治科学》"导论"；④

4) 1964 年，纪念韦伯诞辰 100 周年演讲"伟大的马克斯·韦伯"；⑤

---

① 下述前四篇文章的德语版本，见 Eric Voegelin, *Die Größe Max Webers*, hrsg. von Peter J. Opitz, München: Wilhelm Fink Verlag, 1995. 此书收录了沃格林论韦伯的最重要作品，书末附有编者撰写的一篇论文"Max Weber und Eric Voegelin"，该文按年代顺序梳理并简要评论了沃格林关于韦伯的研究成果。

② Eric Voegelin,《论马克斯·韦伯》（"Über Max Weber"），载于 *Die Größe Max Webers*, 前揭，页 9-28。中译文参本辑论文。英译见：Eric Voegelin, "On Max Weber", in *The Collected Works of Eric Voegelin*, Volume 7: *Published Essays 1922-1928*, Columbia and London: University of Missouri Press, 2003, pp. 100-119。

③ Eric Voegelin,《马克斯·韦伯》（"Max Weber"），载于 *Die Größe Max Webers*, 前揭，页 29-47。中译文参本辑论文。英译见：Eric Voegelin, "Max Weber", in *The Collected Works of Eric Voegelin*, Volume 8: *Published Essays* 1929-1933, Columbia and London: University of Missouri Press, 2003, pp. 130-147。

④ 德译本见：Eric Voegelin, "Max Weber: Zwischen Abschluss und Neubeginn"，载于 *Die Größe Max Webers*, 前揭，页 61-84。中译本见：沃格林,《新政治科学》，段保良译，北京：商务印书馆，2018，页 19-31。

⑤ Eric Voegelin, "Die Größe Max Webers"，载于 *Ordnung, Bewußtsein, Geschichte: Späte Schriften – eine Auswahl*, hrsg. von Peter J. Opitz, Stuttgart: Klett-Cotta, 1988, 页 78-98。亦参：Eric Voegelin, "Die Größe Max Webers"，载于 *Die Größe Max Webers*, 前揭，页 85-103。英译本见：Eric Voegelin, "The Greatness of Max Weber", in *The Collected Works of Eric Voegelin*, Volume 31: *Hitler and the Germans*. Columbia and London: University of Missouri Press, 1999, pp. 257-273。中译本见：沃格林,《伟大的韦伯》，载于《希特勒与德国人》，张新樟译，上海：上海三联书店，2015，页 315-333。

5) 1973年，口述回忆录《自传体反思录》① 中与韦伯相关的章节和段落。

此外，在沃格林与友人及学界同仁的通信中，可以找到若干关于韦伯的散论。②

奥皮茨（Peter J. Opitz）认为，沃格林的韦伯观可以分为两个阶

---

① Eric Voegelin, *Autobiographical Reflections: Revised Edition with Glossary*, ed. Ellis Sandoz, Columbia and London: University of Missouri Press, 2011, pp. 39-42, p. 51。中译本见：沃格林，《自传体反思录》，前揭，页29-32，页41。

② 如沃格林与德国社会学家、经济学家维泽（Leopold von Wiese, 1876-1969）和韦伯遗孀玛丽安妮·韦伯（Marianne Weber, 1870-1954）的通信，见 Eric Voegelin, "Die Korrespondenz Eric Voegelin mit Leopold Von Wiese und Marianne Weber", 载于 *Die Größe Max Webers*, 前揭, 页48-60。这些通信含11封短笺，除两封沃格林与韦伯夫人的通信写于1936年，其余皆写于1930年。6封与维泽的通信主要涉及论文的修订和发表以及少量的辩驳，与韦伯夫人的通信共5封，前三封主要涉及她就1930年的论文对沃格林的感谢以及她为该论文的发表提供的帮助。在1936年的两封书信中，沃格林向韦伯夫人询问韦伯是否熟悉克尔凯郭尔的著作，夫人表示其亡夫在年轻时对克氏有所研究。
沃格林在与美国社会学家帕森斯（Talcott Parsons）和奥地利裔美国社会现象学家舒茨（Alfred Schütz）的通信中也就韦伯前后的德国学术变迁和韦伯本人的方法论问题给出过简短评论。相关材料的引用参 Peter J. Opitz, "*Max Weber und Eric Voegelin*", 载于 *Die Größe Max Webers*, 前揭, 页105-133。译文参本辑翻译。
在1974年出版的《天下时代》中关于中国的"精神突破"的部分，沃格林评述了韦伯在《儒教与道教》中对中西文化的对比，参 Eric Voegelin, "The Chinese Ecumene", in *The Collected Works of Eric Voegelin, Volume 17: Order and History, Volume V, The Ecumenic Age*. Columbia and London: University of Missouri Press, p. 355。中译本见：沃格林，《天下时代》，叶颖译，南京：译林出版社，2018，页387-388。
在一份遗稿中，沃格林讨论过韦伯对"统治"（Herrschaft）概念的定义，参 Eric Voegelin, "The Theory of Governance", in *The Collected Works of Eric Voegelin, Volume 32: The Theory of Governance and Other Miscellaneous Papers 1921-1938*, Columbia and London: University of Missouri Press, 2003, pp. 270-271。

段。《论马克斯·韦伯》和《马克斯·韦伯》两篇文章代表青年沃格林的观点，其特点是对韦伯的责任伦理和人格内核的同情式理解。以《新政治科学》的"导论"为界，沃格林开始更多地批判韦伯，尽管其态度在其后数十年中还有调整，但代表其成熟期思想的"批判式赞许"已成基调。①

如果要问沃格林为何反复掂量韦伯问题，一言以蔽之，即"韦伯的伟大"（Die Größe Max Webers）——他在韦伯诞辰100周年的演讲正是以这个短语为题。政治哲人施特劳斯（Leo Strauss，1899—1973）亦不吝赞美之辞，称韦伯是"这个世纪当之无愧的最伟大的社会科学家"。② 有趣的是，沃格林和施特劳斯分别在标志其思想成熟的著作《新政治科学》（1951）和《自然权利与历史》（1949）中不约而同地对韦伯提出相当严厉的批判，但他们在言辞上依然对韦伯保持相当的敬意。不难看出，韦伯的伟大有其深刻之处，这种深刻超出了单纯的学术观念的辩驳，与时代的根本问题密切相关，并在韦伯的诠释者那里引发了灵魂的共鸣——如沃格林所说，"我们时代的命运也在他身上找到了最强有力的象征"。③

在韦伯看来，他所处的时代是一个祛魅（Entzauberung）的、去神圣化（Entgöttlichung）的世界，科学、国家制度和社会组织的方方面面都被理性化的精算所支配，启示、先知和神灵从这个世界隐退。④ 伴随而来的是人们对基督教统一信仰的瓦解，人们不再相信价

---

① Opitz, "*Max Weber und Eric Voegelin*"，前揭，页105-106。
② 施特劳斯，《自然权利与历史》，彭刚译，北京：生活·读书·新知三联书店，2016，页38。
③ Eric Voegelin, "Über Max Weber"，前揭，页28。
④ 韦伯，《学术作为一种志业》，载于《学术与政治》，钱永祥等译，桂林：广西师范大学出版社，2004，页168。

值的客观性。人凭借理性化的技术手段和自然规律能够更有力地改造自然、发展生产并极大地改善物质生活，却失落了事物的内在意义。

这样的世界、这样的时代，便是我们所熟知的"现代"。不唯韦伯，敏锐地意识到现代人所处的生活世界在生存品质上与古代世界有了巨大断裂的思想家大有其人，如与韦伯同时代的涂尔干、西美尔、特洛尔奇和舍勒等人，由此也产生了一套关于"现代"的理论构造，"现代"正式成为学术研究的对象。[1] 值得追问的是，韦伯特殊在哪里？沃格林认为，韦伯是时代命运最强有力的象征，这提示我们可以从两方面回答这个问题：韦伯由以象征时代命运的理论，和他承负时代命运的方式。

一　科学的意义和责任伦理

理性化的现代科学及其意义问题

青年沃格林在《论马克斯·韦伯》和《马克斯·韦伯》两篇文章中专注于韦伯的《科学作为天职》和《政治作为天职》两篇演讲，关心的是典型的韦伯问题，即科学的意义和责任伦理。[2] 前者事关如何把握现代科学的质态，后者则事关现代人的实践性生存。

韦伯在《科学作为天职》中，简要勾勒了广义的"科学"（Wissenschaft）的若干发展阶段：在古希腊，科学是通往真理的道路；文艺复兴时期，科学被理解为通往真实艺术和真实自然的道路；近代的新教徒把科学理解为通往上帝之路；现代科学尤其是自然科学，

---

[1] 刘小枫，《现代性社会理论绪论》，上海：上海三联书店，1998，页6。
[2] 关于这两篇论文主题的界定及其内在连续性，亦参 Opitz, *Max Weber und Eric Voegelin*, 前揭，页107-108、110-111。

非但不再提供意义，反而要破除"世界的意义"这种信念（《科学作为天职》，页22-25）。韦伯所说的"科学"主要指在当时被视为"科学典范"的天文学、生物学、物理学之类的自然科学。沃格林曾以纯粹法理论为例，说明法学如何凭借一种牛顿物理学式的、以物体范畴为对象的、应用规范逻辑的方法而转化为一门理性化学科。传统学问如神学、哲学和史学等，虽然仍在研究意义问题，但并未因此保留自主性，因为它们如果不被迫把自身自然科学化，就无法取得"科学"之名（《自传体反思录》，页40-41）。

沃格林接过韦伯的问题意识。他在《论马克斯·韦伯》的开篇区分了科学中的自然科学（Naturwissenschaft）和历史科学（historische Wissenschaft）——前者应用数学式的规律思维以研究客观物质的结构；后者则代表一切"个别科学"（einzelnen Wissenschaft），即具有显著的研究者个人因素（如喜好和价值倾向）的科学。沃格林揭示了"个别科学"能够科学化的根据，那就是意识的异化或客体化——各种意识层面的活动，如宗教启示、艺术塑造、政治领导等，都可以把自己外化为一种独立于意识自身的、客观的物质成就，它们具有自己的客观结构。这样，研究者就可以应用自然科学的方法发展出研究"人"本身的诸科学。但历史科学与自然科学的关键区别在于，前者不能像后者那样尽可能地压缩个人因素，因而不可能使自己达到被普遍承认的客观性，也不可能成为"合法的"科学，因此历史科学的一切意义赋予活动都是可疑的。

沃格林把韦伯的问题尖锐化。自然科学不再关心世界的意义，也不在意自身得以成立的最终根据，这一趋势已无可逆转，但历史科学也未能在适应现代自然科学的过程中保存其意义。于是，科学的意义问题就被锚定在历史科学或人的科学的意义问题之上，其矛头直指韦伯的鸿篇巨制《经济与社会》（*Wirtschaft und Gesellschaft*）。

该书由大量的历史考察论文汇编而成，容纳了历史、经济、国家、宗教、伦理、法律乃至音乐等诸多主题，直观上给人以不成体系的印象。一方面，这与"科学"所要求的客观性、规律性相悖；另一方面，它作为材料堆积，不能自证其价值内涵。沃格林认为，韦伯作品的百科全书式的碎片化特征是理解韦伯的最可靠的切入点。考察这个特征，就能看出韦伯如何回答历史科学的意义问题。

"百科全书式的碎片化特征"首先意味着作品的未完成性。韦伯充分意识到现代科学的这一特点，对乐观主义进步论式的科学意义持有康德式的疑虑——既然科学处于进步之中，当前一代的成就只是为未来人类的福利添砖加瓦，那么所有研究成果的宿命就都是被取代和淘汰，因此，构造完整理论体系的努力是徒劳的。但另一方面，社会科学不断地向过去发问，不断地因现实生活而产生新的问题，其未完成性恰恰证明了人类精神的活力。① 沃格林认为，"碎片化特征"只是表面现象，隐藏在这种特征之下的，是为韦伯作品那海量的材料选择和编排提供统一价值观的"历史形而上学"（Geschichtsmetaphysik）。什么是"历史形而上学"？沃格林说：

> 我们在韦伯的历史哲学的核心发现这样一种思想：我们文化的历史意义在于其"理性主义"。消极地看，它的基本要素是祛魅和日常性（den Alltag）。积极地看，其基本要素是实证科学和责任。②

他在《新政治科学》中补充说：

---

① 阿隆，《社会学主要思潮》，葛秉宁译，上海：上海译文出版社，2015，页473-474。

② Eric Voegelin, "Über Max Weber"，前揭，页13。

> 韦伯认为，历史是一个趋向合理性的进化过程，而他自己的时代是人的"理性自决"迄今为止所达到的最高点。……这个普遍的概念显然是出自孔德的历史哲学。……人类向实证科学之合理性的进化在孔德看来是一个确实不断进步的过程；在韦伯看来，它是一个此世的祛魅化和去神化的过程。（前揭，页27）

在沃格林看来，韦伯在实证主义层面把历史的本质理解为不可避免的理性化过程，其要核是"祛魅"和"日常性"。"祛魅"意味着诸神之间的斗争取代了人对独一真神的信仰，破坏了人神之间的统一和谐的关系；同时，无人格的官僚统治体系取代了卡里斯玛领袖。"日常性"意味着科学的中立，它彻底抛弃幻觉，拒斥超验，回到一种被冷冰冰的理性支配的日常生活中。[1] 而它"积极的"一面在于，实证科学化的历史科学揭示了历史的规律，这种规律"不能决定支持权力或终极价值"，但它"构建了历史进程的类型"。借助这套知识，"实践者首先获得了做出有意识的因而也是负责任的决定的可能性"。[2] 这种规律不是带有终极价值取向的历史终末论，而是一种描述内在世界发展进程的科学，换言之，它的作用仅仅在于，让人明白他所在的历史处境的特征，这将成为现代人行动的前提。

有必要问，韦伯的"理性主义"何以内在地具有消极面和积极面的对立？为什么在理性主义无力支持终极价值的情况下，"实证科学"和"责任"反而成了它的积极面？

说起历史形而上学，恐怕我们首先想起的不是韦伯这位社会科

---

[1] 洛维特，《韦伯与马克思：以及黑格尔与哲学的扬弃》，南京：南京大学出版社，2019，页54。

[2] Eric Voegelin, "Über Max Weber", 前揭，页11。

学家，而是大名鼎鼎的德意志观念论哲人黑格尔（1770—1831）。黑格尔的辩证唯心主义的一大特征就是彻底的目的论化，整个世界是绝对精神自我展开的场所，绝对精神在世界历史进程中成为真正自在自为的。由此，历史哲学化了，哲学历史化了。论述了整个人类意识演变史的黑格尔，这样描述理性主义时代的意识形态——启蒙（Aufklärung）：

> 启蒙对绝对本质（absoluten Wesen）一无所知，或者说启蒙对于绝对本质只知道这样一个非常平凡的真理，即它仅仅是绝对本质而已。启蒙只认识有限事物，把它们当作是真实的东西，并且把这种知识当作是最为崇高的东西。①

此处的"绝对本质"就是基督教的上帝。启蒙意识形态反对基督教意识形态，但它并不真的理解它所批判的上帝，而是仅仅把上帝当作意识制造出来的、没有生命力的抽象本质，继而把关于内在世界中有限事物的知识当作最崇高的知识。既然"离经叛教"的启蒙没有能力在神学思辨的水平上面对面地打倒基督教意识形态，它又是如何在历史中取得胜利的呢？

> 启蒙还将会进而主张一种绝对的正当性，因为自我意识是概念的否定性，这种否定性不仅是自为的，而且也干预着它的反面。正因为信仰是一种意识，所以它不能否认启蒙的正当性。（同上，页349）

---

① 黑格尔，《精神现象学》，先刚译，北京：人民出版社，2015，页348。笔者参考了庄振华的文本解读，参庄振华，《〈精神现象学〉义解》（下卷），北京：中国人民大学出版社，2019，页632-634。

此时的"自我意识"处于"精神"的初级阶段，它要发展为更高层次上概念的综合，就必须经历"正""反""合"的过程。在黑格尔看来，这是意识的内在规定性。启蒙是对作为一种直接的、自在的精神的信仰的反动，它使得信仰过渡到其自为阶段的运动明朗化了，即便信仰自身也无法否认这种对它的洞察。这便是启蒙的正当性所在。黑格尔仅用短短几句话就勾勒出启蒙意识形态的内在根据及其在近代史中得势的原因，我们不得不感叹这种高超的思辨性洞察力。

我们看到，黑格尔揭示了启蒙割裂绝对本质和有限事物的当前的意识格局，又暗示了单纯地回到统一信仰中去的想法行不通，甚至信仰本身也不得不屈服于启蒙的批判性。另一方面，黑格尔的历史哲学成立的要害在于，精神的内在张力能够推动自身不断运动，因此具有了必然性。由此，我们可以更好地理解沃格林所说的"消极面"和"积极面"，它同样是在描述一种从启蒙延续而来的分裂的文化格局以及韦伯的历史辩证法：

> 我们西方的科学文化表明一种理性和行动之间的张力。一方面，理性对我们的合理的价值正当性的信仰施以瓦解性的影响；另一方面，我们很难在疏离这种信仰的情况下以必要的确信的力量行事。①

理性瓦解了统一信仰，造成了信仰和理性化的个体行动之间的内在张力。② 换言之，失去信仰之后，西方人不知道如何正确而确信

---

① Eric Voegelin, "Max Weber", 前揭, 页29。
② 李猛把生活秩序与个性（个人自由、伦理理性）之间的张力描述为韦伯历史哲学的内在动力，参李猛编，《韦伯：法律与价值》，见《思想与社会·第1辑》，上海：上海人民出版社，2001，页128-129。

地行事。此时，单纯的理性知识成为一种很奇怪的东西，因为在苏格拉底式的知识与善行之间的关系消失以后，知识只能漂浮在事物的表层。它告诉我们怎样才能有效地在规律层面技术性地利用事物，却不能深入我们的经验，赋予其意义，进而给我们一种伦理的信念。① 韦伯的"积极面"看似一种无奈之举，他想要在启蒙的地基上，以理性的理解为工具，打造一种"责任伦理"。

责任伦理与听天任命的感觉

晚年（1910年之后）的韦伯越来越多地谈论"责任伦理"（Veranwortungsethik）和"信念伦理"（Gesinnungsethik），而这样的术语出现，恰恰表明"责任"和"伦理"都成了问题。理性化不断扩张，人的自由之所系的伦理理性化也被消磨成了毫无生命力的例行事务。② 这一点不难理解，新教伦理能够促生资本主义精神，但理性化的资本主义扩张到全世界却不需要新教伦理作为其支撑，反倒打造出一种让劳动者被迫接受的、理性且压抑的例行化工作态度。统一的信仰不再可能，宗教伦理也就沿着此世与彼岸的界限分裂为责任伦理和信念伦理。信念伦理要求人按照心中认定的原则行动，信念的纯洁性高于一切，至于后果如何可以推诿给上帝；责任伦理要求人对行动可预见的后果负起责任，所以人必须尽可能地在行动之前认识世界的规律，对可能的后果有充分的认识。③ 以实证科学为代表的理性科学能够告诉人们，如果采取某种行动，它的前因后果是什么，这就为负责任的行动创造了条件。

---

① Eric Voegelin, "Über Max Weber", 前揭，页13-14。
② 李猛编，《思想与社会·第1辑》，前揭，页133。
③ 韦伯，《学术与政治》，前揭，页261。

沃格林正确地指出，责任伦理基于强力（Gewalt）——这与韦伯的国家定义紧密相关，韦伯从制度性与合法性的角度理解国家，在一定领土范围内合法地直接使用武力或暴力是国家概念的根本规定性（同上，页 196-197）。责任伦理实际上是一种政治伦理，政治人不得不使用武力达成目的并且为其副作用负责。使用武力达成目标本就意味着对人的尊严和自由的贬损，也意味着不得不承认人的不完善性并把它作为行动之前必须考虑的常量，这样才不会在行动产生恶果时把责任推卸给他人的不够完美的人性。沃格林认为，责任伦理背后的生命感觉由责任意识和"听天任命"（Resignation）构成。什么是"听天任命"？

［它是］放弃所有其他目标的感觉，这是屈从于唯一目标的意愿的相关产物，也是一种痛苦的损失的感觉——因为听天任命不是单纯的放弃，而是对失去的价值有着充分的意识并承认这种失去的价值。①

当人行动时，诸多力量、价值和因果之链的交织迫使他不得不放弃一些价值和目标，这是一个痛苦的思量、抉择和舍弃的过程——当然，也是一种把握和肯定的过程。但这不是日常意义上的"有失有得"，为了清楚地表明其韦伯式特点，沃格林用了两个短语做了区分，即"实际行动的听天任命"（Resignation des praktishch Handelnden）和"审美式听天任命"（ästhetischen Resignation），前者属于韦伯，后者则是西美尔（Simmel, 1858—1918）的论说。西美尔对艺术作品和审美态度的研究揭示了这样一种生活态度：在面对现实生活和自然世界时若即若离，不介入也不脱离。

---

① Eric Voegelin, "Über Max Weber", 前揭, 页 15。

生活中存在太多的可能性，而丧失了彼岸感的人难以承受在诸多立场中的严肃抉择，在此世生存下去的可能样态便是游戏、艺术和调情，由此达到一种被包围在个体感觉之中、远距离审视生活的状态。① 审美式听天任命和韦伯式听天任命就其基础而言并无不同，都是丧失了彼岸的人在此世找寻一种可能正当的生活形式。但沃格林认为，前者内含一种"向世界投降的愿望"，而韦伯则表现出一种更为积极的寻找出路的姿态。这种态度毕竟没有放弃行动，并且在多种可能性中衡量一种行为方式。"可能性的广阔领域因为一个选择而被留下来"，这总比漂浮于实在之上的游戏态度更严肃一些，在某些情况下，能够以碎片化的方式占有实在。这种出于激情的行动有赖于"直觉判断"，换言之，这种行动的目的是不明朗的，因而这种听天任命带有韦伯强烈的个性基调和悲剧色彩，或如特洛尔奇所说，它体现的是韦伯"强行肯定价值的英雄主义"。②

即便韦伯拥有坚定的伦理品格，我们还是要问，他是如何"强行肯定价值"的，也就是问"听天任命"的可能性何在，它的根据是什么。答案便是共同体的价值。韦伯不具有宗教意义上、经由绝对价值而确立的信仰，但他也不求回到宗教信仰，或简单地借助信念伦理而活：

> "缺乏信仰"对人的心理和精神力量提出了能够想象得到的最高要求。一个人要逃避这些要求，只有通过"智识的牺牲"

---

① Eric Voegelin, "Über Max Weber", 前揭, 页 15-16。沃格林对西美尔颇有研究，他的博士论文的主题涉及西美尔的交互行动，但他在这里只是对西美尔稍加评述。关于审美现代性和西美尔的现代性论说的详细介绍，参刘小枫，《现代性社会理论绪论》，前揭，页 299-307。

② 李猛编，《思想与社会·第 1 辑》，前揭，页 87。

即从自主的理性知识和理性责任的领域逃向"忏悔"的教条——无论是教会的教条，还是政治宗教的多样性教条。①

教会与政治宗教的教条多样性，即统一的价值论说解体之后兴起的多样的意识形态，它们竞相伪装成绝对真理，虚构出一个个世界观的避难所，这无异于无视现实处境的现代版的刻舟求剑。人能凭靠的只剩下自己的理性——它为理性地负责保留了可能性——和"守护神"（Dämon），后者的一个要素便是一个人偶然出生于其中的民族社会（同上，页20-21）。

韦伯理解的现代国家不同于古代国家。后者是一种前反思的统一秩序，是一种超人格的、为个体提供共同的价值观念庇护的小宇宙。现代国家是技术理性化的共同体，也因此带有一种理性化和非理性化的内在分裂。它能够理性化地、内在封闭地规范人与人之间的社会关系，却无力安排人的灵魂与信仰，因此留下了非理性的守护神的空间，终极问题被诉诸价值决断。一个民族的价值与另一个民族的价值之间没有必然的共通性，诸价值之间的争斗也没有终极裁决标准。"民族归属性"（Volkszugehörigkeit）能够在韦伯的历史哲学中占据一席之地，共同构成欧洲文明理性化的总体进程，但它本身却不能被理性主义所界定（同上，页21）。此时我们发现，韦伯的历史哲学事实上不够"哲学"：这种哲学的成立本就取决于韦伯个人的守护神，理性化虽然可以成为描述历史进程的理念型，但理性化被局限在技术理性的层面上，无法统合作为终极守护神的诸民族的价值——它们往往被偶然地归结到种族、习俗、地缘、事变、政治领袖乃至国家利益等现实要素上。换言之，一

---

① Eric Voegelin, "Über Max Weber"，前揭，页19。

种民族社会的价值也绝非可靠之物,而德意志民族的特殊性更加剧了韦伯的困境。

民族的命运与韦伯的使命

沃格林于1920年代先后前往英国、美国和法国游学并从事为时数年的持续研究。他自觉地继承了韦伯的文化比较视野,从德国和西方(法、英、美)的差异来看德国人的命运。在他看来,西方民族和社会因为某种幸运和历史机缘,在理性化时代比德国人更多地维持住了认识和信仰之间的联系,并发展出理论化的自我表达。西方社会的传统一直在塑造他们的观念和行事方式,他们有着天生的价值观资源来认识现在和过去发生的事。与之相反,德国在政治上缺乏有机的统一性,俾斯麦新近缔造的政治统一也无法担负起让德国文化形成统一风格并教化全体人民的重任。德国人必须倚仗理性,被迫在不安全感之中生活,但单纯的理性事实上无法建立政治生活中的广泛共识,过多的理性批判反而还会加剧社会的撕裂。所以,沃格林所说的"我们时代的命运"还可以有一种狭义的理解,就是"德国人"在理性主义时代的特殊命运——他们比谁都更深地陷入"祛魅"之中,这就是所谓的"德国精神的创痛"。韦伯深刻地感受到并承负起这种命运。

这些想法意味着,沃格林在《马克斯·韦伯》中已初步提出了他在20年后的《新政治科学》中着力强调的"社会的连属化"(the articulation of a society)问题。[①] 沃格林关心的是一个政治社会由以

---

① 沃格林,《新政治科学》,前揭,页41以下。考伯(Jürgen Kaube)从宗教改革史的角度简单解释了德国何以没有产生统一文化,参《马克斯·韦伯:跨越时代的人生》,吴宁译,北京:社会科学文献出版社,2020,第三章"柏林、自由主义和学术文化"。

创生的经验基础，这相当于把韦伯的现实关切推进到极点——在一个统一文化风格先天发育不良的社会中，是否可能以及如何让它实现某种程度上的统一？

这不再是一个单纯的理论问题，而是实践问题。一个看似容易想到的办法就是期待一个强有力的精神领袖创造一种新的价值：

> 如果像在德国那样，失败的传统无能也无力为国家提供伟大的教化价值，那么，如果一位科学研究者本人具有强大的、有创造力的人格，他就必须确立新的价值。①

创造新价值是传统失败之后的无奈之举。如果我们仔细考虑创造的过程，就会发现其前提是对客观事实和法则有所把握，所以创造者要充分利用理解力来调查创造价值的材料。但理解力的能力仅限于此，它无法解决道德生命与客观法则之间的冲突。事实上，理性的理解力不可能再造价值和文明，它只会导致更加碎片化的人人自行其是的局面。

沃格林把目光转向韦伯的同时代人尼采，二人感受到了同样的困境，但却有截然相反的反应。尼采清楚韦伯的问题，"一旦理解变得过于清晰和深刻，随之而来的就是动机的较量"。尼采从心理学的角度出发，认为无意识的动机才是价值决断中的深层次力量，试图理性地做决定是一种幻觉。韦伯坚持责任伦理的理由是，他认为理解力还能比尼采所见走得更远：理解力能够通过逻辑分析告诉人们动机之后的基本价值观，能够破除许多虚假的动机，而不是任由人们在"无意识"之前止步。但理解力不能替代人格做决定，换言之，责任伦理无法避免不负责任的可能性，因为责任伦理的内核恰恰是

---

① Eric Voegelin,"Max Weber",前揭，页35。

非理性主义："我的行为是我的行为，但同时又不是我的行为，因为当我作为一个自由人行事时，另一种力量通过我行事。"尼采并非不知道这种"自由-不自由"的行为悖论。出于不同的心性，尼采不相信人的自由并选择了不负责任，韦伯相信人仍有自由并选择了负责任。

沃格林比较韦伯和尼采乃是为解决自己的思想问题。他指出，韦伯本可以行动得更多。政治人的心性便是在多种可能的利害中做出权衡，客观地就事论事，分析反对意见的合理与不合理，这恰恰是理性科学与责任伦理的用武之地——韦伯具有领袖卡里斯玛，他可以成为政治家或者有威望的文化领袖，以一种崇高的、公共的方式影响心性卓异的同胞，进而形成有行动力的核心群体。但韦伯始终困于责任伦理的悖论中，也对同时代的政治表演狂们充满警惕，不愿意以个人的权威压制他人的自由，不愿把有限的尘世之人神化。[①] 韦伯终其一生都是一位不那么可亲可近的、充满精神焦灼的学者，他未能实现自己作为政治人的使命。

沃格林没有否认韦伯的取向的成功可能性，但一位既能在思辨层面深刻体认时代命运又具有改天换地的政治才能的人可遇不可求。沃格林虽然对此充满同情，但他通过对尼采的肯定表明了自己是怎样的人。尼采没有韦伯那么强的悲剧感，但也没有耽留于西美尔式的游戏感。身处不自由和必然性当中的人是无辜之人，让他们充满悲情地背负生存之责任是毫无意义的，但未来还在生成，人能做的就是放弃一种要在祛魅的世界里负责任的执念，有距离地观察世界

[①] 关于韦伯如何严守学者与政治活动家的界限并拒斥成为他人的主宰，参见玛丽安妮·韦伯，《马克斯·韦伯传》，简明译，北京：中国人民大学出版社，2013，页254、350。

的实在，从而进入一种 vita contemplative［沉思生活］之中。沉思不是逃避，而是一种负责，只不过不再是责任伦理意义上的负责。沉思世界为的是重新把握实在，以沉思得来的新世界结束当前的无序。①

沃格林在1930年论文的结尾对韦伯发问：

> 如果可能的话，我们为什么不飞跃到一个新的信仰？对这个问题的回答是辩证法反思中的最终答案，它把我们引向一种灵魂意义上的根基，我们的目光迷失在其深处。（同上，页46）

韦伯为什么没有"飞跃到一个新的信仰"，这是一个谜。德国民族社会的守护神不堪其用，韦伯也不相信任何民族社会的守护神，"他不相信特定国家的形式的优越性，不相信政治观念，也不相信的意志民族的世界使命"（同上，页42）。在理性化的世界里，没有什么事物堪当神圣的偶像。既然如此，难道韦伯自己的守护神不是真正的神吗？沃格林没有回答这个问题，直到他在1964年发表演讲"伟大的韦伯"时，我们才知晓答案。现在，让我们看看，获得了新起点的沃格林如何践行他的沉思者的使命。

二 实证主义与秩序科学

沃格林的思想转折和对实证科学的批判

沃格林对韦伯的评价经历了一个近似于V字形的变化过程。青年沃格林对韦伯持总体积极的看法，《新政治科学》相应于V的底

---

① Eric Voegelin,"Max Weber",前揭,页45-46。

端，此后他的评价渐渐有所回复，但保持了深刻的批判性。我们要问，沃格林对韦伯的评价的决定性转变是什么？

随着沃格林学术视野的增长，他发现了一些在某些关键的智识领域超越了韦伯的同时代人，如舍勒、普莱斯纳、雅斯贝尔斯和海德格尔等。沃格林获得的关键启示是，韦伯对国家的理解有问题。人们不应该仅仅从制度理性化和官僚科层制的角度理解国家，国家理论的根基在于人的本质的理论①——既然现代理性主义的最显著成果是现代国家，那么一旦韦伯对国家的理解有问题，就意味着韦伯对理性的理解不完整，因之责任伦理也面临内在困难。这是沃格林转向哲学人类学②研究的重要原因。与此同时，1930年代的沃格林开始系统研究西方政治观念史，其成果便是八卷本的《政治观念史稿》（后文简称《史稿》）。《史稿》仍带有韦伯的研究风格及其问题意识的印记，即在获取大量比较文明知识的基础上，致力于探究西方文明的统一价值观解体的缘由，但其涉及的范围则远超韦伯的比较宗教学，深入到古典文明和形而上学之中。

表面上，《新政治科学》的行文方式相比之前的两篇学术报告有了很大差异。两篇报告大体围绕着韦伯的方法论基本概念展开思辨，带有沃格林梳理自己阅读韦伯作品的心得性质。他以同时代的尼采、李凯尔特和西美尔作对比，隐隐地透露出作为青年学人的他对自

---

① Peter J. Opitz, *Max Weber und Eric Voegelin*，前揭，页118。
② 由德国现象学家舍勒在20世纪20年代开创的一门学问，以人的本性和人所特有的现象为研究对象，试图以理性反思（而非经验研究）的方式界定和理解什么是人。它的出现和现象学以及生存哲学的兴起紧密相关，也表明西方人对人的类本质的理解出现了严重的混乱。简明的背景介绍，参刘小枫所撰"编者前言"，载于舍勒《哲学人类学》，魏育青、罗悌伦等译，北京：北京师范大学出版社，2014。

身生存处境的忧虑和对使命意识的探问。《新政治科学》则是出自成熟学者的大手笔，沃格林把韦伯放入他所理解的西方近代实证主义思潮乃至整个西方文明危机脉络中，突破了在韦伯学述范围之内的自说自话，并从自己的秩序科学角度出发，评判韦伯的思想得失。此时，他笔下的韦伯已变成沃格林式的韦伯，这无异于全新的诠释。

在正式进入韦伯问题之前，沃格林在《新政治科学》"导论"部分首先处理了实证主义的二元论问题。二元论问题源自近代自然科学的兴起对传统学问的冲击，这引出实证主义方法论，即假设"自然科学的方法通常是判断理论之相干性的标准"（《新政治科学》，页11）。所谓"相干性"（relevance），本来意思是相关性、切题性、切事性，"理论的相干性"就是方法能够充分切合探究对象的科学性。越是能够提供关于存在领域的正确知识的方法，就越有理论上的相干性。实证科学由此拥有了裁定科学的合法性的法理权威。但这种教条的唯方法主义造成了理性和非理性的二元对立，首当其冲地被排除在理性科学之外的就是宗教和形而上学。这种二元对立埋下了隐患，实证科学看似取得了胜利，并把它无法容纳的事物排斥到非理性领域，但相当于变相承认在理性之外，存在着某种非派生的、绝对的存在。而被实证科学排除掉的宗教和形而上学恰恰是古典文明得以建立的根基，所以二元论意味着现代西方人与传统生活方式的根据的决裂。

方法论运动是实证主义在1870至1920年的重要表现，韦伯的全部学术活动也都处于这一时期。这个二元论问题便遗留给了韦伯，韦伯解决此问题的方式决定了他在实证科学和秩序科学之间的过渡性。沃格林分两个层面论述这种过渡性，首先是韦伯方法论的内在自我瓦解性，其次是缺乏明确价值肯定的含混性。

韦伯的过渡地位

　　根据前文引用的黑格尔的观点，实证科学作为启蒙运动的产物，没有改变启蒙意识形态单纯否认信仰的格局，也无力实现真正的概念性，也就是为人提供新质的存在的终极根据。它只能把宗教和形而上学贬低为"诸价值"，将其归于理性管辖不到的混乱领域。"价值"不容置疑，这是实证主义的大前提。韦伯没有挑战这一前提，他的价值中立的科学只探究事物的因果关系。这体现出韦伯在方法论运动中的贡献和局限。一方面，因果探究确实可以在实事层面从事批判性检验，表明不当行为的不当后果，这在一定程度上恢复了相干性；另一方面，这种相干性止步于"价值"，其表现就是责任伦理和守护神主义，以责任伦理对抗不负责任的政治守护神。韦伯希望建立良好的秩序，但却把希望诉诸诸神之战（同上，页20-21）。

　　但韦伯的伟大体现在他不断寻找出路，朝真正的秩序前进。他的方式就是作为大学教师的教学实践，这是在进一步分辨韦伯的科学理性。沃格林认为，在真实的实践活动中，即便只是理性地分辨因果也可以修正人的价值偏好，也就是人们常说的"吃一堑长一智"，所以只要是有事实层面的理性，就可以起到间接塑造正确价值观的效用。所以韦伯的立场绝非真正的价值中立。另外，韦伯的"信念伦理"也耐人寻味，它并非只顾信念不计后果，也可以被理解为神的律法加之于人的脆弱欲望的伦理。一旦我们采用了哲学人类学的工具，就可以发现其积极意涵（同上，页22）。当然，这只是沃格林对韦伯的有限肯定，韦伯被描述为一个在语言表达上身不由己的人，沃格林只能通过同情式领会的方式抵达韦伯没有表达出的深意。但如果无法充分地在语言上自我表达，也就意味着意识尚未达到显亮。

韦伯找寻出路的另一表现就是对价值参照法的修正。青年沃格林已经意识到，李凯尔特在实证科学的压力下提出的"价值参照法"（wertbeziehende Methode）本就有问题，"价值"也是被发明的，并用以取代客观真理。但凡科学家选定某种民族、国家或社会的价值作为参照，他们就可以心安理得地构建一套历史科学或社会科学，其恶果便是相对主义和喋喋不休的自我辩护。科学方法只是幌子，被用来替部分人的喜好和利益发声，而价值则沦为彻底内在化的、自我保护的坚硬外壳。[1] 韦伯大体上接受了李凯尔特的方法论，但他有自己的价值尺度，因为他有自己独特的守护神，而不是简单地进行价值参照。韦伯的社会科学方法论的一个重要概念就是"理念型"（Idealtyp，又译理想型），即把人们认可的某种理性范畴当作参照的模板，进一步发现与这种理念型相对照的各种具体现实，以此发现一个事物区别与其他事物的特殊价值。以理念型为参照，我们就可以设想事物本来是什么样子，然后评估特定事物在因果关系上的实现程度。

但问题在于，韦伯无法解释一个科学家为何要构建或选择特定的理念型。沃格林正是从这里看出韦伯的价值尺度。韦伯绝不会认为价值皆平等，他的理念型涵盖新教伦理、斯多亚自然法、世界诸宗教的经济伦理等众多包含了古典秩序真理的领域，它们是历史上存在过的、并非价值中立的象征体系，这本就表明他不是在随便研究什么垃圾材料或无意义的课题。看重什么就表明什么（可能）是对的，但是不可能只有人对而没有人错。[2]

沃格林的解读已经尽可能地表明韦伯绝非平庸的实证主义信徒，

---

[1] Eric Voegelin, Über Max Weber, 前揭，页 23-24；《自传体反思录》，前揭，页 41；《新政治科学》，前揭，页 23。

[2] 沃格林，《新政治科学》，前揭，页 23-26。另一处补充说明，参《希特勒与德国人》，前揭，页 331-332。

他的思想中反而内蕴着对实证科学方法论的反叛，预示价值中立的科学行将瓦解，这很有可能为新的政治科学的建立创造契机。但韦伯终究没有在理性科学的层面上判定何为对、何为错，没有摆脱一种含混的态度，而是止步于理性主义和非理性主义的二元论。是怎样的困难阻碍了韦伯？

答案就在于对理性的理解。思想成熟期的沃格林和韦伯的重大区别在于，韦伯总是谈论政治的理性化，并从技术的角度理解政治，沃格林则强调对立于相对主义化的实证科学的秩序科学。如果说前者是受困于方法论问题的症候，后者则标志着重新回归存在领域的姿态。换言之，韦伯过于关心比较文明语境中的西方理性主义，沃格林则关心古希腊-基督教文明脉络中的理性传统。如果说韦伯的研究方法有把理性变成博物馆陈列品的嫌疑，沃格林则坚持理性必须作为与西方人类的存在直接相干的生存质态来理解，并在针对理性自身的发问中得到更新。理性的科学定义不是要在形式上包含某种特定的方法，它关注的是事情本身，能有效达成目的的方法就是适当的。

沃格林从事的是一项价值重估的工作。一旦破除了方法论迷信和方法论霸权，古代形而上学和基督教神学的理性就会被重新纳入视野范围。现代实证科学的理性实质上是非理性的，是古代哲学和本体论衰退的产物。现代的意识形态（沃格林称之为"政治的诸宗教"[Die Politischen Religionen]）竞相以独占科学的方法论为名僭取真理之位，并以禁止提问的方法阻挠人们追问形而上学问题，意在斩断人们与超越事物的联系，仅仅对内在于世界的事物加以理性的精确的概念化。这一切都是近代以来世界的内在化进程的结果。①

---

① 相关分析见沃格林的论文《政治的宗教》（1938），载于《没有约束的现代性》，张新樟、刘景联译，上海：华东师范大学出版社，2007。

三 晚年的定论：神秘主义者韦伯

1964年的演讲"伟大的韦伯"文稿是沃格林关于韦伯所写的最后一篇完整的文章（《自传体反思录》只是一些立场相同的散论）。它延续了《新政治科学》的基本洞见，但是有两个方面的亮点：首先，在更高的哲学（而非思想史）层面上反思韦伯的缺陷；其次，更为明确地肯定了韦伯在人格上的伟大。值得注意的是，这次演讲伴随着沃格林思想中的又一次转折：沃格林先后发表了两篇重量级的哲学论文《时间中的永恒存在》（"Ewige Sein in der Zeit"，1964）和《何为政治实在？》（"Was ist politische Realität?"，1965），这标志着他正式转入意识现象学的研究，在"参与意识"的层面上解释终极实在的奥秘，并已为尚未完成的《秩序与历史》做好理论资源的准备。①

沃格林为了批判灵知主义，开发了两个术语作为诊断工具，即"第一实在"（erste Realität）和"第二实在"（zweite Realität）——它们最早可被追溯到沃格林在发表于1958年的德语论文《灵知派政治》（Gnostische Politik）中首次使用的术语"梦幻实在"（Traumrealität）。第一实在指的是事物的本质或本性，第二实在则是灵知主义者在自己的精神图景中发明出来的事物的性质，意在把不可能在现实世界中实现的目标转化为政治行动。从对第一实在的沉思中，生长出了形而上学和神学语言，它们表达了对存在之根基和超验事物的体验；从第二实在中，生长出了种种意识形态论说，如革命论的、进步论的历史终

---

① Peter J. Opitz, "*Max Weber und Eric Voegelin*", 前揭, 页130-133。另参刘小枫,《拥彗先驱》, 上海：华东师范大学出版社, 页433。

末论。韦伯的责任伦理就是对生活在第二实在的压迫感之下的反应。韦伯的优点在于他没有幻想也不逃避,没有像灵知主义者那样,试图以国家、民族和政治的宗教取代上帝和真宗教,而是以责任伦理极端严肃地在毫无意义的此世承担责任;他的缺点在于过于严肃,缺乏一些超脱,多少有一些"内在化的狂热",[①] 他以为停留在内在化的世界中,凭靠责任伦理和价值中立的科学,就真的可以让第二实在中的行动者停止行动。韦伯没有更好的办法,沃格林评论说:

> 于是我们在他那里发现了一种极端的精神敏感性,他认识到错误,想要解决这个张力,但是没有决定性的突破。(同上,页328)

沃格林的解决之道就是回到本体论的沉思层面,恢复柏拉图、亚里士多德和阿奎那等人的科学语言工具,恢复对超越性的体验,破除第二实在这一牢牢包裹住事情本身的意识形态之网。韦伯没有做到这一点,但至少他已经用自己的理论和实践证明,悲剧性地停留在内在化世界中不可能有出路,在意识到这一点之前,我们无法重新上路。

当沃格林重估理性并为实证科学的"价值"观念"祛魅"之时,韦伯的"责任伦理"和"信念伦理"的二分就失效了。这对韦伯来说是釜底抽薪式的批判。但沃格林并不是说,韦伯的责任伦理背后是虚无——至少对他个人而言不是。沃格林认为韦伯具有超越性体验,并给出两个理由。这算是对《新政治科学》中所说的韦伯的过渡性地位的补充解释。

首先,韦伯的研究方法是"理念型",他的研究风格是"激情"(Leidenschaft)和"距离感",他的实践原则是"责任"。"理念型"

[①] 沃格林,《希特勒与德国人》,前揭,页325。

暗示了价值存在高下之分。"激情"不是一种迷狂状态，而是严肃认真地从事切实的研究。① "距离感"源自"判断力"，即一种有距离地理性审视事物的态度。"责任"是一种面对事实、好好做事的态度。这些都表明，韦伯自觉地与第二现实拉开距离，在一个内在化世界里尽一切可能抓住尚能把握的事情本身，从而摆脱意识形态的污染。

其次，沃格林在传记研究的基础上指出，韦伯是一位神秘主义者，他从未在内心深处斩断与神的联系，并且坚信道德的独立意义。② 韦伯夫人也说，沃格林和韦伯都具有坚定的伦理品格，"他们自己已经到达安全的港湾"。③——沃格林的判断不无道理，因为内心拥有超越体验却在现代学术框架内从事科学研究的学者并非韦伯一人，著名的宗教史专家伊利亚德同样具有这种人格。

结　语

沃格林对韦伯的分析、诊断和多次评价都能与他自身的重大思想发展节点对应：青年沃格林在求学和确定人生使命时，韦伯的比较知识、责任伦理和文明危机感都给了他有益的指引或提示；中期的沃格林尽管批判韦伯，却也凭借对韦伯的社会科学方法论的反思，搞清楚了实证主义的内在困难，并为他的秩序科学开辟道路；中晚年的沃格林凭借本体论层面的哲思突破，给了韦伯最终的评价，但他仍从韦伯的以超越体验为隐秘背景的研究成果中吸取了有价值的符号，"以便弄清楚他是如何重新恢复超验的"。④

---

① 韦伯对"激情"的论述，参《科学作为天职》，前揭，页 13-16。
② 沃格林，《希特勒与德国人》，前揭，页 332-333。
③ 玛丽安妮·韦伯，《马克斯·韦伯传》，前揭，页 282。
④ 沃格林，《希特勒与德国人》，前揭，页 330。

如果单纯探讨韦伯社会科学方法论诸概念的逻辑后果，我们还能见到大量的讨论，比如施特劳斯和阿隆（Raymond Aron）对于韦伯学说的马基雅维利主义、相对主义和虚无主义内涵的批判。沃格林注意到了相对主义，但却从未以"马基雅维利主义"和"虚无主义"批判韦伯。笔者认为，这与沃格林同情式地理解韦伯的艰难处境和伟大品格有莫大关联。他关于韦伯问题的写作跨度长达半个世纪，可以说穷其一生都在体认和反思韦伯，他在韦伯之路的基础上走出了属于自己的路。诚然，沃格林在理论上超越了韦伯，但是他翘首以盼的第一现实和秩序科学的恢复并未在现实中发生。即便对于今天的学人来说，究竟是信服实证科学并接受相对主义的立场，还是倾心于由沃格林所恢复的秩序科学并通往古典经验，似乎仍是一件需要诉诸个体心性决断的事——但不论如何，我们已经拥有沃格林作为新的起点。可以说，对于有志于解决理性化时代一些根本思想难题的人来说，"责任伦理""价值中立"之类不够自洽的学说意义不大，但人们只要仍未摆脱困扰韦伯的处境，就依然需要体认一些足够伟大的、在灵魂中抗争过的心灵，为自己的使命意识定向。

（本论文得到国家留学基金（CSC）资助，留金选［2020］71号）

德国霸权问题

沃格林　撰
郑家琛　译

当前，思考德国霸权问题是一项相当微妙的任务。[①] 毫无疑问，德国政府已经成功地把俄罗斯以外的欧洲大部分地区纳入其治下的强权结构，并采用不同的法律形式：有的是合并，如奥地利和苏台德德语区的情况；有的是正式的平等伙伴的同盟，如意大利。然而，这种成功并不稳固；因此，我们也不可能就新制度及其所依据的原则给出明确说明。众所周知，这里的原因既有内部根源，也有外部根源。从内部来说，德国的扩张是纳粹运动的一个阶段，但我们无法预期这场运动的未来发展。从外部来看，扩张的结果受制于战争的权力斗争；而战争的结果又完全无法预料。值此时刻，一个学者

[①] [译按] 本文发表于 1941 年 5 月的《政治学杂志》(*Journal of Politics*)，所以沃格林随后就说德国占领了俄罗斯以外的"欧洲大部分地区"。

只能概括并描述局势的一些基本特征。无论武装斗争的结果如何，这些特征都可能会对未来的任何一种解决方案产生影响。

一

首先需要讨论的问题关系到西方世界的一般权力结构。我们在这里所说的西方世界，指俄罗斯以西的美欧权力单元及附属和依赖于它们的领域与属地。我们习惯于把这一主权国家集团（假设是1938年之前的情形）视为法律上的协同单元；它们的权力等级不同，但在其他方面具有质的平等（qualitatively equal），因此，它们是一个国际组织的潜在成员，它们之间最终是和平关系。这种惯常的看法或多或少地明确了国际组织的方案，战后的国际秩序重建计划会把列国分为愿意合作的国家和被称为侵略者的国家，还会区分本质上（essentially）为好的人民与他们的政府，政府有时是坏的且必须被废除。

我们更愿意在内部按照民主方式，组织起这种由固定的民族国家单元构成的静态模式的世界，但是，这样就忽略了西方世界非常动态的历史结构。西方列国的分布并不像地图上的彩色斑块一样注定要留在原地，直到世界的尽头，而是作为伟大的西方帝国驱动力的沉积物分层排列，它以欧洲为中心向外发散，直刺美洲和大洋洲的外围。欧洲的德国中心是旧帝国的核心，也可以说是残余，它背负着帝国的传统，直到1866年才开始向民族国家发展转变。在帝国核心的边缘，是逐渐脱离帝国的旧民族国家的区域（博丹在1576年仍然在讨论这些区域与皇帝的关系），它们继承了最初的帝国驱动力，创建了自己的各种帝国。第三个区域是欧洲民族国家的海外延伸，由前殖民地发展而来，一些发展为英属领地国家，一些成为拉美类型的独立国家,还有一个是美国,它自身已成为一个强权。最后,美国在西印度群岛、阿拉斯加和大洋洲的海岛世界开拓出自己的帝国领地。

就其本性而言,这种帝国扩张战争发生在民族国家地区,即发生在西班牙、法国、荷兰和英国之间,随后发生在殖民地地区,最后是美国战争、英美战争、美墨战争和美西战争。旧欧洲帝国的核心在这种权力确定过程中的重要性相对较低,因为它在关键的几个世纪中受制于对旧帝国结构的逐步清算和17世纪[地缘斗争的]灾难性后果。但是,就在民族国家和殖民地的帝国驱动力开始稳定下来、近似的利益范围逐渐固定的时候,这个古老的核心恰好由于建立普鲁士的缘故,到达了民族国家的发展阶段,并由1870年以来的经济统一、工业化和人口增长,成为最强大的大陆国家。

这个新兴强权发现自己被挤压在俄罗斯和占据欧洲海岸线的民族国家区域之间的有限领土上,几乎是在建立之初,它就开始按照边缘区强权的模式采取民族国家的帝国主义政策。我们可以把以欧洲为中心的新帝国驱动力明确划分为两个阶段。第一阶段持续到1914年,其特点是海权观念占主导地位,建立了一个混乱的殖民帝国并与大英帝国海军相竞赛。第二阶段即陆路扩张的理念支配了自第一次世界大战以来的发展;它在战争时期典型地体现于瑙曼(Naumann)的《中欧》(*Mitteleuropa*)一书和柏林-巴格达轴心(Berlin-Bagdad axis)所象征[的秩序];自世界大战以来,它表现为与东南欧强化的经济关系和纳粹的东进政策(the Drangnach Osten)。在希特勒关于德国外交政策的早期想法中、在他经常表达的希望与英国达成协议以换取在东方的自由行动的愿望中,有一种并不总是能被理解的深刻的不甘心。这是在效仿西方诸国的过程中无奈放弃的海权梦。

转向大陆帝国主义的新方向带来了与德国霸权问题相关的后果，并导致了当前的战争。如果被动地接受德国在欧洲的中心地位，那么，从实力上讲，这就意味着与边缘国家的帝国版图相比，德国处于一种被窒息的状态之中；如果将其用作陆地扩张的基础，这就涉及德国对所有东欧小国的霸权，即便只是局限于中欧和东欧，这也意味在政治上极大地削弱了英法的大西洋帝国，因为一个支配中欧和东南欧的强权掌握着西方世界的内部战略线。在德国霸权之下的欧洲地区中，法国将成为欧洲大陆边缘的一个三流国家。无论目前多么和平，如果德国的政策在另一个政府的领导下发生转变，法国永远都会有被排挤的危险。在这种情况下，英国也会被孤立在西欧的一个岛屿上，并处于不稳定的位置：一边是一个可能的敌对势力主宰着大西洋海岸，另一边是地中海东部的威胁。这种权力格局所涉及的问题与德国的内部政治结构完全无关。

1938年以来的发展，特别是法国的崩溃，使中欧霸权进一步扩张的可能性显而易见：如果这种驱动力渗透到民族国家地区，它就会立即触及西方世界外围殖民区域的地位。而一旦英国维持其在欧洲的地位，西半球就会发现自己处于一边是欧洲-非洲沿海、另一边是日本主导的亚洲沿海之间的孤立状态——即便最狂热的美国孤立主义者也不太可能喜欢它。

西方世界的这种总体历史结构中出现的问题，可以表述为：必须在中欧霸权的帝国主义和西方世界的帝国边缘区之间找到一个可行的解决办法。解决方案显然是下述三者之一：权力妥协，这将涉及西方帝国相对权力地位的剧烈变化；永久地消灭中欧强权；或者永久地消灭欧洲海权。

二

现在让我们讨论一下广袤的东欧地区的权力问题，该地区是德国霸权的潜在支配领域。

也许最好先重述一下导致这一问题的基本政治事实，即自1870年以来德意志帝国的存在。这是一个具有强权的物质动能（material momentum）的西方民族国家，再加上它是帝国观念的发祥地，而法、英、美的帝国主义是其衍生物，它的外交政策将与其他西方大国的外交政策有某些相似之处——这对每一个政治学学生来说都显而易见。假设这类大国会像挪威或瑞士这样的小型政治单元一样行事太难以置信，我作为一名学者羞于强调这一点；如果不是有许多人在各种场合诉诸文字或印刷品，宣扬其粗略的和平世界秩序的想法，并将他们的方案建立在这一假设之上，我也不会这样费口舌。认为不诉诸武力就能阻止德国在法国以东的欧洲建立霸权，就像认为不诉诸武力便可阻止美国在［美洲］大陆扩张殖民地或阻止英法渗透亚非一样不现实。

现在，由于第一次世界大战造成的结果，德国的霸权问题又有了全新的诠释。决定性的因素是奥地利帝国的解体和以民族国家模式建立的延续国家。从德国霸权的角度来看，奥地利帝国的存在意味着中欧各个民族有一个明确的组织框架，德国的军事和经济霸权可以与奥地利帝国达成协议，从而实现自己的目标，同时让奥地利通过其国内政策处理民族问题。与小型民族国家发生冲突的危险区域转移到了巴尔干。在此不可能详述奥地利的民族政策；它在历史上的重要性不仅在于它是一个奥地利的问题，还在于它是德国霸权的工具。

不过，下文必须交代的一点或许值得一谈，即社会民主党（Social Democratic Party）的民族政策。奥地利社会民主党在制定民族政策方面占据了关键地位，因为一方面，它原则上是无产阶级的国际组织；另一方面，它必须处理自身等级秩序中的民族性问题。因此，劳工领袖为中欧民族问题的解决做出了最大的贡献；伦纳（Karl Renner）和鲍威尔（Otto Bauer）的论文以及1899年布吕恩（Brünn）党代会的决议，仍然是关于组织多民族地区这一微妙任务的经典表述和提议。社会民主党领导人不是极权主义者，因此，他们承认在超民族的组织内实行民族自治的必要性。从以下事实能够看出他们的建议的永久价值：捷克斯洛伐克境内高度民族主义的苏台德德意志人组织，可以在民族地籍（cadaster）的基础上把自治作为其主要诉求——这是伦纳在1902年提出的解决办法。奥地利社会民主党人的这一民族政策成为其与俄国布尔什维克的主要分歧之一。俄国人赞成共产主义解决方案。斯大林在1913年发表的《民族问题和社会民主主义》（"The National Question and Social Democracy"）一文中就相关立场作了精辟的阐述。应该根据德国极权主义的发展来重读此文，因为纳粹一旦在欧洲建立了霸权，便不会采纳奥地利社会民主党的提议，而是追随斯大林的路线。

横亘在奥地利社会民主党的观念和由极权主义德国所造成的新问题之间的，是一战后中欧和东欧的组织。假设以德国强权的霸权推动力为一个基准，那么只有当德国衰弱到无法恢复这种驱动力时，中欧和东欧的组织安排才能不受干扰地持续下去。从政治上讲，东欧小国的世界是一个权力真空，它的持续存在取决于周边大国的平衡。欧洲有这样几个权力死角：斯堪的纳维亚国家是处于俄国、德国和英国之间的死角；低地国家是处于德国、法国和英国之间的死角；瑞士是处于德国、法国和意大利之间的死角；战前的巴尔干国家是处于奥地利、俄国和地中海强权之间的死角。随着作为中欧调解机构的奥地利的解体，俄国又相对鞭长莫及，意大利转而在非洲冒险，英法在战略上远离直接的冲突区，如果德国在经济和军事上足够强大，该地区将在德国的领导下进行政治重组，这是一个注定的结果。这种权力真空之所以可能，是由于一战后若干年中英法在欧洲的权力垄断。然而，从和平的关系和变化的角度来看，情况比1914年之前要糟糕得多，因为奥地利帝国的超民族组织已经被摧毁。尽管这个组织在许多方面都不尽人意，但它至少提供了一个可以作为起点的初步解决方案。现在，必须采取的第一步是促使小型主权国家放弃它们的主权，至少它们要组成一个具有共同的经济和外交政策的联邦，简而言之，就是重回奥地利帝国解体之后的道路。虽然这种重组在德国的和平压力之下是有可能的，但在民族自决狂热的一代人消失以后，德国的极权主义演变又带来一个新的因素，使得任何和平解决方案都不再可能。

然而，我想暂时排除极权主义因素，只考虑当前的战争可能导致的一两个假设性替代方案。让我们假设德国遭受了一场毁灭性的失败，这将剥夺其作为强权的资格；让我们进一步假设一个复苏的法国和一个仍拥有其欧洲领土的意大利。届时将出现一些有趣的问题，例如：谁会阻止被击垮的德国与俄罗斯建立密切的关系甚至是联盟？或者，谁会阻止俄罗斯向斯堪的纳维亚、斯洛伐克和巴尔干扩张？或者让我们做另一个假设，即像1918年那样，德国没有遭遇决定性的失败，那么谁又能阻止类似于当前的情况出现？假设这些情况是为了证明1919年的组织的僵局特征。德国强权在中欧的存在意味着德国对这片大陆的霸权；德国强权的毁灭意味着诸海上强权必须在军事占领和防御的基础上自行组织欧洲大陆——除非它们想把大陆交给俄国。一个非霸权主义的德国强权与东南方向的权力真空共存根本不可能，这只是西方政治家的白日梦。甚至连科学家都可以预测一件事：我们在1938年所知的有中欧和东欧小国存在的世界将不再出现。在未来的欧洲，不会有奥地利、波兰或捷克斯洛伐克，不会有波罗的海国家和匈牙利，也可能没有作为主权国家的巴尔干国家。所有隐含这种假设的重建想法都可以被永远摒弃。英国政府极为谨慎地避免在战争目的的问题上做出承诺，从这个事实中，我们就可以看出这种情况已经实现的一个征兆。

三

如前所述，由于纳粹和极权主义的趋势，一个新的因素被引入了德国的霸权问题。需要就此做出评论，因为对它的理解取决于人们对欧洲重建问题所采取的态度。

纳粹运动深深扎根于德国特有的社会政治结构，而西方国家对这种结构了解甚少——如果所谓的政治家们能更好地了解它，1918年的一些错误就不会出现了。通过1919年的民主宪法的德意志民族，远未具备西方国家经过历史积淀后才形成的民主气质。这个民族国家在1870年才建立，因此，这个国家不像英法那样，在政治上成长于拥有数个世纪的有威望的、由王朝奠定的国家结构。因此，在从封建王权到绝对王权的过渡期，德意志国家没有产生一个可与西方国家相媲美的统治阶级，也没有在全国范围内通过与统治阶级斗争而获得民主自由的人民。西方民主的三大支柱——古老的国家权威、由统治阶级发展出来的政治技术、通过革命建立和确认的政治自由传统——只存在于德国近来的国家基础的早期和零散的形式中，即普鲁士的政府传统、西南德意志国家有限的民主经验以及1848年运动。

此外，我们理当意识到，英国、法国和德国，在大众的政治态度的成型方面也存在着时间差。在英国，创造了自由和民主传统的运动是17世纪的革命和18世纪的卫斯理改革（Wesleyan reform），这些运动使英国的大众以及美国的中下层阶级和工人深受基于宗教的民主行为规则的熏陶。法国人通过1789年世俗化的个人与共同体观念，也取得了类似的成果。德国大众在政治上的形成主要受惠于19世纪的思想，这些总体而言属于集体主义的思想基本上丢掉了与基督教尊重个体的原则的联系。工人阶级主要经由马克思主义的阶级观念成形，中下级阶层则由19世纪末集体主义的民族主义所塑造。基督教原则和1848年革命的观念是次要的，尽管它们也不至于可以忽略不计——中央党（Centrist Party）和总理布吕宁（Heinrich Brüning）的个性在魏玛共和国的作用以及对纳粹统治的宗教抵抗都证明了这一点。在这种情况下，彻底的民主化是一项艰难的任务，需要几代人的努力。在1918年姗姗来迟的宪法改革之后，这个任务也许可以在君主制和高效而进步的官僚制度的庇护下完成，但军事灾难之后的事件断送了这种可能性。宪法改革甚至不需要像1918年那样采取修正的形式。俾斯麦宪法本可以无需修改就用于议会制政府，如果帝国议会（Reichstag）愿意如此的话。

如果要充分理解1918年的崩溃对德国的影响，我们就必须彻底改变自己习惯的观点，就像奥地利的情况一样。我们习惯于在民族自决和民主进步的范畴内理解中欧帝国的衰落。我已经就奥地利的情形指出，将各个民族扶植为主权国家，显然是从当时业已实现的超国家组织状态的倒退。对于德国，我现在想表达同样的观点。由于考虑不周的形式民主的引入和随之而来的纳粹的兴起，民主发展的可能性即便没有被完全摧毁，也遭受了严重的挫折。首要的和最重要的事件是君主制及其个人行为标准的毁灭。在我看来，在一个个人行为标准最终由普鲁士宫廷决定的社会中，具有像希特勒这种个人行为和特点的人极不可能取得任何成就。第二个破坏性措施是解散德国军队并废除全面征兵制。军队通常被认为是军事力量的工具；或者更谨慎地说，如果得到适当的指引，它们也可以成为国民教育和民主化的有效工具。对年轻人进行为期两年的军事训练，如果方式得当，就会使其形成行为习惯，决定性地塑造他们未来的行为模式。我倾向于把纳粹特别令人厌恶的暴行归结为这样一个事实，即这些是没有上过普鲁士军校的平民犯下的罪行。第三个破坏性因素是引入了民主宪法本身，这实际上意味着创造了一个理想的工具，反民主的群众可以借助这个工具，通过法律手段获得国家的权力地位，否则他们只能通过与法律发生冲突的方式获得这种地位。最后，本来可以形成未来民主发展核心的保守资产阶级在经济和社会方面被通货膨胀摧毁了。当德共和纳粹一起在帝国议会中占据多数并通过利用其所谓的阻挠多数（blocking majority）使宪法无法实施时，就达到了自上而下的政变（coup d'état）或自下而上的革命的临界点。

纳粹的出现究竟导致了什么，专家们仍在争议，而且很可能会长期争议下去。我只能指出一些明显的事实，以及一些出色的解释。也许首先应提及的是一种从较长时间段进行考察的观点，即革命把德国社会的一个阶层带到了顶端，这个阶层在数世纪以来的德意志文明演变中从未被触及，因此它代表了一种几乎纯粹的中世纪前基督教（medieval pre-Christian）的态度。我认为这个观点基本正确，但还需要参考1870年至1910年间50%的人口增长，由此来对这个观点做一些限定。这种增长大多发生在社会危险区域；可以说，新增加的大众主要是没有充分融入国家共同体的那部分人。即使过去的政府有效地压制了这些新增大众，但对他们进行教育和民主化的任务仍然很艰巨；1918年，政府不再能够压制这些大众时，爆炸性的危险被无限放大，特别是在国家灾难和经济萧条令社会制度更加不稳定的时候。但是，后果相当清楚，而且对于任何目睹过1933年前后的德国和1938年前后的奥地利的人来说，这都难以忘却：德国和奥地利的革命都受到了另一个民族的侵入。由于有教育背景和文化传统的共同体并不存在，行为怪异的人、价值观奇特的人和没有人际关系的人就可能侵入一切机构。虽然目前无法判断这一现象的严重程度，但其本质似乎毋庸置疑：文明传统出现了严重的断裂，这一断裂可能会导致德意志民族特质的根本变化。

为了了解德国霸权问题的新的重要因素，我们有必要继续分析。也许，与前文提到的斯大林的做法进行比较，我们就可以最清楚地看出新的特征。斯大林主义关于超民族联盟的原则是保留民族形式，但要有社会主义内容。这实际上意味着，苏维埃联盟的成员国应该由讲持不同语言的人组成，但他们在一个完全工业化和机械化的社会中还应具有工人的地位，并承认共产主义信仰。这个群体的整个历史结构都必须在社会和精神层面上作为"资产阶级的"东西而被抹去。在这方面，纳粹霸权与俄罗斯的结构相同：历史上的民族文明必须被彻底摧毁，无论是德国本土还是在被征服国家的土地上，并由纳粹的内容取而代之。然而，其中有一个重要的区别。共产主义政策就其马克思主义的起源而言，本质上是国际性的和平等的；它旨在将落后的国家转变为统一的工业化社会中的成员，其宪纲是基于苏联所有成员的区域国家代表的原则。另一方面，纳粹的霸权以德意志民族优越性原则为出发点，无论在意识形态上还是实践中，都没有表现出在超民族的委员会中按比例代表的民族地区联盟的倾向。

关于未来霸权的制度特征——如果确实实现了这一霸权，我们目前还只能分辨出最基本的轮廓。纳粹破坏民族的技术如今已经众所周知，我无需赘言。然而，一旦超越了革命技术的范围，我们就会越来越难以区分新组织中那些注定是永久性的特点和其他只由特定时刻的紧急状况所决定的特点。在革命和军事扩张成功的地方，它导致了所有政府关键岗位人员的彻底转变，同样导致了所有塑造公众舆论的工具的彻底转变，也导致了高等教育机构的转变。其措施众所周知，从简单的解雇到集中营拘禁、杀害及强迫移民。谁也说不准这种破坏有多深、有多少旧秩序得以残存。

这种霸权对德国以外的欧洲国家的破坏性影响完全不可估量。我们必须记住，目前的转变不是简单地改变政府或宪法，而是社会和文明的革命，其影响在下一代人身上并不会完全显现。一个最重要的问题是，一旦解决了国内的顾虑，新的领导人就可以放开手脚互相争夺，那么，建立"具有纳粹内容"的新秩序是否会在民族团体中造成更加狂热的自我伸张的意愿？这个问题值得注意——即使斯大林在国际主义意识形态的支持下，也不得不在党的代表大会上反复竖起手指加以威胁，并以"布尔乔亚式的偏离"罪名威胁那些可能把"民族形式"解释为允许他采取民族主义政策的人。

这个问题需要仔细斟酌，因为这个霸权组织已经初现规模，但是它并没有使德国与被征服的东欧国家之间形成无摩擦的合作关系。在不同的名目下，我们发现德国的政治组织叠加在民族国家机构之上；它以总督、看护者或专员为首，对民族国家政府的决定有建议和批准权，对民族国家立法机构的行为有最终批准权，并有权以自己的名义发布行政命令；我们发现，德国法院对任何被归类为政治罪犯的外国国民和涉及德国人的案件都有管辖权；我们发现，德国秘密警察在这些民族国家的领土上自由行动；我们还发现大量的德国驻军。在经济领域，被征服的国家被整合到德国的四年计划中，其趋势是将工业部门的整个系统集中在德国国土上，并将被征服的国家作为原材料生产者,以德国政府认为合适的价格进行生产。就目前所见,一种日益混乱的局面正在形成,如果纳粹在战争中取胜,被征服的民族中就会出现革命运动,并因此而遭到血腥镇压;如果纳粹失败,德国人和德国人的同情者也会遭受屠杀。

现在让我根据前面的分析来总结一下相当黯淡的重建前景。我们必须弄清楚两种主要的假设情况。第一种假设是英国在军事上完全失败,这实际上会结束战争。在这种情况下,德国的霸权将扩展到包括不列颠群岛在内的整个欧洲,也将扩展到整个非洲和近东。若果真如此,就会出现我所指出的与目前德国人的优越感和试图把异族国家安排成政治和经济劣等群体有关的内部问题。对这种可能的发展做出任何预测似乎都不可行。很明显,在这种情况下,我们无需担心重建问题,因为没有人会关心我们的看法。如果德国霸权达到刚才所说的那种程度,这个国家〔美国〕将不会像现在这样成为一个强权,我们将按照超出我们现在最疯狂的想象的路线,深陷于重组这个国家的努力之中,以保持它作为一个独立民主国家的根本。

第二种假设是德国完全战败。前文已经概述了在这种情况下会出现的问题。为防止俄国扩张,海上强权有必要占领大陆,并自行组织这难以描述的废墟。对这一秩序的任何猜测都是徒劳,原因或许只有一个:我们不知道还会剩下什么有待组织的东西。

有些人倾向于提出第三种情况,即僵持的局面。我认为这不可能,因为坦率地说,无法设想会有什么条件能够促成僵持的局面。从目前的数据看,我认为只要英国或德国还有一丝战斗力,它们都不会停战。只要其中一个国家的社会组织能够坚持下去,那么战斗力就会继续,除非遭遇军事上的惨败。除了军事失败,两国都可能发生的社会动荡也将使战争机器失灵。但这种情况无法讨论,因为它将给局势带来新的因素,非目前所能预测。

尼采：危机与战争[*]

沃格林 撰
郑家琛 译 林凡 校

尼采的卓越之处在于，他是唯一一位思索了一场世界大战主因的哲学家。[①] 以下的研究拟分析把对事件进程的巨大影响归因于尼采的动机和原因，并勾勒尼采本人对时代的危机和战争的解释。

一

我们有必要陈述一条规则，作为上述问题领域的定位锚点：就直接影响历史中的具体行动而言，政治哲人并非一个重要的原因，但是，

---

[*] 本文首次发表于 Journal of Politics 6 (1944)。
[①] H. L. Stewart, Nietzsche and the Ideas of Modern Germany, London: E. Arnold, 1915.

他们的工作却能够通过召唤、合理化的支持或令人失望等更微妙的方式产生影响——如果可以影响的话。尼采也不例外，尽管他的情形有些特殊，[他的作品发行的]数量就很能说明问题：尼采作品的销量远高于其他任何一位哲人出版的作品，而在流俗的看法中，尼采所遭受的污名化就连马基雅维利也难以望其项背。乍看起来，一个作家的成功与其影响力有关，但细想则不然，成功与否并不能简单地以作品销量为证。有一个神奇的信念认为，预测事件的政治分析家是事件发生的原因，我们最好从对这个信念的某些反思开始我们的分析，因为尼采和许多其他政治思想家一样，都是这一信念的受害者。

一位对其所处时代的精神状况的衰败症候非常敏感的哲人，能够描述未来相当长一段时间内的社会瓦解进程。尼采具有这种最高程度的敏感；他在其欧洲虚无主义（European Nihilism）分析的引论中说：①

> 我所要讲述的是未来两个世纪的历史。我描述那即将到来的且只能以这种方式到来的东西：虚无主义的降临（the advent of Nihilism）。这段历史可以在今天讲述，因为必然性自身在这里起作用。

这种说法可对可错。如果它大体正确，那么尼采对虚无主义的描述，包括对19世纪的基督教道德、对悲观主义和浪漫主义、对自由民主和社会主义思想的批判，都不可能是虚无主义出现的原因。如果这个说法不对，那么将因果关系归于尼采就意味着这样一种奇妙的假定：一个健康的西方世界之所以开始显现出虚无主义的症候，并开始飘向

---

① Friedrich Nietzsche，《尼采全集》（*Gesammelte Werke*），Musarionsausgabe，23 vols., ed. Richard Oehler et al., Munich: Musarion Verlag, 1920-1929，《权力意志》（*Wille zur Macht*），见《尼采全集》，15：137。

预言中的灾难,是由于一位哲人选择公开他对形势的错误分析。

一旦用这些术语说明了这两种情况,那么把某种非凡的"影响"归之于哲人的做法就显得毫无可能,因为它源自一种基本的推理谬误。我们必须深入到这些足以扰乱理性论证一致性的更深层次的情感源头。假设尼采的描述正确,那么,易于引发政治情绪的现象就是通过创造意在描述危机的符号,将潜在的批判转化为有意识的批判。对这种转换操作的抵制是可以预见的,因为"命名"是基本的巫术操作(magical operation),"事物"以这种方式被创造或被毁灭。通过发明描述危机的术语,以此为工具唤起人们对危机的关注,具有"克服"(überwinden,尼采的基本观念之一)危机的"挑战"的效果,而接受挑战意味着采取一种态度,它不可避免地会"破坏"构成危机的态度和信念。然而,只有极少数人能接受挑战;如果大多数人能够接受挑战,就不会有危机,因为危机恰恰是由于缺乏可以抵御时代精神瓦解的补救性力量。因此,如果不能接受这一挑战,就必然会否认危机的真实性以作为回避。

拒绝挑战的形式很多,这一定程度上取决于逃避者的时间点(time position)问题。尼采本人以"末人"(Last Man)为象征描述了第一种形式。扎拉图斯特拉向民众宣讲超人的福音,而民众沉默不语。然后,他试图诉诸他们的骄傲来唤醒他们,之后描绘出末人最为可鄙的形象——他们将成为这样的人,除非他们克服自身目前的状态。末人没有创造性的爱,没有创造性的想象力,没有对任何超出自身的事物的渴望。"什么是星辰(star)?"末人问道,他对自己的小小趣味和生存的舒适感到满意。① 他想要的是:一些温暖、一

---

① 尼采当时还不了解"明星"(star)这个词在我们这个时代作为一个社会范畴所具有的含义。

些邻里关系、不太多的工作、使其免于疾病的防护、用于创造愉快梦境的足够多的药物（酒、电影、广播）、不贫穷但也不太富裕。他想知道发生了什么，并把它解决掉；所有人都想要一样的东西，想要平等；他感受到什么不一样的东西就会自愿地走进精神病院；"从前，举世疯狂"——最优雅者如是，并眨动眼睛；一个人有白日的快乐也有夜晚的快乐——但是要节制，因为末人在意健康并且想要长寿。"'我们已发明幸福'——末人说，并且眨动眼睛。"在演讲的此刻，听众爆发出极大的热情：

> 把末人给我们罢——把我们变成末人。我们就向你馈赠超人！

他们大笑。"但他们笑中含冰"，尼采补充说。他正确地诊断出这种人的精神分裂症的症候（schizophrenic touch），末人之为末人，在于他在精神上已然迷失。①

然而，通过嘲笑和接受去精神化的（despiritualized）生存来回避挑战，只是一种片刻苟安的可能性。当精神的整合力变得虚弱时，其结果不是一个和平幸福的去精神化社会，而是直觉和价值观的混乱。去精神化的幸福与去精神化的残暴是孪生兄弟；一旦灵魂的精神秩序在幸福中被消解，那么从何时何地开始攻击这种没有尊严的秩序，只是一个时间和环境的问题。尼采在19世纪80年代写道："我们整个欧洲文明正带着一种在数十年间不断增长的紧张的折磨，

---

① 《扎拉图斯特拉如是说》，见《尼采全集》，前揭，6：20以下。［译按］这段转述出自《扎拉图斯特拉如是说》前言第五节，译文参《扎拉图斯特拉如是说》，娄林译，上海：华东师范大学出版社，2022年。下文不再标明。

滑向一场灾难。"① 新时期的特点"从外部看：是一个大规模的战争、革命与爆发的时代"；"从内部看：人正变得虚弱无比，各种事件成为[人的生存]兴奋剂"（同上，页235以下）。"将会有诸场战争（wars），世人前所未见的战争。"② 这一预言并非夸大其词，它应被理解为经验层面的陈述。18和19世纪的战争是具有有限政治目标的王朝战争和国家战争。尼采所预言的诸战争是"大规模的"，因为政治协调的框架——决定了战争的目的及其限度的王朝、国家——正在瓦解。迫在眉睫的大战是灵魂病理状态（pneumato-pathological situation）的表现；它们表达了本能的斗争，是对status quo[现状]的盲目维护，是对现状的无约束的武力攻击；它们虽然有很多动机，却没有目标的导向。"虚无主义是一个病态的间奏"，③ 介于一个旧的精神秩序的终结和一个新的精神秩序的诞生之间。传统意义上的政治要求政治家式的行动内在于一种公认的目标的秩序中，但它在这个间奏期走到了尽头；用尼采的话说，"政治在一场精神战争中完全瓦解"。④

二

如预言所期，大战的时代开始了；尽管有尼采的富于先见的分析，但这些战争的性质尚未被人理解，个别思想家除外。这个问题被德国历史的特殊性遮蔽了。在1914至1918年的大战期间及战后的一段时间，人们可能把剧烈的动荡归结为德国应该担负的战争罪

---

① 《权力意志》，见《尼采全集》，15：137。
② 《瞧这个人》，见《尼采全集》，15：117。
③ 《权力意志》，见《尼采全集》，15：152。
④ 《瞧这个人》，见《尼采全集》，15：117。

责。德国的战争罪责象征着西方世界创造的抵制危机意识。如果战争由一个特定的扰乱因素引发，那么，对总体形势有所警觉就没有必要。然而，在战前的外交史料被出版和研究后，这一象征就不再有效，因为我们找不到德国该为战争负责的证据。① ［事实］证明，西方世界也是如此混乱，甚至在任何一个参战列强都没有明确政治目的的情况下，就可能爆发一场全面战争。这些可怕的发现却没有在更大的范围内为人所意识，尽管它们至少在某些方面产生了深刻的情感影响；即使在今天，我们掌握的材料似乎也足以证明下述判断：英国政府之所以对纳粹的兴起采取绥靖态度，一个重要因素就是它意识到制造战争罪责的象征是个错误。

从我们当前的有利视角来看，1914年的大战爆发可以算是一种现象，其中的两个要素——预防措施的瘫痪和对无目的的暴力的宿命论式接受——仍然交织在一起。1918年之后的历史，一方面解体为行动的瘫痪，另一方面则是具有无限目标的精心策划的行动。这两种现象相互决定，若不是一方面的瘫痪，另一方面的行动就毫无成算，也因此很有可能永远不会发生。现在人们似乎已经明白，1939年以来，国际舞台上的那些被归为传统意义上的战争的暴力事件，与之前那些被归为传统意义上的革命的国内（尤其在德国）事件，是一脉相承的。此外，人们还知道，按照传统认定的正式爆发于1939年的第二次世界大战，是纳粹在1939年之前的若干年中分化外部列国的政策的延续。传统的技术意义上的"战争"已经融入

---

① George P. Gooch, *Germany* (New York: Charles Scribner's Sons, 1938)，页110："没有任何证据表明德国政府或德国人民渴望并策划了一场世界大战。" Sidney B. Fay, *The Origins of the World War* (New York, 1928), 1: 14："根据这一新的文献证据，任何严肃的历史学家都不会接受1919年作为战胜者的协约国的声明，即德国及其盟友应负全部责任。它们都同意，责任应当共同承担。"

危机的一般进程当中。①

在政治层面上，对尼采的解释一直遵循着战争罪责象征的路线。尼采是一位德国哲人；他对西方文明的批判或许可被忽略，因为他的观念即便不是德国政治态度的直接诱因，至少也表达了一种特定的德国政治观点。前文提到的斯图尔特（H. L. Stewart）的研究，在尼采那里发现了造成德国人的心态的原因之一，所以它［尼采的观念］应该为第一次世界大战负责。这个论点几乎没有以同样粗陋的方式重复，但我们仍然可以在英语文学中发现，在对当时的罪恶进行绝望的辩护时，偶尔会有这样的评论，"尼采和特雷采克（Treitschke）这些疯子的有毒谬论"应该为德国的威胁负责。②

然而，在这个层面上更能代表目前的解释的，是巴特勒（Butler）先生的《纳粹的根源》（Roots of National Socialism）这类论著。③ 该书的学术意图是合理的。毫无疑问，西方的危机在德国尤为严重，仅仅因为这个原因，针对德国智识史的特殊性进行调查就刻不容缓。然而，若无意探究普遍的危机，却把邪恶投射到德国问题上，合理的意图就会被转移到可疑的方向。结果便是德国历史主义的传统观念的摘选以及旨在震惊民主人士的语录汇编。但是，巴特勒似乎没有想到，这类污名化观念的形成过程本身是一个有待解释

---

① 关于希特勒对危机的结构的见解，参 Mein Kampf（New York：Reynal and Hitchcock, 1940），页 220-226；以及 Hermann Rauschning, The Voice of Destruction（New York：Putnam, 1940），"下一场战争"一章。关于希特勒的危机战略，参 Makers of Modern Strategy：Military Thought from Machiavelli to Hitler, ed. Edward Mead Earle（Princeton：Princeton University Press, 1943），页 512-515。

② F. J. C. Hearnshaw, Germany the Aggressor Throughout the Ages（New York：E. P. Dutton and Co., 1941），页 235、272。

③ Rohan D'O. Butler, The Roots of National Socialism, 1783—1933（London：Faber and Faber, 1941）页，154-167。

的问题，或者说，一些对民主信条来说最令人震惊的观念可能包含某些真理的成分——特别是在德国的社会背景下。在从赫尔德到希特勒的邪恶的肖像画廊中，尼采也有一席之地（同上）。在对尼采的介绍中，巴特勒先生成功地为他制成一幅漫画，事实上，这与他的判断最为切合："那个不成熟的哲学家的粗鄙。"[①] 作为对尼采的介绍，这几页纸没有价值；但在我们目前的讨论中，它们的重要性在于，它们是试图以讽刺诊断者这种神奇方法来克服危机意识的一个例子。作者的政治意图呈现于他所认为的纳粹分子的"真实设计"（real design）：

> 这不外乎是尼采式的价值重估（transvaluation）；对德国人进行日耳曼性（Germanity）教育，虚无主义的革命不仅会粉碎国家，还会破坏人的心灵，并彻底摧毁西方文明。（同上，页295）

在巴特勒先生的论著中，他通过一种范畴——一种价值重估——让尼采与纳粹有了关系，我们需要注意这一范畴。

自中世纪以来，价值重估一直是西方文明的一个持久过程；革命事件接连发生，使各种［不同的］重估在社会层面上趋于稳定。16世纪的宗教改革重估了教会的圣职和圣事组织的建制化宗教经验的价值；17世纪的英国革命重估了代表性王权和王室政府的价值；18世纪的法国大革命重估了统治权及其在贵族统治中的制度化的价值；19世纪的社会主义运动重估了资产阶级财产社会的价值；自基尔克果以来的宗教，激进地重估了中产阶级的自由主义基督教的价

---

① 同上，页167。应当指出，这个介绍以及参考书目都暴露出巴特勒先生对过去25年间关于尼采研究的较为重要的文献不甚了解。

值；20世纪的纳粹运动是对这些价值重估的总结，并增加了一种对理性时代的价值重估。

价值重估的程式由尼采所创造，但是，他并没有创造这种无所不在的现象。只要这些形形色色的价值重估没有产生新的价值秩序，以维持社会的长期稳定，而是具有连续性浪潮的特征，西方社会完整的价值体系就会被夷为平地。结果便是，它在任何情况下都将是一个不稳定的、碎裂的价值结构，并濒于危险的瓦解境地。由于国家内部结构的差异以及外部环境的影响，连续的重估浪潮没有整齐划一地席卷西方，而是从某些特定的地区发端，并在若干民族区域的不同层面上稳定下来，基于这一事实，不稳定的情形更甚。即便在个别国家内部，稳定也不均衡；法国就是典型，一部分法国人接受了大革命的价值重估，另一部分则在其情感中顽固地保留着革命前的价值。在［西方］各国及各国不同的社会阶层中，重估在不同水平上的稳定性的差异，是决定我们如何衡量"精神战争"的主要因素之一。

尼采的价值重估并不在刚才列举的一系列重估之列；相反，它是一种有意识的尝试，旨在超越危机，并为一个新的、稳固的价值秩序的建立寻找坚实根基。我们不能通过再发展一个新的乌托邦社会来找到这种根基，只能在自己的人格中——凭借现有手段和不确定的成功机会——创造一种超越危机的新秩序。尼采在原则上秉持柏拉图的立场，即社会的秩序只能产生自一个秩序良好的灵魂。在关于欧洲虚无主义分析的序言中，尼采把他远离世界、他本能地隐居和他的智识实验解释为使他能够在历史回顾中描述虚无主义现象的禁欲主义手段：①

---

① 《权力意志》，见《尼采全集》，15：137以下。

"当他讲述将要发生的事时,他回头看了看";他之所以能完成这一壮举,是因为"他是第一个完美的欧洲虚无主义者,——但却是一个在自身中把虚无主义活到最后的虚无主义者——他将虚无主义置于自己身后、身下和身外"。

当然,尼采的实验在多大程度上取得了成功,还是一个有待商榷的问题——我个人认为他非常成功,但无论在这一点上持什么看法,都不能把尼采的超越性价值重估的尝试与任何内在于危机之中的价值重估相提并论——尤其不能与纳粹的重估相提并论,后者已经堕落到去精神化的、混乱的兽性力量的谷底。事实已经证明,哪怕仅仅是秩序的外观,纳粹也没有能力创造。价值重估的程式

> 表达了一种关于原则和任务的反动(counter-movement);这种运动将在未来的某个时刻,成为这完美的虚无主义的继承者。(同上,页138)

巴特勒先生把尼采的价值重估与这种价值重估明确要"克服"的虚无主义混为一谈,这种看法其实表现出他对认识危机性质的强烈抵制,因为一旦认识到危机的性质,他就会和每个认识到危机的人一样,面临一项令人不快的任务:通过自我批判和最终的个人 metanoia［悔改］来促进危机消解。尼采的价值重估没有朝向基督教价值观,但是,它以作为人格中的过程的"心的变形"(change of heart)[①]为前提,这相当于基督教的悔改。价值重估不是简单地提出一个新的伦理体系,而是要求对人格进行彻底的改造。

---

① ［译按］参《扎拉图斯特拉如是说》卷一,前言,"论三种变形"。

三

利用强权之间的结盟，将危机的源头确定为其中一个国家，也许是把西方内部问题外部化的最有效、但肯定也最粗陋的办法。前文对价值重估现象的反思，让我们认识到一种更优秀的解释方法。存在一种可能性，即把其中一个层次接受为绝对层次，一场价值重估已经在这个层次上在过去稳定下来，并通过所接受的层次上的价值与所有其他价值秩序之间的冲突来解释危机。这类解释仍然采取一种内在于危机的立场；它无法进入尼采尝试的超越性立场；但是，它至少会把危机的各个层面带入视野。麦戈文（McGovern）教授的《从路德到希特勒》（*From Luther to Hitler*）非常了不起地把这种可能性变为现实。①

麦戈文教授将他的价值层次定义为"自由传统"（Liberal Tradition），其理念则包括民主和个人主义两个部分。这个自由传统的领域中之所以生发出危机意识，是因为在1914至1918年的大战中"民主理想的和平进步与传播"受到暴击；将大战视作为理想而奋斗（crusade），攻克"绝对主义、僭政和君权神授"的最后堡垒，这种想法克服了这第一次创伤；极权主义政府在战后的蔓延却带来进一步的幻灭；1933年，纳粹在德国的胜利造成了"难以置信的打击"。这些事件迫使我们认识到，世界范围内不存在不受阻碍的自由主义趋势，但另一种趋势即法西斯主义运动与之交叉；自由主义处于守势，必须为自由主义存续而战。法西斯运动并非昙花一现，它也有

---

① William M. McGovern, *From Luther to Hitler: The History of Fascist-Nazi Political Philosophy*, Cambridge, Mass.: Riverside Press, 1941.

自己的传统，它所包含的专制观念和纳粹观念可以直接追溯到宗教改革时期；自由主义的存续将主要取决于对反对它的传统的细致理解。① 如果危机指的是这种纵坐标（ordinates）的系统，那么路德宗对国家权威的服从、博丹和霍布斯、费希特和黑格尔、德国历史主义和美法实用主义、达尔文主义和种族信条等，都在法西斯传统中融为一体，如今，它包含除了"自由"之外的一切价值重估。尼采与叔本华、詹姆士（William James）与柏格森一道，作为非理性主义者和实用主义者找到了自己的立足之地（同上，页409-415）。

麦戈文教授的诊断体现出强烈的危机意识；危机现象的历史范围被恰当地扩展到宗教改革造成的第一次制度大破坏；他没有尝试一种基于民族主义的简化分析。不过，麦戈文教授还是不愿意承认尼采激进主义视野分析的危机问题，他之所以能够拒绝承认，是因为他"被坚定而狂热的政治信仰所支配"（同上，页9），以至于危机在他个人身上不存在。他坚信人民的同意和个人权利的结合永远是正义精神的制度容器，这一信念毫不动摇。尽管事实上有许多例子表明，邪恶的精神在这些容器中肆意生长，并最终打破了它们，比如魏玛共和国的情形，但在他的信念中，精神问题与制度问题不可分割。没有什么论据能反对这类信念；我们只能希望它最终会被历史所证明。

然而，我们对他的信念的尊重不应妨碍我们分析它所依赖的假设。或许这种信念最好被描述为一种世俗化的加尔文主义。自由主义这一上帝之国正在前进，但目前看来，它可能在抵抗法西斯传统的不义。由于它是上帝之国，制度与精神之间的和谐被预设为稳定的。柏拉图和亚里士多德考虑到了一种政府形式可能被善用，也可

---

① 同上，"The Liberal and the Fascist Traditions"。

能被误用。民主制和其他任何政府形式一样，都可以根据支配性的精神被判定为好的或坏的［制度］。人民的同意可能被赋给恶法，于是，恶法不会被体验为对个人权利的侵犯，因为个人本身可能是喜欢恶法的可疑人物。

圣托马斯非常谨慎地假设人民由众多成熟的基督徒个体组成，以此作为他的宪制政府的理念的条件。麦戈文教授的论证中没有出现类似思考。弥尔顿在《论出版自由》（*Areopagitica*）中直言不讳地指出，新闻自由的目的便是宣扬英国民族精神和新教精神，舍此无他；麦戈文教授似乎认为，"思想、言论和写作的自由"将导向对正义精神的表达，而无需进一步的防范措施（同上，页13）。我们可以通过积极的宣传在地缘上推进自由传统的边界，我们也可能经历逆转——如果敌人更为积极地宣传其意识形态的话（同上，页9），但是，在边界之内不可能存在因精神消散（evaporation）而导致的裂隙。加尔文的国度以制度和纪律为支柱；有自由传统的国度以民众的同意和个人的权利为支柱；但是，这个国度仍然是在与上帝的亲密关系中前进。

斯宾格勒（Oswald Spengler）在其《西方的没落》中表示，在当前的危机中，最终生存下来的民族和制度，一定能够利用具有创造性的虔诚（creative piety）的最强大储备（reserves），这种虔诚"只附着于比大革命和拿破仑更古老的形式"。他怀疑美国拥有的这类储备可能比其他地方更为强大，因为他明确提到了美国宪法以及人民对它的崇敬，并将其视为这种虔诚的堡垒之一。① 在麦戈文教授的立场中，我们感觉到附着在古代政制（*ancien régime*）观念和制度

---

① Oswald Spengler, *The Decline of the West*, 2 vols. (New York: A. A. Knopf, 1939), 2: 430 注释3。

上的虔诚，这种虔诚意识到了危机的症候，但是无法渗透进"精神战争"——这是一片对生存（survival）给予承诺的力量区域（a block of strength）。

四

1914 至 1918 年的战争引起了桑塔亚纳（George Santayana）在《德国哲学中的唯我论》（*Egotism in German Philosophy*）中的对尼采的解释，它足以跻身伟大的解释之列。[1] 就其主题带有德国哲学的某些特点而言，该书具有战争的印记，而且部分内容暗示了德国哲学与战争之间的因果关系（参页 69），但是，我们可以不考虑这种由环境造成的无效议论。[2] 桑塔亚纳的批判没有深入政治意识形态之间的斗争；它只是在 philosophia perennis［永恒哲学］（同上，页 v）的层面上进行批判。在永恒哲学层面上，我们可以清楚地看到，唯我论（egotism）——被初步定义为思想中的主观性和道德上的任意性（同上，页 ix）——是一种可以出现在任何地方（而非仅仅出现在德国）的现象；此外，唯我论并非笼统而言的德国哲学的特点，而是 19 世纪的一种趋势。它尚未触及宗教改革前的德意志思想，在后来的天主教和正统路德宗的传统中，或者在德国唯物主义和怀疑论思想中，都找不到唯我论。在莱布尼茨的单子论中可以感受到它的征兆，它在康德那里也有暗示，在歌德那里已经有了种子，但它只在费希特和黑格尔那里占据主导地位，并在尼采那里达到顶点。

---

[1] George Santayana, *Egotism in German Philosophy*，初版于 1916 年，再版于 1940 年，增加了新的前言和后记："利己主义的性质和扰乱世界的道德冲突"。所有引文均取自第二版（New York：Charles Scribner's Sons, 1940）。

[2] 参页 vii 关于这种失误的评论。

唯我论有其明确的历史限制和条件。

　　桑塔亚纳关于什么构成了一种危机的概念，本质上与基督教观念并无差异，尽管二者在形而上学的程式上不同。奥古斯丁式的生命定位坐标是 amor Dei［上帝之爱］和 amor sui［自我之爱］，在桑塔亚纳的语言中被翻译为"灵性"（spirit）和"唯我论"。前者是灵魂及其在世界中的位置的协调者，后者是一种错觉，认为灵魂作为一种实体，有能力和道德权利在世界留下自己的印记。唯我论是对灵性智慧的偏离，而灵性的功能是使人的本性与事实相应，"以便在与事实和谐相处的同时，能够与自己和谐相处"。① 灵性一旦变成唯我论的，就会把它对世界的想法误认为世界本身，并从理性的道德返回前理性的激情的命令。通常而言，危机的标准，特别是德国危机的标准，是基督教中所体现的经验和智慧的丧失，而代之以"异教"（heathenism）的复兴。② 这种危机是一种社会现象，未必是每个人的个体危机。智慧和自我-知识之泉仍然存在，我们仍然可以在孤独中汲饮这些泉水："也许人们在社会中再度汲饮它们的那天还会到来"，这是桑塔亚纳在关于存在之域的著作结尾的祈祷。③

　　假设以唯我论为标准，桑塔亚纳可以在一定程度上赞同尼采对危机的诊断。他认识到，西方社会在灵性上已经解体，以至于灵性生活成为一种孤独的生活。对于尼采而言，桑塔亚纳将之归结为唯我论的很多现象都属于虚无主义的范畴。桑塔亚纳甚至可以赞同尼采对基督教作为危机之源的批判，因为他有一个 anima naturaliter

---

① Santayana, *The Realm of Spirit*, New York：Charles Scribner's Sons, 1940, p. 224。

② Santayana, *Egotism in German Philosophy*, chap. 14。

③ Santayana, *The Realm of Spirit*, p. 300。

Christiana［天生的基督徒灵魂］，① 但他不接受这个教条。他的形而上学是唯物主义的；灵性的生命是物质的产物；它可以使自然合理化和道德化；但灵性不是一个可以合法地反击自然的权威。基督徒的 contemptus mundi［蔑视尘世］在桑塔亚纳的灵性中变得黯淡，成为一种幻灭，而这一幻灭愿意勇敢地接受自然生存的义务，而且，它赋予尘世生命的价值，不必高于它赋予灵性上秩序良好的灵魂的价值。作为一位自然主义者，桑塔亚纳与尼采的自然主义伦理学以及后者对基督教贬低自然的批判是相通的。违背自然的灵性，不忠于灵性［自身］的起源。

> 当基督教假设一个超自然的、包含秘密的力量，并解决此生世界的道德问题时，它不就把人类灵魂的利益以及这灵魂在一个短暂历史阶段的利益提升到高于宇宙的至上地位了吗？这又何尝不是特殊的忏悔的唯我论，何尝不是对一个过于残酷的世界进行想象中的报复呢？②

桑塔亚纳的问题以更高的哲学精确性和更多的善意，勾勒了尼采对此世背后的那个"彼岸世界"（Hinterwelt）③ 的攻击——尼采把基督教道德污名化为奴隶道德，并怀疑灵性绝对主义传达了那些无法把握生活的人的怨恨（ressentiment）。尼采的自然主义并非他的发明，而是体现了源自亚里士多德的伟大传统；它并不像尼采想象的那样具有革命性（同上，页107）；在西方历史的价值重估中，这种

---

① ［译注］这是拉丁教父德尔图良使用的一个短语，参 Apol. 17.6；*Patrologia Latina* 1：377。
② Santayana, *Egotism in German Philosophy*, p. 162。
③ ［译注］参《扎拉图斯特拉如是说》第一卷，"论信仰彼岸世界的人"。

自然主义延续了宗教改革的工作，从禁欲主义回归到有纪律的此世生活，回归到婚姻、节俭、科学和国家的价值（同上，162）。

在这一点上，桑塔亚纳与尼采的观点不谋而合。精神的危机是真实的，唯我论或虚无主义是它的标准。基督教的衰落是其中的一个重要因素，而价值重估只要能导向一种新的自然主义就是好事。但从这里开始，他们开始分道扬镳。桑塔亚纳所谓的"物质"（matter），是人类生存的基础，并非物理学的物质，而是三位一体第一位格的变形（metamorphosis）；而创造必须由逻各斯的启示和圣灵的恩典来完成。① 尼采的自然是文明秩序失去其意义时留下的生存核心；它不是物理学的自然，也不是桑塔亚纳的物质；它不是缺乏精神和道德的无机力量；但它是没有被救赎的自然，除了自身之外没有任何引导。尼采的自然有诚实的美德，它强烈地忠于自身；它充满了痛苦和深沉的爱，但它集中于自身。它意欲助人的意志强于智识的力量，不过就在其内部以及在与世界的关系中安排其自身力量而言，智识力量也是必需的；因此，尼采的自然倾向于相信意志具有克服障碍的魔法力量。尼采本人在关于恩培多克勒（Empedocles）的象征性说法中描述了这种自然的悲剧和危险：

  在他的神性中，他想要助人。作为一个充满怜悯的人，他想要毁灭。作为一个恶魔，他毁灭了自己。②

这种自然可以体验到危机的全部影响；它可以通过回归自身并忠实地倾听自己的直接体验来克服危机；通过这种悔改，它可以培

---

① Santayana, *The Realm of Spirit*, p. 294f..
② Nietzsche, *Entwürfe zu einem Drama*: "*Empedokles*" (1870—1871), *Werke*, 9: 132。

育一种我们不能再凭良心放弃的精神完整的新标准;但它创造的新价值标牌将会极不完美。

> 超人不是一种可能性,它只是一种抗议。我们的社会已经陈腐,但难以更新;被解放的个人需要掌握自己。他将以何种精神或何种目的这样做,我们不知道,尼采也无法告诉我们。①

然而,人不应因建立新秩序的失败尝试而对已经做出尝试这一重要事实视而不见。一个社会只有被深度破坏,才能让尼采的生存变得有意义。

> 他说的可能不算什么,但他说的这一事实非常重要。从这种狂野的直觉中——因为孩子的心(heart of child)② 在其中——未来的人可能要建立他的哲学。(同上,页117)

桑塔亚纳认识到,尼采一直抱怨的隐秘(subterranean)力量的性质是前基督教的。这个认识非常准确,但是,在使用这个标签时有必要倍加谨慎。尼采的出现首先是德国智识史的一个现象,而把尼采的精神解释为日耳曼人对一种所谓外来传统的本能反抗,则颇有诱惑力。③ 由于尼采的某些宗教经历显示出可谓"沃坦主义"(Wotanism)的明显痕迹,所以这种解释就更有诱惑力了。尼采直接经验到的上帝,不是他的文化哲学中的符号狄俄尼索斯。他在梦中遇见的上帝是一个神秘猎人,它是一场在他的灵魂中肆虐、迫使他

---

① Santayana, *Egotism in German Philosophy*, 页124。
② [译按] 参《扎拉图斯特拉如是说》卷一,"论三种变形",关于孩子的部分。
③ 桑塔亚纳似乎倾向于这种解释,当然,纳粹分子也将这种可能性发挥到了极致。参同上,页131、162。

屈服的风暴，是一个在云层背后用其眼睛的闪光刺穿他的残酷猎人，一个施虐者和刽子手。① 如果用"沃坦主义"一词代指这种复杂的经验，应该极为小心，以免使具有直接特征的经验被扁平化为文学性的回忆录或民族传统。这种类型的经验可以出现在历史中的任何地点和任何时间；比如，对格奥尔格来说，"沃坦式的"（Wotanistic）和"雅威式的"（Yahwistic）经验极为相似。②

五

桑塔亚纳的唯我论范畴可以作为有用的工具，用以解释尼采和德国危机及一般而言的危机，但会止步于某个点。③ 如桑塔亚纳所分

---

① 可以在尼采的日记中找到这些经验的反映，1859 年 8 月 27 日的日记记录了猎人之梦，尼采当时 15 岁。参 *Der Werdende Nietzsche*, *Autobiographische Aufzeichnungen*, ed. Elisabeth Foerster-Nietzsche, Munich: Musarion Verlag, 1924, 页 84-86。另一份文献是 Dem Unbekannten Gott 一诗，日期为"1864 年秋"；尼采当时 20 岁。参 Friedrich Nietzsche, *Jugendschriften*, Munich: Musarion Verlag, 1923, 页 209。在《扎拉图斯特拉如是说》中，最重要的文献是"魔法师的哀歌"（Lamentation of the Sorcerer），见《尼采全集》，6: 366-370。"哀歌"作为阿里阿德涅的哀叹（Klage der Ariadne），在 1888 年的《狄俄尼索斯颂诗》（Dionysos-Dithyramben）中再次出现，但有了很大改变，见《尼采全集》，8: 429 以下；我们还应注意页 461 给出的变体。阿里阿德涅的哀叹的标题和功能应该得到较目前而言更多的关注。关于尼采的"沃坦主义"，参 Carl G. Jung, *Psychology and Religion*, New Haven: Yale University Press, 1938, 页 33 和页 118 以下。

② 参格奥尔格的诗 *Ihr Aeusserste von windumsauster Klippe*… in *Der Stern des Bundes*, in Gesamtausgabe der Werke（Endgueltige Fassung），18 vols.（Berlin: G. Bondi, 1927—1934), 8: 41。关于这首诗的解释参 Friedrich Gundolf, *George*, Berlin: G. Bondi, 1920, 页 253 和 Ernst Morwitz, *Die Dichtung Stefan Georges*, Berlin: G. Bondi, 1934, 页 138。

③ ［译按］即本段结尾所说的柏拉图《王制》。

析的，唯我论范畴可以揭示将世界的内容视作观念运动的超验主义（transcendentalism）谬误；可以揭示在费希特和纳粹思想中持续存在的希伯来式选民唯我论的谬误，以及对应许之地的终末论期盼的谬误；也可以揭示尼采想通过一份新的价值表来历史地"克服"或"替代"危机——而不是通过精神使自然和意志变得高贵来取代它——的观念的谬误。但是，在尼采的价值重估的尝试中，所有的一切都不是唯我论，通过创造人的新形象来实现历史效果的意愿并非一无是处，即便这种尝试在具体案例中理应失败。我们面临一个柏拉图式的问题，即创造一个人和社会的形象，将之作为或假定为历史处境中的一个确定秩序的原则。桑塔亚纳并非看不见尼采的人格和作品中的柏拉图成分，但他不太喜欢《王制》（Politeia），他的解释也在此处中断。我们必须扼要考虑尼采的这种柏拉图式意志及其失败的原因。

政治中的柏拉图主义是一种也许无望和徒劳的尝试，它通过创造真正的价值秩序的模型，并在现实中使用社会实体（substance）中的现成要素作为模型的质料，在精神上更新一个正在瓦解的社会。《王制》和《法义》（Nomoi）之所以内容宏富，是因为柏拉图用希腊社会最好的质料——神话中的立法者和开明僭主、斯巴达的尚武之德和雅典的文明优雅、谦逊的阿提卡农民和城邦中的匠人与商人——制作了它们，所有这些都熔铸为一种秩序，焕发出精神之光，这光来自善的理念的神秘之源并遍照此种秩序。即便《王制》不是大写的人，至少也是大写的希腊人。

桑塔亚纳的立场意味着听天任命（resignation），这可能是有道理的，因为这种［柏拉图式的］企图在目前的关头徒劳无功。但并非人人都愿意听天任命，具有柏拉图式性情的人会尝试做不可能之事。我们必须区分尼采的柏拉图主义的两个阶段：1876 年之前和之后。在1876年之前，他采取了上文所说的柏拉图式立场，希望能从德国的社会质料中创造出某种模式，以克服文明解体的状态。这是《不合时宜的沉思》的时代，是他关注教育机构的时代，是他为建立一个由志同道合的朋友组成的隐修会而制定短暂计划的时代，是他与瓦格纳（Richard Wagner）交往并对拜罗伊特（Bayreuth）寄予希望的时代。1876年后，他认为解体的状态已然无望，转而对危机进行分析。他的立场与犬儒主义和廊下派世界主义者（Stoic cosmopolitans）对垂死城邦所持的立场相同；此外，历史处境的差异会导致不同条件，这是桑塔亚纳的立场。但尼采在这种处境中继续坚持柏拉图式的努力，其结果不能不令人怀疑，因为他手头可用的质料似乎是可鄙的，而且形象必须从异质的碎片中炮制出来。桑塔亚纳在一页精彩的讽刺内容中集中讨论"超人"，并以这样的画面总结：

> 尼采将孤独野兽的凶猛、贵族的冷漠和优雅以及狂欢者的滑稽行为混在一起，他希望从这种混合物中召唤未来时代的统治者。①

在这种坚持中，我们遇到了尼采性格的一个最终特征，他在《扎拉图斯特拉如是说》中也这样描述自己，并在《瞧这个人》中通过重述自画像来强调自画像的重要性：

> 便在求知之中，我只感觉到我的意志的生育与生成之乐；倘若我的知识中存有无辜，便是因为其中的生育意志。
>
> 这种意志诱我离绝上帝和诸神：还有什么创造可言，倘若诸神——存在！

---

① Santayana, *Egotism*, p. 120。

但是，我热烈的创造意志始终驱促我重向人群；锤子便如此被驱向石头。

啊，你们这些人，我以为，石头中睡着一个图像，我的图像中的图像。啊，它定然睡在这最坚硬、最丑陋的石头之中！

现在，我的锤子残酷地怒向它的囚牢。石上碎片散落：我又何必挂虑？

我意欲其完满：因为一面暗影曾向我而来——一切事物中最宁静、最轻飏者曾向我而来！

超人的淘美（Schönheit）化作影子向我而来。啊，我的弟兄们！诸神——与我有何干系！①

此种自白的暗示提供了极好的嘲笑机会——人们不止一次抓住这个机会。尼采不能相信上帝，因为这种信仰会使他的生育欲望受挫；全能者的桂冠让他无法入睡，他想自行从事一些神圣的创造。但是，主的道路不可捉摸。桑塔亚纳的精神能够实现其幻灭和与世界的和谐，因为它被允许穿越十字架的圣约翰（Saint John of the Cross）所描述的暗夜（Dark Night）。② 尼采渴望这个夜晚，但他被这条通道拒绝。在我们所摘录的《瞧这个人》的自白文本中，尼采也重述了《扎拉图斯特拉如是说》的"夜歌"（Song of the Night）：③

入夜：一切爱者之歌此刻方才苏醒……我的内中有一种向爱的渴求……我是光：唉，我宁愿是黑夜！……我为光所环绕，这

---

① 《瞧这个人》，见《尼采全集》，15：101。[译按] 这段选文出自《扎拉图斯特拉如是说》第二卷，"幸福岛上"一章的结尾。

② Santayana, *The Realm of Spirit*, p. 269。

③ 《瞧这个人》，见《尼采全集》，15：97-99。

就是我的孤独……我不懂得索取者的快乐……这便是我的贫穷，我的手从未停止馈赠……哦，你们这些幽暗者，你们这些暗夜之人，正是你们从照耀者那里创造了温暖……我周身寒冰，我的手因冰冷而焚伤……入夜：唉，我必须成为光。

此处没有任何"沃坦式的"体验；这是属灵的基督徒的声音，这个基督徒在自己对抗超验实在时因意识到恶灵般的坚硬（consciousness of his demonic hardening）而深受其苦；他被剥夺了神秘的夜晚，他被囚禁在自己有限生存的冰冷光线中，从这个监狱中升起了抱怨和祈祷："我的灵魂也是一位爱者的阕歌。"[①]

六

我们已经分析了面对尼采的危机和挑战可能采取的四种立场：(1)"末人"的立场——完全生活在危机中并以嘲笑的方式迎接挑战；(2) 通过把邪恶投射到德国人的性格中来压制危机意识；(3) 认识到危机，同时对自由传统的生存价值持有不屈不挠的信念；(4) 深刻理解尼采问题和对精神孤独听天任命。最后一个也即桑塔亚纳的立场是终极立场——就它反映了一种超越危机的直接的神秘经验而言。但是，它又不是终极立场——就任何其他基本立场都不可能而言。

人必须孤独地死去，智识的神秘主义经验有其真实性，因为它们预示着生存的最终孤独。但是，人必然生活在社会中，而在社会中的生活的精神化不可避免地要与制度的精神作斗争；我们生存的

---

① ［译按］这句引文出自《扎拉图斯特拉如是说》第二卷，"夜歌"，最后一句。

这种有限条件产生了导致柏拉图式态度的经验。然而，尼采的柏拉图主义既被打破了，又被削弱了。它被为社会的精神秩序寻找人性实体（human substance）的绝望所打破；它被尼采的精神生活的独特结构所削弱；他的灵魂被封闭在超越经验之外，并因栩栩如生地意识到这种恶灵般的限制而受苦。如果我们以这种方式勾勒尼采的问题，那么，一种可能进一步发展的轮廓就会显现出来；如果一种新的希望——人性实体是当下存在的——被唤醒，这将令克服"社会中的"危机成为可能——用桑塔亚纳的词语来说，如果尝试者的灵魂不会成为他的监狱，那么尼采的柏拉图式态度就会得到恢复。这个尝试者化身为格奥尔格的人格。我们有必要分析一下他对危机的最剧烈症状即1914至1918年的大战的判断。[①]

1917年，格奥尔格出版了他的诗歌《战争》（*The War*）。[②] 他这么做压力很大，因为人们质疑这个受人尊敬的声音在国家危难之时的言辞。他凭借尼采的精神作答：现在用肉体的暴力震撼着人们的东西，他早已知晓；当他看到即将到来之事时，他在受苦；现在压迫着其他人的灾难的外在影响只是危机的症候，而非危机本身；因

---

① 关于文中指出的在新层面上对尼采立场的恢复，参诗歌《尼采》，载于 *Der Siebente Ring*, 1907, *Werke*, 6-7：12 以下；以及关于"警告者"（warner）的诗，载于 *Der Stern des Bundes*, 1913, *Werke*, 8：34。关于西方文明的血腥灾难的预言，见 *Der Stern des Bundes*, *Werke*, 8：31；另参1921年的一首诗中的不祥预言，题献"给第一次世界大战中的一位年轻领袖"（*To a Young Leader in the First World War*），重印于 *Das Neue Reich*, *Werke*, 9：41。我们不能再纠缠于格奥尔格的观念或受他启发的运动的历史和影响。关于所有历史的问题，参 Friedrich Wolters, *Stefan George und die Blätter für die Kunst: Deutsche Geistesgeschichte seit 1890*, Berlin: G. Bondi, 1930。关于格奥尔格作品的阐释，参前引 Friedrich Gundolf 和 Ernst Morwitz 的论述。

② Stefan George, *Der Krieg*, Berlin: G. Bondi, 1917。

此，他无法与人民共情，只有在一场世界大战最终说服他们的时候，他们才会发觉事情有误。对于已看到精神屠杀的格奥尔格来说，肉体的屠杀意味着什么呢？与敌人的子弹相比，哭泣的母亲和善良的、惊恐的市民对于他们儿子被杀要负有更大责任。庆祝胜利毫无意义，因为不会有凯旋，只有很多没有尊严的毁灭。这种机械式的毁坏没有任何荣耀可言，被献祭的只是年轻人的死亡。他应该为为国捐躯感觉高尚吗？但另一方面，他也能看到这种牺牲意志。

真正可怕的是这样的人类，他第一天还散发着安宁和人性，第二天就滑向残暴的屠杀。他是否应该从战争的经历中期待灵性的复苏？但最大的错误莫过于相信带着旧精神离家的人会带着新精神回家。"孩子和傻瓜"称对方有罪；"流氓和傻瓜"提出了对和平国度的期冀。"两个阵营都毫无想法"——对千钧一发之事毫无敏感性。其中一方是德国，它嫉妒与他人分享繁荣，并迫切希望自己彻底成为他们口中所指责的他人；另一方是同盟国（the Allied），它对文明等级和伟大的过去感到骄傲，而这一代人只想安逸地享受有利的地位。没有迹象表明，已经成熟的东西正在崩溃；没有迹象表明，另一种 odium generis humani [人类的怨恨] 将不得不从放逐者（Outcasts）那里出现，再次带来救赎。

格奥尔格的态度及其影响本身很重要，但在这里，我们必须把分析限制于他的态度与尼采的关系。危机不是被理解为一种德国的而是普遍的西方现象；战争是一种症候，正因如此，它是一场"精神战争"。在格奥尔格对战争的预测中，我们发现这样几行诗：①

---

① *Der Stern des Bundes*, *Werke*, 8：31。

>一万人必须被神圣的疯狂所击倒
>一万人必须被神圣的瘟疫所清除
>一万人被神圣的战争［击倒］。

战争是"神圣的",不是因为战争事件有任何内在的价值,而是因为战争是在执行对有罪人类的判决,因为人类正在通过战争救赎共同的罪业。格奥尔格的符号不是基督教的,但在他身上却活跃着西方人的神圣因素的意识。格奥尔格看到了隐藏在精神解体和时代恐怖之下的健康力量,并对未来充满了希望。至少在这个意义上的危机概念中,德意志民族的实体才会发生作用——这也正是格奥尔格超越尼采的地方。①

七

格奥尔格是上一辈中唯一能够切入尼采精神的伟大人物,他不是在沉思中理解尼采,而是成为尼采使命的后继者。因此,了解格奥尔格的立场很有价值,它可以作为一个标尺,以避免对尼采作品的严重误用,而这种误用恰恰意味着将尼采谴责的那些态度解释为他本人的态度。雅斯贝尔斯已经勾勒出这种滥用的主线:尼采的观念服务于怨恨,即通过诋毁他人来缓解自己的无能;尼采的观念服务于暴力,利用权力意志的思想来为野蛮行为辩护;它们服务于反

---

① 关于这种力量的概念,见 *Der Krieg*,最后两节,*Das Neue Reich*,*Werke*,9: 33 以下。关于基督的解释,见 *Gespräch des Herrn mit dem Römischen Hauptman*,同上,页 77 以下; *Gespräch* 恢复了尼采的象征主义 (*der Christ im Tanz*)。神秘体验的根源在于格奥尔格的柏拉图主义,见 *Geheimes Deutschland*,*Werke*,9: 59 以下,特别是第六节和第七节:"Einst lag ich am südmeer / Tief-vergrämt wie der Vorfahr …,"这标志着与尼采的绝望分离 (*der Vorfahr*)。

灵性主义（antispiritualism），推崇生命力；它们服务于伪善，利用尼采关于幻觉中的真理概念作为对说谎的许可。① 尼采在今天被普遍解释为纳粹的奠基者，比如一些批评家希望通过这种关系将尼采污名化，纳粹主义者则希望为他们的运动赢得一位受尊敬的智识先驱，所以，对尼采的误用问题已经具有超出寻常的重要性。本文的前几节已经讨论了批评者的动机；国家社会主义者的动机也很明显。② 然而，值得关注的是，尼采的作品很容易引起这种误解。这一事实不容否认。假装找不到那些被批评家和纳粹追随者同样兴奋地引用的段落，并没有意义。它们的存在不应成为粉饰或谴责尼采的诱因，而应该成为探索产生它们的思想结构的动力。审读一个可为样本的段落也许最能说明问题。在《权力意志》中，我们可以找到如下箴言：

> 一个也许是诱人的、邪恶的问题不断向我们袭来……现在，"畜群"（herd-animal）类型在欧洲发展得越来越甚，难道不该尝试并开始对相反的类型及其美德进行原则明确的、人为的和有意识的培育吗？如果出现了某个人，他利用了民主运动，如果到最后，民主运动的新的和崇高的完美的奴役（因为这就是欧洲民主的最终目的）将被那更高物种的统治和凯撒式精神所补充，这种更高级的统治者和凯撒精神会把自己置于民主运动之上，掌握民主运动，通过民主运动提高自己的地位，这本身

---

① Karl Jaspers, *Nietzsche: Einführung in das Verstaendnis senes Philosophierens*, Berlin and Leipzig: Walter de Gruyter and Co., 1936, pp. 391ff.

② 关于尼采的"影响"，特别是对纳粹的影响，Crane Brinton教授在他的《尼采》（*Nietzsche*, Cambridge, Mass.: Harvard University Press, 1941）中考察细致；尤参"Nietzsche and the Nazis"一章，页200-231。

会成为民主运动本身的一种目标、救赎和理由吗？不就是达到了新的、迄今为止不可能的、民主运动的愿景？不就完成了他们的使命吗？①

这真是一座富矿，可以被想要发泄的民主人士和寻找先祖的纳粹分子所用。对虚无主义和去精神化社会的分析是这段话的背景。但是，这种经验性分析的伟大品质由于完全多余地选择"奴隶制"（slavery）一词来针定民主运动而受损。将希腊词用于现代的境况并不恰当，因为它忽略了下述事实：西方文明和民主运动尤其包含一种积极力量——无论它如何被稀释和削弱，即基督教关于人类灵魂的独特性和属灵尊严的思想。尼采在谈到这个时代的特定邪恶时，毫无节制地使用了这种不恰当的贬低语言，原因在于，在情感上，他没有被关于人的基督教概念的基础的超越经验所触动。如果我们考虑到尼采作品中充斥着这种粗俗的、尖锐的和不当的说法，我们就可以理解，为何希望回避尼采提出的问题的批评家可以轻易地从这十六卷书中提取出讽刺画般的材料，却忘记了他对危机的合理分析。②

另一方面，尼采预言了补充民主运动的"统治者和凯撒的精神"，这一预言是尼采损害柏拉图主义的后果，是他坚持从自己的命令意志中创造一个形象的结果，尽管两个不可或缺的成分——超越性的理念之光和对社会实体的信念——被遗漏了。因此，统治类型

---

① 《权力意志》，见《尼采全集》，16：336，箴言954。
② 即使像 Brinton 教授这样的批评家也很清楚，如果把注意力集中在从整个作品的背景中撕扯下的只言片语上，似乎会对这种潜在性留下深刻印象，即尼采是一个可有可无的粗鄙人物。在他关于尼采的论著中，他得出了这样的结论："就像纳粹领导人一样，尼采从来没有真正的家教。"（《尼采》，前揭，页231）

的形象变成了危险、冷酷、暴力、街头斗殴、权利不平等、诱惑和残忍的怪异混合物。尼采对此无法给出更好的理由，只能说它是"一切畜群愿望（Heerden-Wünschbarkeiten）的反面"。① 如果让一个纳粹分子认识到这种类型的纯粹对立性和实质性的空虚，并研究为什么这样一个奇怪的形象会出现在尼采的作品中，那就对他要求太高了。他宁可利用这个机会声言自己实现了尼采的预言，此外，他也不会考虑到，尼采认为新类型的产生需要一个长久的周期——在这一点上，我们必须更认真地对待尼采——与这个周期相比，"一个人的生命长度几乎毫无意义"（同上，页338以下），因此根据这种计算，他不可能是尼采心目中的类型。②

八

对尼采的政治概念的阐释，主要涉及他的所谓"影响"以及他的思想与后来的政治事件的关联。回溯性的解释本身是合理的，但是，如果我们忘记了，尼采既不知道也不可能关注我们的现实状况，

---

① 相关要素的目录参《权力意志》，见《尼采全集》，16:338。
② 尼采作品的英译本《尼采全集》（*The Complete Works of Friedrich Nietzsche*, ed. Oscar Levy, 18 vols. Edinburgh: T. N. Foulis, 1909-1914）开启了一个新的、意想不到的误读之源。译者对文本做了一些改动。例如，前引《权力意志》的第954条箴言，在这套英译本中以这样的句子结束："这个新的种族将向新的和迄今为止不可能的事情攀登，向更广阔的视野攀登，向它在尘世上的任务攀登。"使用这一译本的Brinton教授根据这句话建立了猜想："'种族'［对纳粹领导人］暗示他们［统治者的精神］是相当多的，所有德国人都可以在没有福音的情况下'向上攀登'来超越低等民族。"（*Nietzsche*, 213）遗憾的是，种族是译者的补充，在尼采原文中并不存在。这种散漫的翻译在这套英译本中随处可见；很明显，它们不适用于学术研究。

他只是关注自己的现实中向他展现未来的视角,那么,这种解释就变得不现实了。对20世纪战争的关注使得人们过于忽视尼采对自己所处时代的战争及其后果的关注。1870—1871年的普法战争对于尼采在1870年代初对德国文化的复兴抱有的希望具有决定性的意义;而由战后德国社会的发展和俾斯麦政治导致的失望,对于他在1876年后的态度转变和对俾斯麦的强烈憎恨同样具有决定性的意义。现在,我们必须扼要考虑借以进入尼采的政治概念的德国局势的主要方面。

17世纪大西洋强权的巩固和俄国自彼得大帝时期的崛起,在18世纪中叶给德意志地区造成一种形势,似乎欧洲的德意志中心将被永远逐出强权政治的舞台。让我们回顾一下决定了塑造尼采问题的氛围的一些历史事件。新的政治模式在第三次西里西亚战争(Third Silesian War,1756—1763)中变得清晰可辨:英法之间的战争使普鲁士获得了适度的行动自由;腓特烈二世(Frederick II)推测,俄国有效组织的进攻力量很晚才会出现;然后是俄国的危险,其形式是奥地利和俄国之间达成了分割普鲁士君主国的协议(1757年);1760年,俄国人烧毁了柏林;1762年,俄国的统治权更迭挽救了这一绝望的局面。之后的一代人见证了德意志领土被纳入拿破仑帝国和法国人的势力范围之中,他们随后又借助拿破仑在俄国的灾难而有所补救。后拿破仑时期[的局势]使自由化和国家统一的希望落空,在国家政治的决定性时刻,我们再次遭到了外国干预。

1848年出现的石勒苏益格-荷尔施泰因(Schleswig-Holstein)问题无法在德意志国家利益的层面得到令人满意的解决,因为英国和俄国希望阻止普鲁士向北海和波罗的海入海口扩张;这两个以德意志人为主的省份的地位问题在1852年的伦敦会议上暂时得到解决,法国、英国和俄国都参加了这次会议。1849年,组建普鲁士邦联

(Prussian Union)的尝试最终因俄国威胁要在1850年的黑森（Hesse）冲突中站在奥地利一边而受挫；这次冒险以所谓的"奥洛穆茨之辱"（Humiliation of Olmütz）而告终。最后，俾斯麦的三场战争是在俄国中立的阴影下进行的，而这一中立的代价是这位［普鲁士］首相-［帝国］总理（minister-president）在1863年的波兰起义中支持俄国。到19世纪中叶，一种焦虑和痛苦似乎笼罩着某些最优秀的德意志人，我们可以从赫伯尔（Friedrich Hebbel）1860年的一篇日记中有所感受：

> 德意志人有可能在某一天从世界舞台上消失，因为他有获得天堂的所有品质，但缺乏在尘世保存自己的能力；所有国家都像恶人憎恨好人一样憎恨德意志人。然而，如果他们确实成功地赶走德意志人，就会出现这样一种情况：他们想用他们的指甲把他从坟墓里抓出来。①

这种焦虑的表达并不局限于偶尔的笔记。1853年，新黑格尔派神学家鲍威尔（Bruno Bauer）出版了《俄国与日耳曼世界》（*Russia and the Germanic World*）一书，他在书中系统地阐述了因俄国崛起而产生的西方政治问题，预示了陀思妥耶夫斯基的某些观点。② 鲍威尔认识到，黑格尔的历史哲学和国家哲学标志着一个时代的到来。黑

---

① Friedrich Hebbel, *Werke in zehn Baenden*, ed. Theodor Poppe, Berlin：Bong & Co., 1908, vol. 10, *Tagebücher*, p. 268。

② Bruno Bauer, *Russland und das Germanentum*, 1853。我手头没有这本书。下文的论述基于洛维特（Karl Löwith）在其《从黑格尔到尼采》（*Von Hegel bis Nietzsche*, Zurich and New York：Europa Verlag, 1941, 页142-148）中的广泛引用。英文版见 *From Hegel to Nietzsche: The Revolution in Nineteenth-Century Thought*, trans. David E. Green, New York：Holt, Rinehart and Winston, 1964；据德文版第三版翻译。

格尔是最后一位能够从绝对的西方方向（exclusively Western orientation）解释政治的哲人。对德意志民族理想主义者来说，日耳曼世界与俄国的关系还不存在，尽管一个大陆独裁政权甚至在康德时代叶卡捷琳娜二世就已经建立，其权力和影响力超过了西班牙的查理五世（Charles V）和法国的路易十四（Louis XIV）的统治。

新的问题是，日耳曼世界是否会在旧文明的衰落中幸存下来，[①]新时代是否只会被称为俄罗斯人时代，或日耳曼-俄罗斯人时代。在这种模式下，日耳曼问题是次要的，因为俄国已经非常强大，足以决定决定的时刻。西方衰落的症候表现为它的形而上学力量的枯竭；随着黑格尔的出现，形而上学家对科学的主宰地位走到了尽头。西方形而上学的终结发生在完全非形而上学的、实用的俄国独裁政权上台的时候，这并非巧合。知识和经济上的"贫困"（pauperism）消解了对形而上学的兴趣；关心如何征服自然的民族需要工程师和工业机构。常备军已经成为现代政府的哲学学校。帝国主义的独裁国家将决定这个问题——俄国还是欧洲。

有一种幻想认为，一个由各个国家组成具有历史意义的大家庭的时代已经到来，其成员将在平等权利和自决原则下和平共处的时代已经到来，国际和平大会的观念就体现了平等权利和自决原则，而这一幻想很快就会从经验中学到，革命时代的个人主义观念在新的独裁政权的铁的纪律下会得到必然会有的补充。旧的行会组织和庄园的毁灭使个人得到了解放，但只剩下新的、更全面的集中化。在旧秩序的解体和新秩序的建立之间的插曲中，当代人是没有方向的个体，他们怀着错误的信念生活，即对现在的不满是一种孕育未

[①] 旧文明的毁灭（Der Untergang der alten Civilisation）。这个概念比斯宾格勒的要早一些。

来的力量。在这个历史性的危机时刻，正确的哲学立场是不参与当下的政治。就像早期的基督徒退出帝国以等待他们的未来一样，所有那些超越当下的思想的承负者也应远离权力。

尼采似乎并不了解鲍威尔的书，但两人的观点有着根本的一致。在1880年的一份论俾斯麦时代的出版物中，鲍威尔赞扬了尼采，并将后者的作品推荐给特雷采克，他可以通过研究这些作品来提升自己以"超越他的特殊主义狂喜（particularistic ecstasies）的局限"。① 1882年，在鲍威尔为施韦茨纳（Schweitzner）的《国际月刊》（*Internationale Monatsschrift*）第一期撰写主题文章时，尼采在给加斯特（Peter Gast）的信中表示，从各个民族消亡的角度看，鲍威尔的"欧罗巴主义"（Europäertum）可能是他的看法。② 虽然鲍威尔早期的立场与尼采早期的立场有根本性的一致，但是，在普法战争之后，他们的政治倾向有了一定程度的转变。鲍威尔曾认为，欧洲的国家权力政治已经走到了尽头；真正的政治问题对于欧洲（或用他的术语，对于日耳曼世界）是共同的；由于俄国的崛起，这种变化已经产生了影响。在这一点上，尼采同意鲍威尔的观点。然而，德意志的统一给这种气氛中的欧洲带来了新的希望元素；鲍威尔最多只能看到一个俄罗斯时代或一个日耳曼-俄罗斯时代这两个选项，而尼采的第一个想法是一个超越民族主义的欧洲时代；第二个想法是德意志-斯拉夫联盟的可能性；第三个想法才是俄罗斯主宰欧洲。

在"欧罗巴时代"的题目下，尼采设想了这种可能：从民族国

---

① Bruno Bauer, *Zur Orientierung über die Bismarck'sche Aera*, 1880。这段话引自加斯特出版的尼采书信 *Friedrich Nietzsches Briefe an Peter Gast*, Leipzig, 1924，页330的注释55。参 Heinrich Koeselitz, *Die Briefe Peter Gasts [pseud.] an Friedrich Nietzsche*, Munich: Nietzsche-Gesellschaft, 1923-1924。

② *Briefe an Peter Gast*, February 5, 1882，页80。

家的痛楚中产生一种新型欧洲人,他们已经克服了对特定祖国的忠诚。应在精神层面上理解朝向这种类型的发展,而不是把它作为权力政治中的一个事件。尼采讽刺了那些把日耳曼诸政府联合为一个国家并称之为"大想法"(big idea)的人;就是这同一批人,也会把欧洲合众国(United States of Europe)称为"更大的想法"(bigger idea)。① 同样毫无意义的是借助某一强权实现武力统一(同上,页139)。但是,必须在欧洲与俄罗斯的关系中看待精神上统一的欧洲的观念。

可以想象,"意志病"(disease of the will)在西方国家已经发展到如此地步,以至于精神上的重生不复可能。在这方面最糟糕的首推法国,② 而英国目前的角色也很难维持超过五十年。③ 大西洋列强的失败将意味着欧洲的终结,只留下德意志独自面对俄国问题。在这一事件中,法国不仅在精神上而且在权力上都会陨落,尼采认为这一点是理所当然的。对英国来说,失败意味着它将不再是历史上欧洲民族大家庭的成员——假如这个家庭在俄罗斯的压力下解散;英国将进入"盎格鲁-撒克逊强权"(Anglo-Saxon powers)的范畴;因为权力不再是过去的强权政治意义上的权力,而是在未来秩序的意义上,"被斯拉夫人和盎格鲁-撒克逊人所分割"的权力(同上,页360)。英国的失败不会摧毁它自己,但这意味着欧洲理念的丧钟。德意志的命运也将被封死;问题只能是俄国是否会完全统治欧洲,或者是否有可能建立一个德意志-斯拉夫联盟来进行统治。

---

① *Aus der Zeit des Menschlichen–Allzumenschlichen und der Morgenröthe*,见《尼采全集》,11:138。

② 《善恶的彼岸》,见《尼采全集》,7:154 以下。

③ *Unveröffentlichtes aus der Umwerthungszeit I*,见《尼采全集》,13:358,写于 1880 年代中期;五十年后便是 1930 年代。

尼采有时候持有一种更灰暗的观点：

> 俄国必须成为欧洲和亚洲的主人。……而欧洲则作为罗马统治下的希腊。（同上，页359）

包括德国在内的欧洲"诸小国"的地位岌岌可危，这无非是因为在我们的时代，它们作为经济单位实在太小（同上，页357）。另一方面，俄国极富潜力。这个民族仍然接近野蛮，有着年轻人的慷慨、幻想的疯狂和真正的意志力。[1] 这是一个蛰伏已久的民族；"教会的优势和俄国的优势一样，即：都能够等待"。[2] 如果能够实现联盟，斯拉夫人不竭的意志力（willpower）将预示着一个具有全球重要性的日耳曼-斯拉夫力量（同上，页356）；"我们需要的，是与俄国的无条件的合作"（同上，353）。

但这只是第二种选择。如果俄国人的威胁变得过强，以至于在欧洲引起情绪的变化，并在精神和意志上导致欧洲的统一，这将更值得追求。[3] 反之，消除俄国的威胁进而允许欧洲的苦难无限期地拖延下去则会更加令人遗憾。但是，想让俄国的势力消失需要一些意想不到的巧合：俄国卷入亚洲的麻烦，同时内部发生革命，导致帝国解体为独立的国家——此外，引入议会制，每个人都被迫在早餐时读报纸。[4]

以上所引段落都写于1876年之后。我们仍然可以在其中感受到德意志统一对尼采的影响。就总体看法而言，尼采不像鲍威尔那般

---

[1] 见《尼采全集》，11：375。

[2] 见《尼采全集》，13：361。

[3] 《善恶的彼岸》，见《尼采全集》，7：155以下。

[4] 同上，页155。关于尼采的政治推想的变体的一个很好的调查，见之于Jaspers, *Nietzsche*，页235以下。

悲观；但普法战争带给他的最初希望已经消失了。通过德国在1870年表现出的军事素质，尼采看到了实现德国文明复兴的力量的迹象。① 这些希望都落空了。德国社会朝着自由主义中产阶级类型的虚荣的民族主义方向演变，盛行的庸俗之风使得1870年代和1880年代成为德国文明史的低谷。对这种演变的恐惧和愤怒，以及对没有抵制这种演变的俾斯麦的越发仇恨，标志着尼采作品的第二个阶段。我们将按时间顺序摘选几段文字来说明尼采的情绪的发展。

在《快乐的科学》（1882年）中，我们看到题为"我们无家可归者"的第377条箴言。② 无家可归者是那些不能接受"这个脆弱、破败的过渡时期"的理想，同时也不能相信新"现实"（realities）的持久性的欧洲人。他们也不认为在此世出现"自由主义者"梦想中的正义与和平的境界值得追求，因为这意味着卑微的平庸和"中国主义"（Chinaism）；他们也不能接受德国民族主义的现实政治（Realpolitik），因为这意味着享受"民族主义的心灵疥癣和血液中毒"，而这些疥癣和毒素诱使欧洲人民互立藩篱。没有国家之人不得不寻找山中的孤独，以逃避他们会经历的无声愤怒，如果他们不得不近距离地看到这种政治：令德国精神变得徒劳进而变得贫瘠的政治。在这种情况下，尼采故意将新的现实政治称为"小政治"，以便撕裂出它与伪称的大政治（Große Politik）之间的深渊；同时，他准备将大政治这个词用作他自己的精神政治概念。

---

① 值得进行专题研究的是晚近的战争对政治思想家的文明复兴希望的影响。我在这里只能指出普法战争给索雷尔（Albert Sorel）留下的印象，表明他把"工厂纪律"作为一种力量的概念等同于普鲁士的军事纪律，它保证了劳工运动的成功，还有日俄战争中日本人的纪律对于科拉迪尼（Corradini）的意大利民族主义的影响。

② 《快乐的科学》，见《尼采全集》，5：334以下，"Wir Heimatlosen."

《善恶的彼岸》（1886年）的第241条箴言直接攻击俾斯麦：

"他对哲学的态度和认识跟个农民或者军校学生差不多"，其中一位说，"他还无知得很呢。可是今天这又有什么关系！这是一个大众的时代：他们面对大众化的巨无霸时都会趴在地上。在政事上亦是如此。一个政治家，如能给大众造起一座新的巴别塔，或随便什么权力帝国，他在大众眼中就是'伟大的'——我们这些谨慎行事、矜持内敛的人目前还没有脱离旧观念，又有什么关系呢？按照旧观念，重要的是伟大的思想赋予某种行动和事业以伟大。"①

德国人民被"大政治"和民族主义所占据，这便是对最好的德国传统的颠覆；为什么一个给他的人民带来这种不幸的政治家可以被尊为伟大？这一时期的遗作片段在一定程度上平衡了这一判断，因为尼采承认，俾斯麦的保守、强健、精明、无情和狡猾也是积极的品质，至少这些品质优于他身边那些平庸的、去精神化的自由主义。尽管如此，最终的判断似乎还在未发表的断片中：

让我们期待欧洲很快就会产生一位伟大的政治家，而在这个庸众短视的小时代被誉为"伟大的现实主义者"的人将被打回小人物的原形。②

随着1888年骇人的疾病发作，尼采终于进入了自己的政治舞台。从《瓦格纳事件》到《瞧这个人》，这些作品不再只是对时代

---

① 《善恶的彼岸》，见《尼采全集》，7：204以下。[译按]中译参《善恶的彼岸》，魏育青、黄一蕾、姚轶励译，上海：华东师范大学出版社，2016。
② *Unveröffentlichtes aus der Umwerthungszeit*，见《尼采全集》，13：349。

的批判；它们是一种自我展示的最高行为。尼采通过这种自我展示，将自己放在世界舞台上。作为瓦格纳和俾斯麦的对立面，作为这个时代的主导人物，他理应得到为假使徒所窃取的荣誉和追随：

> 我是一个带来福音（good tidings）的人，这是从未有过的；我知道一种崇高的使命，而这种使命的理念已经失落；只是从我开始，又有了希望。①

他在这段话中宣称自己是基督之后带来新福音的人，紧接着就是前文引用的"精神战争"的说法以及对战争的预言，因为战争一向不曾发生。这则箴言以此句结束："只有从今以后，世界上才有了大政治。"大政治的概念在这一具有神奇谋杀色彩的行动中，从俾斯麦的领域转移到了尼采的领域；尼采取代了俾斯麦，成为大政治的主人。

---

① 《瞧，这个人》，见《尼采全集》，13：349。

临终遗稿

沃格林　撰
谢心翔　译

[中译按] 本文原题 Quad Deus Dicitur，是沃格林临终前口述的最后一篇文章。原刊 *Journal of the American Academy of Religion*, LIII (1985)，pp. 569-584，收入桑多斯（Ellis Sandoz）编，*The Collected Works of Eric Voegelin*, Vol. 12: *Published Essays, 1966—1985*. Vol. 12, 1990, pp. 376-394。

沃格林夫人（Lissy Voegelin）题辞

如果没有凯林格勒（Paul Caringella）的理解和奉献，沃格林的最后一篇作品便永远不会出现在纸上。在最悲伤的情况下，他从一个几乎听不见的声音中记录下了［沃格林的］口述。为此，我丈夫想把这篇作品献给他；不幸的是，命运和死亡的介入，阻止了他去做［以往］十分乐于做的事。但我非常了解他的内心和想法，现在我可以替他说：感谢我们的朋友保罗，感谢他自相识以来便一直给予我们的爱。

《美国宗教研究院期刊》主编前言
哈特（Ray L. Hart）

当我邀请沃格林教授在美国宗教学会的年会上发表大会演讲时，由于健康状况不佳，他只是暂时勉强接受。得知他显然不能出席时，我叮嘱他预备好讲稿以供出版。他的妻子莉茜和他的朋友兼助手凯林格勒告诉我，他忠于自己铁骨铮铮的性格，选择离开医院，一则为了在家中离世，二则为了完成最后的工作。沃格林的第一部和最后一部作品，用柏拉图的说法，是灵魂向神/上帝（God）上升。

在这几页中，凯林格勒写道：

沃格林在 1985 年 1 月 2 日，也就是他 84 岁生日的前一天，开始口述《那被称之为神的》。他在 1 月 16 日修订了最后几页；在 1 月 17 日和 18 日下午，他又做了进一步修订——这是他去世前的最后一个全天，他于 19 日周六早上 8 点左右去世。

当口述至安瑟尔谟的祈祷时，沃格林从一份早期手稿中临时插入相关联的几页，并做了一些微小的调整。同样，他在第五节的开头改编了他的《对阿尔提泽教授的回应》（"Response to Professor Altizer", *JAAR* XLIII［1975］, 770off）中的一个段落。他在最后几页对赫西俄德的《神谱》以及柏拉图的《蒂迈欧》（*Timaeus*）的讨论及计划性结论，是基于他的《秩序与历史》未完成的第五卷（也是最后一卷）最后三十多页的完整分析。

沃格林曾说过要再口述三到四页（这通常意味着七到八页手稿）以得出论文结论。我已收录了五篇他打算评注的文本，而这标志着他想要选择的方向。

文章末尾括号内的材料包含了凯林格勒的注释，这些注释是关于沃格林原计划评注这五篇文本中的方向。

除了沃格林夫人的题词，我还要对凯林格勒表示衷心感谢，感谢他将沃格林的临终遗言交付出版。我还要对埃默里大学（Emory University）名誉教授格雷戈尔·塞巴（Gregor Sebba）的帮助表示最深切的感谢，他在审阅完这份手稿后不久也去世了。他和他杰出的翻译家夫人海伦·塞巴（Helen Sebba）是沃格林一家所珍视的终生挚友。

* * *

那被称之为神的

本讲稿标题中提到的问题，在托马斯·阿奎那（Thomas Aquinas）《神学大全》（*Summa Theologiae*）第一集第二卷第三节［的论述］中已有非常明确的形式。

这个问题不允许有一个简单的答案：就好像它的神性主题是个具有属性的实体，人们能就此提出那种适用于外部世界诸事物的命题一样。我们面对的神（God），①不是作为一件事物，而是作为在追问中求索的伙伴，［此求索］在一个由参与性语言所形成的实在中运动。此外，我们自己是被追问的实在的一部分：我们用语言去意

---

① ［译注］本译文中出现的英文大写字母，多是沃格林思想中具有特殊意涵的专门语词。因此，译者在翻译时，为避免各类历史文本或习惯性翻译的交杂，对这类专门语词的中译进行了区分。例如这里的 God 在基督教语境中被中译为"上帝"，而本文将其处理为楷体的"神"或增加"/上帝"。

指这种实在，仿佛它是一个外部的对象；我们可以谈论这种外部对象，仿佛我们是面对认知对象的认知主体。对包括神性（divinity）在内的实在结构进行智性（noetic）求索，本身就是我们所探问的实在中的一个事件。因此，在这个过程的每一个节点上，我们都面临这个问题：在对其实在结构的探询开始之前，我们对某种东西的探问就被经验为是真实的。我们的 intellectus［理智］追问我们的 fides［信仰］的过程，同样可以阐释为我们的信仰追问我们的理智的过程，［而前一个过程］是主要事件。

* * *

这一追问事件是一个历史的过程。在任何给定的历史节点上，笼统地象征着实在的诸象征世界，不得不屈服于智性分析的压力，以至于此前被象征为"诸神"（the gods）的实在根基，不得不死于其象征形式；取而代之的是被象征为"神/上帝"的新象征，其在场（presence）超越（beyond）了诸神，并赋予他们必要存在的权利。

在西方历史上，代表这种求索结构的两个伟大文明脉络是：（1）希腊文化，"神在多神论象征系（symbolism）中涌现"；和（2）古代以降的基督教社会，"神/上帝"在教义和神秘主义神学之间的张力中涌现。

这一过程的悖论结构所引发的语言复杂性，还从未得到智性的充分分析。通过文化共识，关于神性问题的所谓分析式论述的语言，已经在一种凝练的层面上稳定下来；但是，这一层面无法充分区分两个方面：一方面是求索过程中"神-人"（divine-human）相遇的悖论结构，另一方面是对求索的文化的具体表达形式进行反思时产生的各种象征。这种令人不满的分析状态，导致了围绕著名的神学话语之反思性二分法（dichotomies）而进行的争论。在凝练（compactness）和分殊（differentiation）的边缘，支配反思式语言的各种象征可被总结为以下列表：

1. 哲学与宗教
2. 哲学与神学
3. 自然神学与启示神学
4. 信仰与理性
5. 理性与启示
6. 科学与宗教
7. 自然神学与超自然神学

这些二分法中的每一组都为在凝练层面上进行的无定争论提供了可能，［但］没有深入到思想的根本悖论结构，而这一结构是思想过程和思想所行进（proceeds）的实在之间的参与式关系所特有的。

* * *

如本讲稿标题所示，在《神学大全》里的一篇关于神是否实存问题的论述中，托马斯已经对这种悖论结构有了一定程度的清晰认识。关于 quod Deus dicitur ［那被称之为神的］的问题，不是武断提出的，而是以关于圣经的信条为预设。该条文以《出埃及记》（Exodus）3：14 中的 ego sum qui sum ［我是我所是］为个案。如果信仰的象征没有在历史上实存过，那将不存在问题。此信条是其意义的智性探问步骤的一部分。关于"神的问题"无法轻易理解，除非将其作为实在的一部分进行探索（explored）。神性的 ego sum ［我是］的象征是探索式意识的一部分，它接近于信仰的象征，即作为对从实在的特定经验中产生的探寻的答案。因为圣经的 ego sum ［我是］象征着这一实在的必要极点，而在其现象上的特殊性中，它只是偶然被经验到。偶然性和必然性之间的经验张力是神性问题上有争议的实在之中的结构。

此后，这种结构被托马斯发展为著名的五种偶然性实在的经验。在第一个被经验到的张力中，实在处于运动之中，而运动需要一个推动者。在这个特定的层面上，人们只能从某种特定的运动出发，推进至它特定的推动者；而这种无限的推进，无法达到对运动现象的解释。为了便于理解，对特定运动的推进需要一个 primum movens［第一推动者］。在这个智性分析进程中，托马斯识别出第一推动者，即 omnes intelligunt Deum①［每个人都明白是神］中的"某种东西"（hoc）。作为某种东西，hoc［这］，我们都能明白是神。②这个命题的 Deus［神］是对智性问题之结构的回答。

接下来，相同类型的论据适用于 causa efficiens［动力因］。在一系列有效原因中，无限地继续下去便不再有意义；只有经由第一个无前因之原因的象征系才可通达意义；在这里，托马斯再次将第一因阐释为 quam omnes Deum nominant③［这每个人都命名为神］，即称神为第一因。同样的象征程序也适用于神之实存（existence）的其他所谓证据：所有其他事物的必要原因是 quod omnes dicunt Deum④［这每个人都称之为神］；并且当所有事物的善与完美的最终原

---

① ［译注］et hoc omnes intelligunt Deum（且人人均将其［第一推动者］其认作上帝／而这［第一推动者］正是我们人人所认识的上帝），这是《神学大全》五种论证的第一论证，参见 Summa Theologica, I, 14a。

② ［译注］hoc omnes intelligunt Deum 英译为 and this everyone understands to be God，中译为"大家都明白这是神"。沃格林将托马斯原话中 hoc［这］提取出来，造成拉丁文语句的"主语"缺席状态。沃格林的意思是，"这"便是"神"。以"神"作为回答，是智性问题之语句结构所造成的。

③ ［译注］《神学大全》五种论证的第二论证，即"人人都将其（第一动力因［causam efficientem primam]）称作神"，参见 Summa Theologica, I, 14a。

④ ［译注］《神学大全》五种论证的第三论证，"人人都把这种（经由自身而是必然的事物［quod sit per se necessarium]）称作神"，参见 Summa Theologica, I, 14b。

因必须被象征时,再次是 hoc dicimus Deum①[这称之为神]。最后,这一进程适用于所有实在的终结:有某种可知的理智②(intelligens),所有自然事物都通过它而有秩序地走向终结,而可知的理智是 dicimus Deum③[称之为神]的 hoc[这]。除了在智性问题中经验到的处于与偶然性之张力中的必然性之外,没有任何神灵。

* * *

这种托马斯式的分析,触及了信仰的凝练象征和智性理智运作之间张力的悖论结构。然而,托马斯在其历史处境中不得不使用的这种反思性象征,其凝练阻碍了他的清晰表述。它们是犹太-基督教信仰传统中启示真理的象征,也是源自不同文化背景的希腊文明的哲学象征。为了澄清这些复杂性,简要提及对笛卡尔及笛卡尔以后的解释的分析进程,将有所帮助。

例如,我们可以思考一下莱布尼茨(Leibniz)在他的《自然与恩典诸原理》④(*Principes de la nature et de la grâce*)中对这个问题的构思。莱布尼茨"形而上学式的"分析假设了充足理由(raison suffisante)原则作为对实在中发生一切的解释。对充足理由的追问最终

---

① [译注]《神学大全》五种论证的第四论证,即"我们就将其(这种东西对于所有存在者来说是存在、善和任何完满性的原因[quod omnibus entibus est causa esse, et bonitatis, et cuiuslibet perfectionis])称作神",参见 *Summa Theologica*, I, 14b。

② [译注]此处指的是阿奎那所说的"有某个理智的存在者存在(est aliquid intelligens)"。

③ [译注]《神学大全》五种论证的第五论证,即"从而,有某个理智的存在者存在,而且正是由于它,所有自然的事物才被归置向目的。而我们则将这一[存在者]称作神。(Ergo est aliquid intelligens, a quo omnes res naturales ordinantur ad finem: et hoc dicimus Deum.)",参见 *Summa Theologica*, I, 14b。

④ [译注]沃格林提到莱布尼茨的这部著作是《基于理性的自然与恩典诸原理》(*Principes de la nature et de la grâce fondés en raison*)。

以两个问题作为终结：（1）为什么有某种东西在，而不是什么都没有？（2）为什么诸事物是其所是？在这种象征化的层面上，莱布尼茨得出了与托马斯非常类似的构想。偶然性实在的经验，意味着偶然经验出自一种非偶然的原因。Et cette dernière raison des choses est appelée Dieu［而事物的最终原因被称为神］。

虽然莱布尼茨的构思与托马斯类似，但人们应该意识到它的后笛卡尔式的余韵。如今凸显的是，答案内在于问题产生这一事实之中。而这个超越了启示性象征的简单设想的想象性（imaginative）特性，则来自笛卡尔式答案的洞见，即答案被包含在怀疑与渴望的行为中。从一个明显确定的cogito ergo sum［我思故我在］到一个想象性的怀疑与渴望的自我（ego），这一经验性的转变是一种可理解的沉思来源：若没有一个包容性（comprehending）实在（即被象征为想象性自我趋于追求的完美），就没有自我。一个怀疑与渴望超越自身的自我不是自身的创造者，而是需要一个其怀疑式生存的创造者和维护者，而这一成因是出现在"第三沉思"（Third Meditation）及《哲学原理》分析中的"神"。若没有趋于必然性的张力，就没有无需怀疑的偶然性，这种必然性使得怀疑如此明显。

然而，这种进入智性问题的想象性结构的进展，仍然受到托马斯式分析中另一个凝练要素的阻碍，即构建一种作为三段论式（syllogistic）证明的沉思式分析。即便是笛卡尔和莱布尼茨，也仍想去理解这种启示之神（God of revelation）实存证明的分析，而康德在《纯粹理性批判》中却证明这一设想站不住脚。然而，由于康德对想象性问题的肯定分析并不充分，黑格尔认识到这点并反对康德的批判：

> 所谓神实存的证明是对Geist［精神］自身过程的描述和分析……思考的提高超越（beyond）了感知，思考超越（transcen-

ding）有限而进入无限，从感知的一系列突破到超感知的飞跃，所有这些都是思考自身，这种转变只是思考自身（only thought itself）。(《哲学科学百科全书》，1830，§50)

在黑格尔的这段文字中，我们可以看出该分析的历史层级：(1) 托马斯式的论证（其最终根基是亚里士多德）；(2) 将该论证作为一个想象性事件的笛卡尔式的进展；(3) 对此三段论式结构的康德式的批判；(4) 一个有关智性分析过程的新的明晰性。然而，黑格尔式的洞见仍令人不太满意：其引发悖论结构的倾向，正如在意识的反思式维度中所揭示的，成为神灵问题的最终解决方案。这种反思式意识的实体化掩盖了一个事实，即智性运动本身，亦即神性-人性相遇，在朝向信仰之象征的张力中仍然是一个动态的过程。反思式象征的实体化导致思想过程的变形建构（deformative construction），成为一个概念化的科学体系的终结思想。

* * *

现代思想家对实在意识进行不充分的实证分析时遇到的困难，是由于未能充分区分智性分析过程与描述历史分析过程的反思式象征。混淆的经验要点被托马斯（*ST* I.2）称为 Deus in se［神自身］和 Deus quoad nos［神之于我们］之间的不同。在信仰中，我们生活在偶然性与神性必然性之间的张力之间，而在反思式象征符号中，张力的必然性与偶然性之两极被反思式地实体化为超越的（transcendent）和内在的（immanent）实体。神性之必然并不是一个因其属性明晰而为人所知的事物，这显然是托马斯所认为的困难之根源，但他没有查明同样明晰的困难，即柏拉图在《斐德若》和《蒂迈欧》中已经发现的，亦即起源于语言的意向主义（intentionalist）结构：我们倾向于以事物性命题思考非事物的经验。我们必须区分神-

人相遇的主要结构与事物性实体的张力性相遇之诸极点的反思式象征。托马斯只是区别了神性必然性的先天与从偶然经验的效果中证明的后天，也由此失去了安瑟尔谟（Anselm of Canterbury）以及希腊哲人所实现的某些分析性特质。因此，在其主要的要点上阐明三段论式建构的反思式问题，是最为适合的。

托马斯所拒斥的 ontological proof［本体论证明］，在他的时代还不存在这种象征形式实存。本体论一词出现在 17 世纪的克劳伯格（Clauberg）的《哲学诸要素》①（*Elementa philosophiae sive Ontosophiae*, 1647）（亦或可能在戈克莱乌斯［Goclenius］的《哲学词典》［*Lexicon philosophicum*], 1613）中，并在 18 世纪被莱布尼茨、沃尔夫（Wolf）和康德使用后得到哲学家们的认可。笛卡尔的《第一哲学沉思集》尚未被该术语所累，这也许是他们可以贴近安瑟尔谟早期探寻的原因（笛卡尔可能还未知晓），因为他们依赖完美-不完美间的张力为动力，以推动其探究活动。在《纯粹理性批判》中，康德将象征本体论证明作为一个早已普遍使用的术语应用于笛卡尔的《第一哲学沉思集》。

前面给出的材料所指向的论述领域，在精确的经验分析的边缘移动；他们建议尝试将 ontologia 确立为 metaphysics［形而上学］更为精确的同义词，从而将形而上学确立为神学论辩的替代品。Metaphysics 一词本身是由托马斯在评注亚里士多德《形而上学》时引入了西方哲学，他的评注基于阿拉伯哲人对该词的发展。我们正通过具体历史情境的反思式象征，来触及经验性实在的反思式变形的问题。

---

① ［译注］Ontosophia 是"存在论"的早期用法，应该是 17 世纪德国经院哲学家郭克兰纽（Rudolphus Gocleniu, 1547—1628）最先提出，后来沃尔夫则改用了 ontologia / Ontologie，这两词此后一直沿用。

这并不是说，在变形的基础上没有真正的经验性问题，也不是说托马斯自己没有看到并表述这个问题。信仰的 priora simpliciter［简明先天］与从它的效果中获得的实在之 posteriora［后天］的区分，使得它可能否认 priora［先天］，因为先天不允许人们知道信仰的特性，就好像它们是一个事物的特性一样。而且由于只有通过它们的效果才能知道这些事物性的性质，所以信仰的 priora［先天］可以被否认为它们的实在。这一结果的经验基础是托马斯在圣经的象征系 Dixit insipiens in corde suo：Non est Deus［愚者在他自己心里说：不存在神］中提出的。Insipiens［愚者］"内心"（heart）的变形性混淆，是引起神性诸象征的非事物性结构问题的经验来源。它是人的 cor suum［心］，是实体化（hypostatizing）之位置或神性之否定的经验场所。

* * *

黑格尔的分析，尽管有变形的反思性结构，但接近于经院哲学初期安瑟尔谟所经验的智性过程的理解。在《论说篇》（*Proslogion*，又：《散文集》）中，安瑟尔谟的分析明确指出了智性追问的局限性。在作品的第二部分即《序言》第十四章，他承认通过理性真理发现的神，并非寻求者经验到的在他生存形成和重新形成中在场的神。他向神祷告：

> 跟我渴望的灵魂说你是什么，而不是它已看到的，好让它清楚地知道它所渴望的。

《序言》第十五章以古典精确性阐述了结构问题："主啊，你不仅是一个不能构想的伟大，而且你也比能够构想的更大。"这是黑格尔所忽视的智性分析的极限。应该注意的是，黑格尔在《哲学史讲演录》关于"坎特伯雷的安瑟尔谟"的章节中，广泛而精深地处理了"本体论证明",但他没有提到《序言》第二部分,即对超越人类理性的神性之光的类比探索。对安瑟尔谟的智性追求采用了一种祈祷的形式,通过人类的智识来理解信仰的诸象征。

在追问之后,而且在信仰之后,追问应该被理解。如今,安瑟尔谟努力的真正来源变得明晰,即灵魂的生活渴望走向神性之光。神性实在使其完美之光落进灵魂;灵魂的启明(illumination)使人意识到人的生存是一种不完美的状态;而这种意识激发了人类行动起来以回应神性的召唤。启明,被圣奥古斯丁所命名的这种经验,确实对安瑟尔谟有吸引力,甚至具有忠告和诺言的特性。为了表达这种启明的经验,他引用了《约翰福音》6∶24:"求就必得着,叫你们的喜乐可以满足。"《约翰福音》中基督的话语,以及奉主之名所劝勉的圣灵的话语,这些本应在语境中被理解的话语表达了神性运动,安瑟尔谟却以他所追求的喜乐的反向运动来回应(XXVI)。因此,《序言》的后半部分始终用完善的类比性语言赞美神性之光。安瑟尔谟的祈祷是 meditatio de ratione fidei[信仰理性的沉思],因为他在《独白》(*Monologion*) 的第一个标题中阐述了追问的本质。祈祷的追问回应了在 fides[信仰]中的理性之吸引;《序言》是行动中的 fides[信仰],为了追求其自身的理性。因此,我们必须得出结论,安瑟尔谟清楚地理解这种内化到 metaxy[居间]的认知结构,即柏拉图意义上的灵魂的居间。

在此语境中的 metaxy[居间]的含义,也许最清晰的理解出自《斐德若》的神话。在此神话中,柏拉图将奥林匹斯诸神和他们的人类追随者们,一道列为宇宙中被赋予灵魂的诸存在者,并因此关注他们的不朽。已经享有不朽地位的奥林匹斯诸神,只能通过适当的行动来维持不朽;而渴望不朽的人类灵魂还没有努力上升到不朽,这种努力在不同程度上为他们的凡人之躯所阻碍,为他们的情感所拖累。然而，无论是诸神的维持性行动，还是他们的人类追随者们的渴望性努力，都无法通过宇宙内的过程来实现目标。因为不朽的来源是天外领域（exo tou ouranou）的宇宙之外的神性实在，它环绕宇宙，而宇宙内的拥有灵魂的诸存在者，必须以智性的"翅膀"上升到这个源头，使他们能够上升到超越（Beyond）的真理。灵魂的上升不是日常事务。通常，柏拉图让神话告诉我们，诸神和他们的追随者们会关注他们的宇宙内的事务。只有在节庆场合，他们才能上升到天外领域（hyperouranios topos）。并且在那里，自宇宙的穹顶上，他们将思考 ousia ontos ousa［真正存在的实在］，即只有通过灵魂的向导 nous［努斯］才能看到的东西。

* * *

但在什么意义上，安瑟尔谟能够将 proof［证明］这个词与对回应圣灵（Spirit）运动的智性追问——一个他正确地认出是种祈祷的追问——联系起来？答案的关键在事实上已经给出，即这个词没有出现在《序言》中，而只出现在与高尼罗（Gaunilo）的讨论中。没有理由在《序言》中使用这个词，因为当一个信徒探索其信仰的理性结构时，神的实存就不在问题中了。然而，安瑟尔谟回答时必须使用证明这个词，因为高尼罗扮演了愚者，即 insipiens［愚者］的角色——他说"没有神"，并假定信仰的探索者是在为神实存的断言寻找一个"证明"。只有在面对那些提出神不实存的否定命题的 insipiens［愚者］时，圣灵论者的智性反思才获得关于神实存的肯定命题的特征。当愚者进入讨论时，智性追问的象征系可能会陷入关于一个命题证明或非证明的争吵。神的实存会变得可疑，因为毫无疑问，愚者存在。

不可轻易忽视愚者。用否定或逃避来回应神性召唤的愚行，和肯定的回应一样，都是人类的可能性。作为一种潜能，它呈现在每个人身上，包括信徒；在某些历史情况下，它的实现可以成为一种巨大的社会力量。但谁是愚者，或者何为愚者？

　　文献方面的情况很清楚。当安瑟尔谟和高尼罗谈到 insipiens〔愚者〕时，他们的语言取自拉丁文圣经（Vulgate）译本中的《诗篇》（*Psalm*）13（14）："愚者（insipiens）在他心里说'没有神/上帝'。"希伯来语文本中的 nabal① 被拉丁文圣经翻译为 insipiens，并进一步被标准本（Standard Version）和耶路撒冷圣经（Jerusalem Bible）翻译为 fool。最后的翻译也许不是最好的，因为英语单词 fool 源自拉丁语 follis，意思是风箱（bellows）或风囊（windbag），从其来源保留了一种夸夸其谈、愚蠢、贫乏或判断力软弱的余韵，而这也未表明 nabal 所意指的生存的根本性堕落，以及堕落症状的余像（spectrum）。《诗篇》中的愚者当然不是一个缺乏机智敏锐或世俗判断力的人。诸如 the impious〔不虔诚的〕、the profane〔亵渎的〕、the reckless〔鲁莽的〕或 the worthless man〔无用之人〕这样的替代性翻译，都曾有人尝试且各有优点，但很难呈现出像 nabal 一样笼统的象征所特有的丰富含义。然而，对于我来说，由于一个更令人满意的、更适合当代用法的翻译似乎不可能，我将仍保留确立已久的 fool，只须留心要弄清它的含义。

　　在《诗篇》13（14）中，nabal 意味着作恶而非行善之人的大多数现象。因为这些人不"寻求神"及他的正义，其"吞食我的百姓，如同吃饭一样"，因此他们不相信关于这些不义行为的神性制裁。个人对神之蔑视将表现为对弱者的无情行为，并在社会中造成

----

　　① 〔译注〕在《撒母耳记》第一卷第 25 章中，Nabal（通常中译为：拿八）是一个富有的迦勒底人，为人刚愎凶恶、愚顽无知且为富不仁。他被大卫以侮辱为由进行威胁，最终被上帝惩罚而死去。

普遍的混乱。《诗篇》中设想的情形,似乎与《耶利哥书》(5:12 ff.)以及同时期即公元前8世纪的《以赛亚书》32章中所描述的对神及其先知的蔑视相同。在这种以色列的语境中,蔑视以及 nebala,① 并不一定意指像教条无神论一样如此分殊化的现象,而是一种精神上的迟钝状态,它将允许对贪婪、性和权力的放纵,也不惧怕神性审判。这种蔑视般的愚蠢,确实可以上升到激进的"没有神",但这一短语似乎还没有被经验为智性的挑战。愚者抵抗启示性的神,他并没有抵抗 fides quaerens intellectum[寻求理智之信仰]。而这进一步的组成部分,即安瑟尔谟-高尼罗论辩的特性,必须在已进入基督教神学的哲学家们的传统中仔细寻求。正是柏拉图描述了实存主义愚蠢现象及其呈现的对智性追问的挑战,比如《王制》第二卷以及《法义》第十卷中智术师式愚蠢的例子,即 anoia[愚人]。

在希腊社会,通过拒绝神性的吁求来回应这种吁求的可能性,可见之于一系列否定命题,这些命题大致涵盖了整个经验范围。在《王制》(365 b-e)和《法义》中,柏拉图将这些命题作为三元组合提出:

1. 似乎没有诸神实存。
2. 他们即使确实存在,也并不在乎人。
3. 即使他们在乎,也可以通过礼物来安抚他们。

虽然柏拉图没有给出这一组合的具体来源,只提到在其智识环境中通常适用;但它可能是一种智术师派的产物,因为它的结构与

---

① [译注] 沃格林所说的 nebala 应该指的是 nbalah,古希伯来语为 נְבָלָה,表示愚、恶、罪、罚。

高尔吉亚的《论存在》(*On Being*) 中保留的命题组合结构相同：

1. 没有东西实存。
2. 如果有什么东西实存，那也是不可理解的。
3. 即使是可以理解的，那也是不可交流的。

这些组合表明，在智术师当中，对诸神的蔑视已经逐渐成为普遍丧失了与宇宙-神性实在的经验接触。否定命题的三元模式似乎已经发展为一种生存的最终缩略表达。对这种模式的广泛接纳，激起了柏拉图将它作为对神性根基的智性追问的激烈挑战，他以《法义》整个第十卷加以驳斥。详细的驳斥产生了肯定命题，即诸神是实存的，他们确实在乎人类，而对于用犯罪所得向他们行贿而导致他们成为人类犯罪的同谋一事，我们目前不再关心。但是，我们必须考虑柏拉图对智性挑战的分析以及他为了清楚表述而发展出的语言。

关于否定性三元组合的智术师派论点，显然是基于对宇宙秩序或人类灵魂中呈现的神性实在的彻底否定。为了在公元前4世纪的希腊文化中具备说服力，这种否认必须以反神话的形式呈现，反对赫西俄德式的宇宙起源神话在实在中所象征的神性秩序。这一论证实际上所假设的形式显然是一种宇宙进化论，其中，神话中的诸神被物质意义上的诸种元素取代，成为"最古老的"创世性实在。无论如何，柏拉图认为否定三元组合在原则上无效，如果他能够驳斥所有实在起源于物质元素运动之假设的话。为了反驳这一假设，他认为：不存在自我运动（self-moving）的物质；所有物质性运动都由其他物质的运动引起；模式化（patterned）的因果网络必须由起源于网络之外的运动引起；并且我们所知道的唯一能自我运动的实在是灵魂。

因此，在存在的起源性（genetic）结构中，元素不能作为"最古老"的实在发挥作用；只有人类心灵经验到的神性灵魂（Psyche），才是在自我运动意义上"最古老的"，而自我运动是世界上所有秩序性运动的起源。这个论点听起来相当现代，因为它求助于心灵及其经验之实在，并反对表达实在之失落和自我收缩（contraction）的构建——尽管现代构建者们不必为了他们的目的而改变某个赫西俄德式的神话，但他们必须用来自存在之内在于世（world-immanent）的层级中的某个事项（item）来取代存在的神性根基，从而作为所有实在的最终"根基"。但这一论点既不现代也不古老；更确切地说，在收缩了的实存的"合理化"（rationalization），即愚者的实存，已经成为一种普遍现象的情况下，每当必须恢复对神性实在的追问时，就会再次出现这种论点。

当然，论证不是一种逻辑演示意义上的"证明"，即 apodeixis［证明或证明式推理］，而是一种 epideixis［展示］，即指向实在领域的证明，而否定命题的建构者选择了无视、忽视或拒绝察觉这一领域。不能用某种推论来证实实在；只能指向它并邀请怀疑者去看。或多或少地故意混淆"证明"一词的两种含义，仍然是当代意识形态争论中否定者使用的标准伎俩；自安瑟尔谟时代以来，它便在神实存的"各种证明"的起源中发挥着重要作用。

否定命题不是哲学家关于实在结构的陈述，而是表达了"内心"（heart）的变形，这是柏拉图所获得的洞见。智术师式的愚蠢行为，即 anoia，不仅仅是一种分析性的错误，而是一种 nosos，即心灵的疾病，需要精神上的治疗——《法义》中给出长达五年的疗愈时间。在《王制》第二卷中，他进一步发展了描述实存主义疾病的语言，因为他区分了语言中的虚假和灵魂本身的虚假或谎言（pseudos）。

"灵魂中的无知"[1]（en te psyche agnoia）是"真正的虚假"（alethos pseudos），而文字中的虚假只是"后来的图象"[2]（hysteron gegonon eidolon）。因此，虚假的话语并不像灵魂中的"本质上的虚假"[3]（to men de to anti pseudos）那样是"纯粹的虚假"。

我们可以说，言语上的虚假，即"合理化"，是病态灵魂自我表达的真理形式（《王制》382）。正如此种区别所表明的，柏拉图一直在努力寻找适合观察案例的分析性语言，但他迄今尚未完成发展"属灵病理学"（pneumopathology）之概念的任务，即谢林所命名的这一学科。例如，他一直没有一个像 agnoia ptoides［失认症/无知症］这样的概念，而克利西波斯（Chrysippus）的"可怕的无知"已经成为现代人的"焦虑"；他没有克利西波斯式的 apostrophe［掉头，表示运动的倒置］以及 epistrophe［转身，引导洞穴中的囚犯爬向光明］；也没有西塞罗（Cicero）对精神疾病的描述，即 morbus animi［灵魂/精神疾病］，也就是 aspernatio rationis［对理性的拒斥］。尽管如此，他还是看到了一个关键点，即否定命题是一种影响人性、破坏社会秩序的疾病综合征。

在分析该疾病及其综合征时，柏拉图创造了一个关于世界-历史之后果的新词：据我们所知，在处理其所用的命题集合时，他在哲学史上第一次使用了"神学"（theology）一词。在《王制》中，柏拉图将否定命题称为 typoi peri theologias，即神学的诸种形态（379a）。［柏拉图］反对它们，并且将其对应的肯定命题作为真的形态。这两种形态，否定的和肯定的，都是神学，因为它们都表达

---

[1] ［译注］出自《王制》382b。
[2] ［译注］出自《王制》382b，直译为"之后产生的形象"。
[3] ［译注］出自《理想国》382c。比较王扬译本在此处翻译为"纯粹的虚假"，参柏拉图，《王制》，王扬译注，北京：华夏出版社，2012，页80。

了人类对神性吁求的回应；在柏拉图的语言中，它们都是对人的真实或虚假生存的言语摹仿。这并不关乎神的实存，而是人的生存的真正秩序；不是相互对立的命题，而是对神性-吁求的回应与不回应；命题，无论是肯定的还是否定的，都没有自主的真理。肯定命题的真理既非不证自明的，亦非逻辑证明的问题；如果它们没有神性-人性的运动和反向运动实在的支持，没有回应提议者灵魂呼吁的祈祷，它们将和否定的东西一样空无（empty）；而柏拉图通过对经验的卓越分析与象征化处理提供了这一真理。

因此，肯定形态的言语摹仿，因其本身没有真理，在与否定形态的言语摹仿的社会对抗中，只能是辩护或劝诫的第一道防线。尤其是，肯定命题从它们作为针对否定命题进行的辩护的特质中得出其意义的本质部分。结果就是，这两种形态的神学共同代表了人类在个人、社会和历史的生存中，对神性在场的回应与不回应的可能性之间张力的言语摹仿。如果忘记了肯定命题中愚者的部分，那么，相信这些命题的真理是终极真理的愚蠢行为，就永远有越轨的危险。但终极性的假设会让他们在这个背景中确实像自以为是的愚者那样空洞地经验真理。

* * *

以柏拉图分析为背景的经验性真理并不是简单地陈述问题。它必须包括柏拉图自身的分析成就：他为澄清前人提出的问题的努力，以及这些问题在柏拉图作品中始终保持的凝练的意义。因此，要想充分阐述这些问题，就需要不止一卷自荷马、赫西俄德乃至新柏拉图主义关于希腊哲学、文学和艺术的著述。在目前的文本背景下，我只能指出分殊性经验及其象征化过程中的几个重要阶段。

一个中心论题是从诸神的多神语言到超越诸神的一神语言的分殊性转变。柏拉图文化情境中的经验张力，体现于实在中的结构分析之前向诸神祈求的变化。例如，在《蒂迈欧》中，苏格拉底邀请蒂迈欧作为下一位演讲者，参与一种可能性语言的想象性创造；这将使其结构象征化，并使他以一种对诸神的祈求来开启他的演讲。而想象性分析将被预先假定为一种祈祷。在他的回答中，蒂迈欧同意，任何有悟性（sense）的人在从事某项事业——无论大小——之前，都应求呼（call upon）"神/上帝"。一个关于大全（to pan）的可能性论述将不得不祈求诸神和女神（除非我们完全疯了）：祈祷我们所说的一切首先得到他们的认可，其次得到我们自己的认可。因此，我们想当然地认为，我们对诸神灵的祈求是恰当的，于是，让我们祈求我们自身，以便最清楚地阐述我们对大全的看法（27c）。这种祈求在其自身的语言中已经受到限制，并且没有将祈求对象命名为［唯一］"神"。祈求唯一（the one）"神"的象征化阐述，被简化为一种在开端行为中所暗指的精神性祈求。"诸神"并没有消失，也没有完全被唯一"神"取代。

为了在这种对"神"的精神性祈求中感悟到文化张力，而不必为他命名，我们应该意识到对多诸的 fides［信仰］似乎在衰落。例如，阿里斯托芬在《地母节妇女》（*Thesmophoriazusae*）讽刺性模仿（parodistic）的祈求中，以带有女性主义的笔触，向诸神祈祷，向奥林匹斯诸男女神祈祷，向皮托男女祭司祈祷，向阿波罗男女祭司祈祷（330-333）。柏拉图式的唯一"神"是超越多神而在当下经验到的神圣（divinity），但正如阿里斯托芬的祈求所显示的，诸神正处于经验方面的死亡。智性分析创造了一种新分殊的祈祷形式，超越了早期缪斯与诸神之祈祷。智性经验之分殊在于，神灵的一性（Oneness）超越了诸神的多元性。

因此，这种神灵一性的分殊要求实在语言的改变，即从复数形式的存在-事物（being-things）变为单数形式的唯一"存在"（Being）。

在赫西俄德的早期语言中，诸事物之实在仍然是用复数的 ta eonta[①] 来表达，诸神是与［描述］外部世界之诸事物相同的术语所涵盖的凝练表达。在帕默尼德的语言中，这种对一性的经验性启示是从复数的 ta eonta 变为单数的 to eon。[②] 通过这种语言变化，"存在-事物" 开始与包容（comprehends）所有诸事物的 "存在" 分殊开来。在帕默尼德的作品中，这种转变极其激进，甚至 "存在-诸事物" 相对于在单数中遮蔽着的 "存在" 而言，失去了某些真实的地位。柏拉图显然强烈地经验到超越存在-事物的存在的启示性压力，于是，在存在与诸事物的张力中，语言只能不充分地象征实在的宇宙整体结构。因此，在《蒂迈欧》中，柏拉图不得不通过创造出象征 to pan 去超越 to eon，即一种包举（periechein）存在-事物的唯一大全（a one All）。to pan，可理解的宇宙秩序，如今被象征为处于张力中的宇宙，即在造物主施加的秩序（taxis）与时空性 chora［空间］所施加的无序（ataxia）之间的张力。实在成为一个有序的一（oneness），可以在数学方面加以分析。

然而，对于柏拉图来说，这种经验的象征化并没有产生一种系统。经验到的神性结构仍然是神秘的。有一个造物主（Demiurge），他规定了一个无序的实在，但他是根据一个秩序的范式来规定秩序，而这种秩序的范式本身就是一个神；此外，按照范式组织起来的宇宙，反过来又是范式的独特或独生[③]（one-

---

① ［译注］τά ἐόντα 通常中译为 "诸存在者"，沃格林则以 "存在-诸事物"（being-things）来表达。

② ［译注］τό ἔον，通常中译为 "存在"。

③ ［译注］μονογενής 通常中译为 "同一本源的；独生的"。但根据沃格林的提醒，"monogenes" 这个象征被后世不恰当地翻译为 "独一的"（unique）、"其类之一"（one-of-its-kind）或者 "独生的"（only-born）。因此，笔者将 "monogenes" 中译为 "惟一的"，还能与后面作对比的 "唯一神"（the One God）有效区别。参《蒂迈欧》31b。

born; monogenes)的神性副本。范式的秩序是终极的实在,包含了唯一宇宙中的所有存在-事物。在柏拉图的经验中,这种大全的独一性具有极其重要的启示意义,因此他为其创造了一个术语 monosis①(31b),这个术语在后来的哲学语言中消失了。Order [秩序] 这一象征获得排除宇宙多元性的一性分殊之意涵,从而在大全的秩序中揭开了无序的神秘。

柏拉图为超越诸神的唯一神而构造一种语言而努力,他的努力中的一个重要组成部分——常常被忽视——是在赫西俄德《神谱》的祈求中所展现的神性经验。对于赫西俄德来说,关于实在的真理来源,必定是神性角色——缪斯(Muses)。但是缪斯女神不是奥林匹斯的诸神;她们是由宙斯在远离奥林匹斯诸神的情况下,与谟涅摩叙涅②(Mnemosyne)结合而生。真理的源泉是跨奥林匹斯诸神的(trans-Olympian),而生育缪斯女神的宙斯本身就是一位神,尽管他不会死去,但他是被生出来的神。此外,缪斯所唱的关于包括诸神在内的实在的歌曲,主要不是唱给人类,而是唱给诸神自己,尤其是唱给宙斯,尽管宙斯似乎没有完全意识到,自己的地位与能力正如实在中规定秩序的神圣力量。对赫西俄德来说,宙斯不是神,除非在诸神之外有一个超越诸神的神性实在。在这些赫西俄德式的象征中,我们认识到包容性(periechon)的超越的最初暗示,而这最终成为柏拉图的 epekeina [超越]。

* * *

(1)阿那克西曼德的大全-笼罩着的(All-enfolding)"神性"以及亚里士多德在《物理学》(*Physics*)第四卷 203b7 中的相关谈论:

---

① [译注] μόνωσις 中译为"惟一性"。参《蒂迈欧》31b。
② [译注] Μνημοσύνη 指古希腊神话中的记忆女神。

所谓无定（apeiron）即没有开端（arche）……但这似乎是所有其他事物的开端，并将所有事物包围（periechein）并引导一切，就像所有那些不假设其他原因的人所说，如心灵或爱，其上（above）并超越无定。这就是神性（to theion）；因为正如阿那克西曼德所说，它是不朽的（athanaton）、坚不可摧的（anolethron）。(Kirk, Raven, and Schofield, *The Presocratic Philosophers*, 2nd ed., 1983 1 p. us)

(2)《普洛提诺集》第五卷第一章第六节（V.I.6）中的祈祷，在试图寻找合适的语言来谈论"一"（the One）及其散发的神秘之前祈求神/上帝，这只能用梦幻般的隐喻来表达，如普罗提诺选择的香味隐喻（"有香味的事物"）：

让我们这样说，最初祈求神/上帝自身，不是用说出的言语，而是用灵魂延展我们自己向他祈祷，以便用这种方式向单独的他单独祈祷。(H. A. Armstrong, *Plotinus*, Vol. V, Loeb's Classics, 1984)

(3) 在柏拉图的《蒂迈欧》中，当他开始试图寻找合适的语言，描述在成形的神性和可接受但抵抗着的非成形的 chora（空间）之间的张力中非事物之类（non-thinglike）的极点时，他的祈祷是向 theos soter［救主神］祈求：

而且，一如既往，所以现在在我们的解释开始时，我们必须呼求（call upon）神作为救世主（Savior），通过一个新颖的、不寻常的叙述通达一个基于可能性的结论，来给我们安全，从而再次开启我们的解释。(R. G. Bury, *Plato*, Vol. IX, Loeb's Classics, 1929, pp. I I I, I I 3)

(4) 歌德的"心灵祈祷"(das mentale Gebet):

心灵祈祷涵盖并排除所有的宗教,而且它只在少数神所保佑(God-favored)的人之中。心灵祈祷渗透到他们的整个生活方式,而在大多数人身上发展成一种燃烧的、狂喜的感觉;一旦它消失,人就会返回其自身,变得不满足、不专注,马上陷入最冗长的无聊之中。(Goethe,"Altere Perser", in *West‐Ostlicher Divan*,*Noten und Abhandlungen*,Leipzig,1912,p. 142)

(5) 基督教经验的类似表现(manifestation)和"神性"的表达(expression):

(a)《歌罗西书》(2∶9)中的 pleroma①[充盈]以及 theotes②[神性实在]:

因为神性实在(divine reality; theotes)的一切充盈(fullness; pleroma),都有形有体地居住在基督里面。

(b) 托马斯《神学大全》(I. 13.11.1)中表示"神性"的"四字圣词"③之名:

---

① [译注]古希腊语 πλήρωμα 的字面意思是"充盈"或"丰盛"。学界通常认为其出自保罗之手,尽管它的真实性受到一些现代学者的怀疑。该词在新约中被使用了 17 次。

② [译注]古希腊语 θεότης 是 Θεός 的阴性名词。theós 即神/上帝的存在状态(the state of being god)。中文学界一般将 θεότης 翻译为"神性""神品"或"神格";而沃格林将 theotes 阐释为 divine reality,即神性实在。

③ [译注]Tetragrammaton 中译为"四字圣词",是表示神/上帝的四字母词 YHWH。

"他所是"（He who is）比"神/上帝"更为合适，因为起初造成我们使用这个名字的原因，即他的实存，表示他的方式不受限制；而且因为它的张力，正如我们刚才所谈及的。但是，当我们考虑这个词是用来表示什么的时候，我们必须承认，"神/上帝"是较为适合的，因为这是用来表示神性之本性（the divine nature）的。而更适合的是"四字圣词"，它被用来表示不可言喻的，而且它假设我们可以谈论这样一种事物，即神的不可分的实体（individual substance）。（Herbert McCabe, O. P., Thomas Aquinas, *Summa Theologiae*, Vol. I, "The Existence of God", Part I, Questions 1–13, 1969, p. 226）

附录：沃格林术语中译考辨

人性-神性（human-divine）

human-divine 应该译为"人性-神性"。作为沃格林哲学中的重要语词，国内沃格林中译本作品大多将其翻译为"人-神"，这值得商榷。一是因为，依照哲学翻译中"汉-英"语词一一对应原则，human-divine 的对应中译就是"人性-神性"（human 本身有"人性"之意），而"人-神"的英文语词则是 man-God；二是因为，"人-神"的翻译容易导致沃格林常说的"张力两极的实体化"。事实上，对于为什么采用 human-divine 而不是 man-God，沃格林本人在 1972 年发表的《福音与文化》一文中，已有过专门解释：

求索（zetein）及牵引（helkein）这两个术语并不意指两种不同的运动，而是象征了处于其人性（human）和神性（divine）两极之间的实存张力。在这场运动中，经验到一种从人性极点而来的找寻，以及一种从神性极点中被牵引出的存在（being）。在这一点上，我刻意回避用人（man）和神（God）这样的语言，因为如今这些象征承载了许多教条式的内容，这些内容来自某些洞见，而这些洞见反过来又是我们称之为古典哲学的实存运动的结果。①

象征（symbol）；凝练（compact）

Symbol 应中译为"象征"。一是因为象征乃是经验所孕生，是体悟和经验的产物而非具象化的"符号"，可联想我国《周易》中的"象"，象载易道、明易道或观象系辞；② 二是因为在《求索秩序》中，沃格林使用"想象"（imaginate）一词来指向象征（symbol）的产生途径，即产生象征之"象"（image）的能力（参中译本页 54），而《求索秩序》中的 image 可译为"象"；③ 三是因为在《求索秩序》中，sign 可译为"符号"④；四是因为沃

---

① Eric Voegelin, "The Gospel and Culture", in *Published Essays*, 1966 - 1985. CW. Vol. 12, 1990, p. 183.

② 《周易》中的"象"英译较为复杂，在英文语境需要用复合词 symbol-image（eidos）-world 来理解。

③ Eric Voegelin, *Order and History*, Vol. V, *In Search of Order*, University of Missouri Press, 1990, p. 53.

④ 中译本将 sign 译为"记号"，参考埃里克·沃格林：《求索秩序》（"秩序与历史"卷5），徐志跃译，南京：译林出版社，2018，页 33。

格林后期文献里出现的 symbol（象征）、symbolization（象征化）、symbolism（象征系）本是一个族群，且象征可用作动词。综上，symbol 译为"象征"能够恰当体现沃格林思想，而且便于整合上述语词。

Compact 一词，朱成明译为"紧敛"，叶颖译为"紧凑"，徐志跃译为"凝练"，段保良翻译为"简密"。笔者选择译为"凝练"，一则因为这是常见语词，二则由于它表述了早期阶段既具概括性又不加分殊的特点。

追问（quest）；追问者（questioner）

Quest 这一动词翻译为"追问"，是因为《求索秩序》中出现了较多 quest 的衍生词，如 questioning［探问］、questioner［追问者］等，此单词群须带有"问"的形式。因此，将 quest 译为"追问"。但这样翻译可能会遭到诘难，因为在《那被称之为神的》开篇第二段结尾处，有这样一句话：

> The process of our *intellectus* in quest of our *fides*, a process that also can be formulated as our *fides* in quest of our *intellectus*, is a primary event.

这句话很明显指向安瑟尔谟的 Fides quaerens intellectum。在汉语学界编译的哲学史上，人们通常将这里的拉丁文翻译为"信仰寻求理解"。人们可能会在此处停留并思考，是否应该将沃格林的 quest 翻译为"寻求"。但事实上，这句拉丁文的英译为 faith seeking understanding，seek 乃寻求，而不是 quest。因此，笔者仍将 quest 翻译为"追问"，故上述结尾句汉译为：

我们的 intellectus［理智］追问我们的 fides［信仰］的过程，同样可以阐释为我们的 fides［信仰］追问我们的 intellectus［理智］的过程，［而后者之过程］是一个主要的事件。①

神性（the divine）；神灵（divinity）；神（God）

Divine, divinity, God, god, gods，在沃格林思想中分别有其特指。我将它们依次翻译为神性，神灵，神/上帝，神，诸神。之所以这样细致区分，是因为沃格林后期着重考察了诸如从诸神到唯一神的数值化变迁及其背后的思想结构变化，以及其中暗藏的原初经验化的象征到后世教条及教义化的概念之间的变形。此外，沃格林作品中出现的英文字母大写的词，多是属其思想中具有特殊意涵的专门语词。因此，在翻译中，为避免各类历史文本或习惯性翻译的交杂，笔者为这类专门语词的中译添加着重号以示区分。例如沃格林在《那被称之为神的》一文中提到的两希背后的神/上帝（God）。God 在基督教语境中被中译为"上帝"，但在古希腊语境中并不适用，因此本文将其处理为楷体的"神"或增加"/上帝"。

等价（equivalence）；常项（constant）；

Equivalence 应翻译为"等价"而不是"等效"，因为 equivalence 是常见的哲学逻辑学用语。同理，作为可数名词的 constant 应翻译为"常项"，而非"恒常"。

---

① Eric Voegelin, "Quad Deus Dicitur", in *Published Essays*, 1966 - 1985. CW. Vol. 12, University of Missouri Press, 1990, p. 377.

大全（the All）；成形（formative）与变形（deformative）

The All［to pan］出自柏拉图的《蒂迈欧》，应译为"大全"。中译本译为"整全"（the whole）是不恰当的。此外，formative 最好翻译为"成形的"，因为沃格林在使用 form 或 formation 的时候，并不是意指"形式"，而是意味着灵魂秩序的完整性。同理，deformative 应翻译为"变形的"而非"畸变的"，因为有其相对应的单词 formative，便于进行比较性理解。

智性（noetic）

Noetic 译为"智性"，以强调该词蕴含的理智性思考之意蕴。该词在词源上来自古希腊语 νoῦs，即努斯。徐志跃在《求索秩序》中译本中将其译为"运用努斯的"，而朱成明在《记忆》中译为"智思性"或"智性"。笔者借鉴朱成明译法，将 noetic 视为能够代表某种意识特性的语词。

古典作品研究

"心智"的神话宇宙论内涵与哲学意义

——前苏格拉底哲人阿纳克萨戈拉的学说探义

刘旭

前苏格拉底哲人阿纳克萨戈拉（Anaxagoras，约前500—前428年）的"种子说"和"努斯说"①时常引起学者们的猜疑。若认为种子说是其整个学说的核心，则物质成为宇宙的第一原则；若支持他的努斯说，又不免将他当作唯心主义者。不唯只能阅读阿纳克萨戈拉断简残篇的现代学者感到困惑，即便亚里士多德学园的继承人泰奥弗拉斯托斯（Theophrastus，约前371—前287年）阅读他的完整作品时，也对这两个学说表示疑惑，他最终推断阿纳克萨戈拉的

---

① 阿纳克萨戈拉的"努斯"通常译为"心智"。为更详尽地探讨"努斯说"的重要意义尤其是它与"种子说"的密切关联，拙稿依然使用音译"努斯"，引用其他学者的译文或论述时则悉照原文，并随文在各种译名（如心灵、理智）后添加括号标明"努斯"。

学说实际包含两个本原：无限的自然和努斯。① 阿纳克萨戈拉的学说本身存在模糊，与之相差一世的苏格拉底（前469—前399年）在临终的那一晚回忆起自己年轻时曾阅读过这位前辈的作品时，说自己在惊喜之余又大失所望，因为阿纳克萨戈拉根本没有使用努斯来解释万事万物。②（《斐多》97b6-98c2）苏格拉底的意思可能是，阿纳克萨戈拉虽提出"努斯"是万物的本原，但看待万物的方式依然属于自然式的范畴。又或，习惯辩证法的苏格拉底是在暗示阿纳克萨戈拉将努斯推崇过高，可能触犯雅典人的信仰。毕竟阿纳克萨戈拉被控渎神而离开雅典，苏格拉底也部分因宣扬阿纳克萨戈拉的自然学说被判处死刑。③（《申辩》26d5-10）苏格拉底明白，阿纳克萨戈拉的种子说和努斯说其实关联密切，甚至可以说是同一思想的两种面相的表述。因此，探究阿纳克萨戈拉如何统合两种学说或如何用努斯说涵括种子说，将有助于弥合对他本人非此即彼的分歧。

一 种子：无限混沌中潜藏的理性

如果说公元前五世纪的雅典所取得的成就能够代表古典希腊政治和文化的辉煌，那么阿纳克萨戈拉首次将哲学引入雅典则为其辉煌注入了活水源头。一提起雅典，大都会想到哲学与民主政治，以

---

① 苗力田编，《古希腊哲学》，北京：人民出版社，1989年，页148。该译本努斯作理智。
② 柏拉图，《斐多》，刘小枫译，见氏编译《柏拉图四书》，北京：三联书店，2015年，页504。
③ 柏拉图，《苏格拉底的申辩》（修订本），吴飞译，北京：华夏出版社，2017年，页101-102。

至于人们会产生雅典自古以来就有如此品性的想象。① 事实上，哲学进入雅典不过是晚近的事情。有记载说，弱冠之年的阿纳克萨戈拉乃是携哲学进入雅典并在当地公开搞哲学的第一个人。② 不过，他重视的努斯（Noūs）非但没有成为雅典人的崇尚，反而招致奚落，至少审慎的人不会轻易动用。比如，戎马赋闲的修昔底德曾跟随阿纳克萨戈拉学习，志记过雅典从昌盛走向衰败的晚近事迹，力图探询其间的因果，但他却从未用努斯指认是是非非，似乎有意与当时哲学的代名词努斯拉开距离。③ 据《名哲言行录》的记载，阿纳克萨戈拉是位于小亚细亚伊奥尼亚地区的城邦克拉佐门奈人，出生于第70届奥林匹亚赛会（约前500—前497年），逝世于第80届赛会的第一年（前428/427年）。他出身名门，家资丰厚，年少时因醉心自然研究，尝将财产赠予亲属，以免徒耗无谓的精力。他深居简出，不问世事，一心想望天空，似乎天空才是他真正的家园。大约在阿

---

① 伯里克勒斯对雅典的赞美，见修昔底德，《伯罗奔尼撒战争史》，何开国译，北京：中国社会科学出版社，2017年，页112-118；又可参魏朝勇的译文，见氏著：《自然与神圣：修昔底德的修辞政治》，上海：华东师范大学出版社，2010年，页215-222。伯里克勒斯口中伟大的雅典如同他的情人阿斯帕西娅一样智慧，唯独缺乏明智，是否暗示阿纳克萨戈拉不够明智？对勘柏拉图《梅尼克齐努士》（又译《墨涅克塞诺斯》），见戴子钦译《柏拉图对话七篇》，沈阳：辽宁教育出版社，1998年。

② 第欧根尼·拉尔修，《名哲言行录》，徐开来、溥林译，桂林：广西师范大学出版社，2010年，页70。尼采据另一抄本将阿纳克萨戈拉"在雅典居住了三十年（τριάκοντα）"修订为"五十年（πεντήκοντα）"，并称他是雅典名副其实的第一位哲人。Friedrich Nietzsce, *The Pre-Platonic Philosophers*, tans. by Greg Whitlock, University of Illinois Press, 2001, p. 96. 并参《名哲言行录》新校勘本，Diogenes Laertius, *Lives of Eminent Philosophy*, edited with Introduction by Tiziano Dorandi, Cambridge University Press, 2013, p. 154.

③ 参康福德，《修昔底德：在神话与历史之间》，孙艳萍译，上海：三联书店，2006年，页62-64。

纳克萨戈拉二十岁时，薛西斯率军入侵希腊在小亚细亚的殖民城邦，他这才背井离乡来到雅典。[1] 当时的雅典正值卡里阿斯执政时期，阿纳克萨戈拉开始在雅典讲授哲学，居留雅典将近五十年之久，直至遭受雅典人的指控被驱逐出城邦，随后躲到伊奥尼亚地区的兰普萨克斯并客死于此。[2]

拉尔修的《阿纳克萨戈拉传》开篇说到，阿纳克萨戈拉因提出"努斯是一切秩序的主导"而获得"心智"的绰号。[3] 也就是说，让阿纳克萨戈拉出名的不是他对自然现象和本质的结构分析性认识，而是对隐藏在现象与本质背后的终极因或目的论的认识。不过提出努斯说之前，阿纳克萨戈拉首先需要认清自然的现象和本质。在解释物质的结构方面，前哲曾提出始基、元素之类的名称。这些说法都想一劳永逸地回答万事万物形成和运动的原因，唯其想要以静态的视角找出动态的原因，无异割裂了自然整体，又无法凸显人在自然中的地位，好像人感受到的天地的运转与人没有任何关系，人只是自然所发出的信息的接收器而已。若没有人的参赞与主动，自然现象永远只是源源不断涌来的杂乱无章的信息。此时人感受到的只

---

[1] 学者们对于阿纳克萨戈拉的生卒年莫衷一是，这里仅根据拉尔修的记载给出一种就其生平相对连贯的叙述。拉尔修，《名哲言行录》，前揭，页69-70。

[2] 有说阿纳克萨戈拉的审判发生在伯罗奔半岛战争不久前（前435—前430年），那么他当于前460年来到雅典；又说他生于前533年，在前494年米利都陷落后来到雅典，前465年受到审判，三四年后去世。参汪子嵩、范明生等著：《希腊哲学史》第一卷（修订本），北京：人民出版社，2014年，页734-735。

[3] 阿纳克萨戈拉的努斯诨号明显是雅典人的讥讽。爱德华·策勒尔，《古希腊哲学史》第一卷（下），余友辉、聂敏里等译，北京：人民出版社，2020年，页648。亦参 Anaxagoras of Clazomenae *Fragments and Testimonia*: *A Text and Translation with Notes and Essays* by Patricia Curd, University of Toronto Press, 2007, p. 192.

是一片混沌，他即便抓住始基、元素等混沌的本原也无力理解混沌为何物，因之无从理解人为何物。既然独立于混沌之外的静态本原忽略人的存在乃至忽略自然本身，就需要从整体或内部构思自然。据辛普里丘的引用，阿纳克萨戈拉一生仅撰有一卷书，他在开头讲到万物的初始构成：

> 万物一体，多也无限（ἄπειρα），小（σμικρότητα）也无限。因为，就连小也是无限的。当全部存在者是一体时，由于微小，没有一个是明显的。因为气（ἀήρ）和以太（αἰθήρ）控制一切，二者都是无限的；因为它们在全体之中是最大的，无论在数量上还是体积上。[1]（辑语1）

先看第一句，"万物……无限"。"万物"，复数，指所有事物，针对帕默尼德的"一切是一"的单数"事物"；"多"，指数量上的多；"小"，指体积上的小；"是"（ἤν），未完成时，爱奥尼亚方言诗体中用作复数，阿提卡方言用作单数，第一句的三个短句共用一个"是（ἤν）"。再看第二句，"因为……限的"。"小"，形容词，首句的"小"为名词。第三句，"当全……显的"。"微小"，即首句中"小"的属格，等同于第二句的形容词"小"；"明显"，事物由内在显示出可供辨别自身的标志。前三句一再强调小的无限，使人联想到大也无限。多的无限容易理解，但少的无限不可理解，因为少到无限便是无，无显然不是无限，而是没有即不存在。阿纳克萨戈拉是在讨论不存在的状态吗？第四句，"因为气……无限的"。关于

---

[1] 基尔克、拉尔文、斯科菲尔德，《前苏格拉底哲学家》，聂敏里译，上海：华东师范大学出版社，2014年，页564。下文引用按DK本辑语编目随文标出，不再脚注。

"气和以太"，埃庇米尼得斯说气和黑夜是两个开端，赫西俄德说以太和白日是黑夜和厄瑞玻斯（虚冥）所生，后二者又生自混沌。第五句，"因为它……数量上"。"全体"，照应首句的"万物一体"；"最大"，没有说最多；"数量"，名词，本义为多，与首句的"多"为同一个词；"体积"，名词，本义为大，与首句的"小"反义。第五句言"大"而着眼点在"小"，不言与"多"对应的"少"。

这段引文采用典型的倒退式/分析式论证，即常见的执果索因，侧重以微见全，然始终局限于全。首先作正读，"万物一体，多也无限，小也无限"是总体判断，以两个原因支撑：一、多和小无限，二、气和以太无限。原因一分出原因"万物微小至没有区别"，原因二分出原因"气和以太的数量和体积在全体之中最大"。现在不妨反读，或许能见其微。气和以太无论数量还是体积都在全体之中最大，无限而能控制一切。无论存在者多么微小，概莫能外；万物由于微小，在全体当中看不出差别，所以无限；既然小是无限的，多也自然无限，最后推出：万物一体。万物一体意即万物无限。一颗苹果是一个整体，里面的构成无限多；无数苹果也是一个整体，其中的构成依然无限多。全部存在者由气和以太笼罩而浑为一体，每个存在者与庞大的整体相比都微不足道，看不出明显差别，因而也就没有自身。万物曾经在一段时间内是（ἦν，未完成时）一体的，可以暂且将这种状况视为阿纳克萨戈拉对宇宙起初的认知，因为万物混沌未分，也可看作是对天的认知。

经过正反双向的分析可以得出，无限是宇宙起初的整体状态，万物一体是因为万物无限，万物无限是因为万物一体，此属于循环论证。循环论证并非简单的内部消化，否则思维会进入死胡同。灵长类动物能进行简单甚至稍微复杂的推理，却始终无法突破思维上的循环论证，或者说无法走出自然。这大概是因为动物的循环思维不涉及构造或创造。相反，人的循环论证在循环自然逻辑的时候自然地构造逻辑，形成构造逻辑，再结合自然逻辑和构造逻辑开出新的思维向度和思想领地。上面所引的整个段落的关键字眼是无限（ἄπειρα），因此，无限是解开宇宙起初状态的锁钥，而连接无限和一体的是万物，所以，万物的属性决定了其无限的状态。首先看阿纳克萨戈拉如何论证无限。阿纳克萨戈拉紧接着说：

> 小中不会有最小，大中不会有最大，小和大的数目相等，每一事物自身相对地既大又小。（辑语13）

四句话中前两句一组，第三句一组，最后一句一组。第一组和第二组是条件，第三组是结论或下一步推论的基础。这里的小和大指事物的空间或体积。既然不存在最小和最大，那么可以理解为小中有大，大中有小，也就是说，事物的体积是相对的，可能小可能大，因此相对无限。无论多大多小，大小的数量是相等的，意即大小在数量上绝对相等。由体积的相对无限和数量的绝对相等推出万物无限。再看阿纳克萨戈拉如何考察万物（χήματα）。万物在分离前是一体的，没有表现出明显的、可供辨识的颜色/状貌，原因有二：一、相反属性的混合会显示出差异，万物大小的相对无限即混为一体的状态不允许诸如干湿、冷热、明暗等相反属性的混合，保证了万物的一体或同一；二、万物起初通过大量的土（γῆς）和数量上绝对相等亦即绝对无限的彼此不同的种子（σπέρματα）而混为一体。①（辑语4）此处存在疑点：万物不允许相反属性混合却通过彼此不同

---

① 土和种子的关系见，David Sider, *The Fragments of Anaxagoras: Edited with an Introduction and Commentary*. Second Edition, Sankt Augustin: Academia Verlag, 2005, p. 99, 105.

的种子混合是否矛盾？通过彼此不同的种子混合的万物怎能不显示出个性？按照阿纳克萨戈拉的论证，相反的意思并非不同，相反有可能相成，两者紧密关联，而不同则表示风马牛全不相及。正由于无限的种子拥有完全不同的无限个性，它们才能混合成无差别的万物之全体；反之，设若万物都是由彼此相似或相同的种子构成，那么万物分离后与原来的状态没有区别，不会显示出个性，也就无所谓分离与混合了。简言之，绝对的差异意味着无限的同一。

  阿纳克萨戈拉提出种子的说法意在强调，万物若脱离了得以形成的土和种子就不再是自身，所以万物不可能溢出整体。可以说万物就是整体，整体就是万物，万物若是分离也是整体内部的分离，整体本身不会变大变小。照此论说，如果继续使用前哲们所谓的生成和毁灭则无法自圆其说。生成和毁灭意味着万物整体会增加和减少，但无限种子的存在告诉人们万物整体不增不减，永远如此。因此，生成和毁灭的正确叫法是混合与分离。（辑语 17）阿纳克萨戈拉论证了一个整体上不增不减的世界，这样的世界凭借无限多的种子而发生万物的分分合合，哪怕沧海桑田、物换星移，从整体看依然是稳定的、持续的。针对由生成与毁灭主导的流变无常的世界和死寂统一的世界，阿纳克萨戈拉在设定统一整体的世界的同时保持了万物变动的活性。这样一来，世界的统一不需要祈求神的庇佑，万物的变动也不受神的禁锢。[①] 理解种子是万物活动和多样的原因，却不等同于知道种子因何有序联动万物，世界因何保持秩序。倘若不知道或无法给出其中的原因，无论万物或世界都不会一直是这个样子。

---

  ① 阿纳克萨戈拉的思考或表达确实容易使人从表面得出无神论的结论，比如康福德、耶格尔便是如此。参康福德，《从宗教到哲学：西方思想起源研究》，曾琼、王涛译，上海：三联书店，2014 年，页 155–157；Werner Jaeger, *The Theology of the Early Greek Philosophers*, Oxford University Press, 1947, p. 155.

二　自然学与宇宙论中的努斯

　　万物本来浑元一体，没有任何差别，究竟是什么造成了现在这样一个形形色色的世界？阿纳克萨戈拉说，万物分离后出现变异，伴随而来的是单纯分离体的持续存在和各种混合。从可观察和可感知的范围中，常人不难看出运动造成万物的分离。一向视天空为家园的阿纳克萨戈拉在观察和计算天体的大量事实后想出，天体的旋转是运动的最初形式，然后才会有各种运动。①（辑语9）旋转和分离由力和速度决定，速度产生了力。到此，阿纳克萨戈拉的自然学/哲学分析将万物运动的始因锁定在速度（ταχυτής）上。这里的速度不同于人们眼界可见的速度，它是一种不为人觉察甚至不存在于世间的原始爆发的瞬时速度，其运动之快远非世间万物所及。阿纳克萨戈拉似乎想要表达，处于漩涡运动的边缘始终保持着由某个存在（努斯）施授的原始速度，不妨称之为原速力。② 这种原速力同样是力（βίη），不过它是所有力的来源。于是暂时得出一个结论：原速力产生力，力造成万物的分离。

　　可这一切与努斯有何相干？阿纳克萨戈拉又说，努斯促发运动，万物由此分离。照此看，努斯与原速力应为同一存在，唯其名称不同而已。努斯纵然是唯一的原速力也仅仅是一种力，两者到底存在什么样的关联，致使阿纳克萨戈拉放弃力这一普遍可感的名词而使用常见的、容易引起误解且难以捉摸的努斯一词？

---

① 苗力田主编，《古希腊哲学》，前揭，页146。
② Anaxagoras of Clazomenae *Fragments and Testimonia*: *A Text and Translation with Notes and Essays* by Patricia Curd, University of Toronto Press, 2007, pp.52-53. Curd 将 βίη 译为 swiftness。

拉尔修称，阿纳克萨戈拉是第一个（πρῶτος）将努斯置于物质之中的人。阿纳克萨戈拉在其文章的开头讲道："万物曾是一体，随后努斯来到，安排了万物。"① "随后"（εἶτα）给人以"先有万物，再有努斯"的感觉，应将此句理解为：努斯一直都在，万物是一个整体时，努斯将其分离。至于努斯与万物的存在谁先谁后，在阿纳克萨戈拉甚至古人看来，这完全不是问题。现在的读者之所以产生谁先谁后的问题，无疑是因为受到心物二元和主客二分对立思维的牵扯。心物二元的划分实际上切断了心的外延，退守至"我"的思维中，因而心中无物，进而可以造物，然后用熟悉的自造之物替换或者摧毁陌生的世界。主客二分看似分出主体与客体，实则将"我"立于主体与客体之外，因此主观和客观的世界中没有"我"。既然"我"不在这个世界中，世界于"我"没有任何意义；既然世界没有意义，我又有何意义？显然，阿纳克萨戈拉着眼于天空并以之作为家园并非要远离世界，而是在寻找世界和"我"的意义。与前面走出通常所谓神话想象和思辨不久的哲学家不同，阿纳克萨戈拉凭借超凡敏锐的心智意识到这股崇尚理性思辨的潮流即对自然狂热的逻辑研究，将逐渐遗忘当初面对宇宙的那份惊奇——理性精神或自由精神的开始。

习惯历史进化论和实证精神的读者想当然地认为，阿纳克萨戈拉单独拎出努斯，继承并推进了思想的历史进程，此举代表了人脱离幼稚的神话思维，迈向成熟的理性思维的可贵一步。② 读者更关心阿纳克萨戈拉的思想是否符合历史实际，却漠视眼前他本人的实际

---

① 拉尔修，《名哲言行录》，前揭，页 69。
② 孔多塞，《人类精神进步史表纲要》，何兆武译，上海：三联书店，1998 年；孔德，《实证主义概观》，萧赣译，商务印书馆，1938 年。

思想。如果历史实际真能代表继而取代思想实际,历史的精神将归往何处?毋论理性精神。鉴于前辈和同行的自然学研究正在脱离精神的实际(哲学),阿纳克萨戈拉努力扭转当时流行的自然学的势头,使之朝向更为宏阔的宇宙论。宇宙论早已有之,神话思辨也是一种宇宙论,阿纳克萨戈拉就是要揭开神话宇宙论的真相,这意味着揭开有关神的真相。① 他不会肆无忌惮地将神的真相曝露于外,他需要一种能够包裹神之真相的重重面纱的神秘替代物。② 探究自然、探索宇宙,不是一锤子买卖。以为获得了某个真相便尽数废弃涵养真相的东西,无异于剖腹取婴随即抛弃产妇。真相不止一个,且需要滋养孕育。一旦视某个真相为永恒的真理,真相则不再孕育,终将不复存在。③

暂且不谈掩盖神的真相,先看阿纳克萨戈拉如何突破当时自然学的困境进而转向宇宙论。前苏格拉底哲人为寻求确定唯一的本原,总结出水火土气等物象,他们知道,世间万物不可能通过这种单一

---

① 阿纳克萨戈拉未及或没有能力小心翼翼地掩盖神的真相,或掩盖得不怎么成功,苏格拉底将继续这个事业。1962年,希腊马其顿的德尔维尼(Derveni)地区发现一批纸莎草,其中包含不少与阿纳克萨戈拉相关联的内容,有些学者甚至认为,阿纳克萨戈拉的学说对德尔维尼纸莎草作者的思想背景具有主导地位。新出土的纸莎草表明,在阿纳克萨戈拉学说的影响下,一种混合了俄尔甫斯密教的新的神学谱系悄然出现。于是,必须重新思考阿克萨戈拉学说的秘密性质和神学向度。德尔维尼纸莎草上残存的俄尔甫斯教的神谱,见《俄尔甫斯教辑语》,吴雅凌编译,北京:华夏出版社,2006年,页188-192。阿纳克萨戈拉与德尔维尼纸莎草内容的关联,见 Gábor Betegh, *The Derveni Papyrus: Cosmology, Theology and Interpretation*, Cambridge University Press, 2004, pp. 278-305.

② 阿多,《伊西斯的面纱:自然的观念史研究》,张卜天译,上海:华东师范大学出版社,2015年。

③ 参柏拉图,《会饮》,刘小枫编/译,《柏拉图四书》,前揭,页240-251。

的本原说得到合理的解释。然而，他们刚刚挣脱今人所谓神话的胡言乱语，一本正经地走入自然的科学研究，便不愿回顾神话中的自然理性，因而丢失了理性/努斯本有的整全和谨慎。自然学家以其所崇尚的构造逻辑或数理逻辑来拆解神话的自然逻辑，未必能够轻易洞穿重重包裹中的自然理性。阿纳克萨戈拉看到，前辈和同行直接将自诩的自然学和神话宇宙论对立且意图使前者取代后者；如果自然学成功取代神话宇宙论并成为常识，这就相当于连根拔除了精神/思想自觉的基础——自然逻辑/理性。凭靠无限推演、没有任何目的构造逻辑，精神永远找不到自己的家园，除非自己发现自己。[①] 人之为人继而有可能超越自身的属性皆在于精神自觉，否则阿纳克萨戈拉不会被传为第一个发现荷马在史诗中论及德性和正义的人。[②]

阿纳克萨戈拉没有就地避开当时的自然学探究，而是接续自然学的理性逻辑来解析神话宇宙论。与其他自然哲人不同的是，他心中从未放弃宇宙论，尽管这种宇宙论有别于神话宇宙论，甚至可以说是一种全新的宇宙论。他将自然学重新放回宇宙论的背景当中，用宇宙论框住自然学，于是先前的自然学成为一种与神话宇宙论并行的理性宇宙论。需要指出的是，理性宇宙论并不是阿纳克萨戈拉的全新宇宙论。从源头上讲，它依然属于神话宇宙论和自然学的范畴。

[①] 对照卡尔纳普，《世界的逻辑构造》，陈启伟译，上海：译文出版社，1999年。

[②] 拉尔修，《名哲言行录》，前揭，页71。对比亚里士多德，《尼各马可伦理学》，苗力田译注，北京：中国人民大学出版社，1999年，页133-143；同参海德格尔，"对亚里士多德的现象学阐释"（通称"那托普报告"），见《中国现象学与哲学评论》第5辑《现象学与中国文化》，上海：译文出版社，2003年，第142-156页。

三 努斯与现实理性

在神话宇宙论和理性宇宙论之间，阿纳克萨戈拉似乎偏向后者，因为后者更能体现努斯的特质。理性贯穿蕴含自然理性的神话宇宙论与持有构造理性的理性宇宙论。以此而论，理性就是万物的普遍状态，亦即阿纳克萨戈拉所论证的混沌元一的宇宙的状态。于此，可以看到阿纳克萨戈拉的自然学和宇宙论并非单纯的物理学意义上的探究。理性虽然是普遍状态，却未能辨识自身，直到努斯的显/出现才区分出自然和构造。构造显然指思维的自我演绎，是思维在自然的表达过程中独立于自然的精神。因此，自然与构造的区分可称为自然与精神的区分，努斯便是两者的界限与衔接。① 由此观之，努斯是能够辨识自身、区别于普遍状态的理性，尽管没有越出理性的范畴，却成为阿纳克萨戈拉的全新宇宙论的密核，不妨称之为努斯宇宙论。阿纳克萨戈拉的努斯宇宙论没有直接在万物内部或外部找出某种基质作为万物的本原，他这样介绍努斯：

除了努斯之外，一切分有一切，但是有一些事物努斯呈现于其中。（辑语11）

---

① 努斯在阿纳克萨戈拉之前的含义，见 Karl von Fritz, "Nóos and $νοῦς$ in the Homeric poems," *Classical Philology*, 1943, Vol. 38, pp. 79-93; "Nous, Noein, and their derivatives in pre-socratic philosophy (excluding Anaxagoras) Part Ⅰ," *Classical Philology*, 1945, Vol. 40, pp. 223-242; "Nous, Noein, and their derivatives in pre-socratic philosophy (excluding Anaxagoras) Part Ⅱ," *Classical Philology*, 1945, Vol. 41, pp. 12-34. 据弗里茨的考究，名词$νοῦς$的动词不定式为$νοεῖν$，从词学源上很可能源自意为"嗅"或"闻"的动词词根，在《荷马史诗》中主要与视觉相关，基本意思是认识到或理解某种情形，因此可以将动词$νοεῖν$译作警觉。

"一切分有一切"指无限混沌的状态，亦即前面所论证的"万物无限，万物一体"。此时，努斯没有参与其中也没有独立于万物之外，却呈现在一些事物中。"呈现"表示努斯呈现于一些事物面前而没有与之混合，因为一旦混合就不能保持完整和纯粹。"一些事物"是什么？为什么努斯只在一些而非其他事物中呈现？"一些事物"是否因为有精神自觉的潜质，努斯才对之显现？若是这样，万物一体潜藏着等级和分离的可能。若以理性的普遍状态代替万物一体的状态，则意味着理性的普遍状态孕育着理性分化/等级的可能——理性等级的发生是理性自觉的开始。从中可以看到，阿纳克萨戈拉论证的努斯宇宙论虽然普遍/均等如一，却蕴藏着分化的潜能，努斯便是这潜能实现的契机或动/诱因。阿纳克萨戈拉进一步强调：

> 其他东西分有每一事物的一部分，只有努斯是无限的、自主的，不与任何东西相混合，而是单一的、独立自为的。因为如果它不是独立自为，而是与其他事物相混合，那它就分有一切事物，假如它真的与某物混合的话；它在万物中而有万物的一部分（如前所说），混合物就会妨碍努斯，使它不能像在独立自为时那样地主宰任何事物。① （辑语12）

与万物的无限混沌不同，努斯是无限自主的，所谓自主即单一而独立自为。事物有两种初始状态，要么独立自为，要么与其他事

---

① 苗力田，《古希腊哲学》，前揭，第146页。引文同参叶秀山，《前苏格拉底研究》，北京：社会科学文献出版社，2007年，页178；白正学，《论阿纳克萨戈拉和亚里士多德的"努斯"概念》，云南大学2020年硕士论文，页5-6。

物混合。如前所说，万物的混合是相同属性的混合且阻止相反属性的混合，从而浑然一体。万物的同一体似乎与单一的努斯相似，但努斯毕竟未与他物混合，而是保持了独立的特质。重要的是，只有独立自为才可能主宰万物。在此，阿纳克萨戈拉采用反证式的目的论论证方法：一、努斯若不独立自为，便与万物混同，这是反证；二、若混同便妨碍自身，就不可能主宰万物，这是目的。这样的论证方式反映出，阿纳克萨戈拉的分析方法带有目的论，以致目的论规定了整个分析的走向甚至成为分析的起点。目的论的论证能够保持论证自圆其说，不致出现要命的漏洞，不过其危险在于最后的论证结果很可能与原初论题的场域原封不动地重合，以致出现看似合理却无法理解的等同和对立。

就本段而言，普遍的理性中有部分理性因其自觉的潜能和努斯的呈现而脱离普遍的理性即万物一体的状态。阿纳克萨戈拉又明确承认努斯主宰一切，则努斯必然主宰自觉的理性。自觉的理性一旦受到控制便不再具有自觉的属性和潜能，又容易让人误以为与原来具有自觉潜能的理性相同；同样，努斯被等同于理性的普遍状态，于是让人以为努斯中混合着理性，然而努斯是单一的，不可能与他物混合。若要摆脱这种悖论，必须再次回到努斯主宰理性从而致使理性丧失自觉的困难上。

阿纳克萨戈拉不忘强调：

> 在万物之中，努斯是最精粹和最纯洁的（λεπτότατόν καὶ καθαρώτατον）。它有对万物的一切知识和最大力量。

拥有关于万物的知识首先是拥有与一切与灵魂相关的知识，无论较小的还是较大的灵魂。最大的力量指努斯因自身无限自主而能主宰整个漩涡运动，它从一小点开始，无限地旋转扩展。随着旋转范围的扩大，原先混合的事物被分开和区别，又无限次地混合，因此努斯认识将来存在、过去存在但现在不复存在和现在存在且将来继续存在的所有事物。既然努斯认识一切事物，也就意味着努斯安排这一切；认识这一行动形成知识，安排体现了秩序。在这里，力量和知识顺理成章地连接起来，① 知识与秩序形成自然的联系，同时部分解答了前面谈到的力与努斯的关联，也表明阿纳克萨戈拉的自然学研究本身就是一种宇宙论的探讨或带有宇宙目的论。

按照阿纳克萨戈拉的逻辑，努斯认识运动即在促发运动，或者说认识本身就是运动，因此实际上是运动促发运动，努斯掌控运动。认识万物是在辨别、分析万物，万物因而分离。努斯认识到什么程度，万物便运动到什么程度，也即分离到什么程度。前苏格拉底哲人很容易观察到星辰、日、月、气②、以太在做旋转运动，却没有探究清楚运动的原因、时限和影响。

阿纳克萨戈拉提出努斯安排一切，星辰、日、月、气和以太均因努斯而分离并无限地旋转运动，随即说到正是这种旋转运动造成了密疏、热冷、明暗、干湿的分离。前面提到气和以太无限而笼罩一切，读者以为这是万物最初的状态，读到这里才知道气和以太已经因努斯而分离，之后又有各种分离。阿纳克萨戈拉的高明之处在于：万物的无限使得无穷无尽的源头追溯终究徒劳，因为源头追溯这种有限的设定无法涵括和清查无限的真实，否则无限会被收缩在有限的虚幻中；常人出于恐惧，蜷缩在经过无限溯源得来的有限虚

---

① David Sider, *The Fragments of Anaxagoras: Edited with an Introduction and Commentary*. Second Edition, Sankt Augustin: Academia Verlag, 2005, p. 132. 参 M. Schofield, *An Essay on Anaxagoras*, Cambridge, 1980, p. 147 n. 36.

② ［按］《古希腊哲学》误译为"火"，前揭，页147。原书下文中用火取代以太，可能是误译的原因。

幻，以求安乐，无可厚非；①天生富有勇气的卓异之人注定要突破感官的虚幻，走向真实，哪怕处于黑暗的真实；②（参辑语21）以无限对待无限，找出无限自主的努斯贯穿无论天地未判或清浊已分的无限状态，若论智慧，毋宁称作勇气。比起虚幻中的安逸，阿纳克萨戈拉宁愿在真实中惕厉。

虽然"众多事物具有众多部分"，但它们不能自行分离或被其他具有部分的事物分离，除非具有努斯。"所有的努斯都是相似的，无论较大或较小，"前半句照应前面所引用的同一段落的开始部分，意在提醒读者努斯的单一与纯粹，即不与任何事物混合，同时与种子的彼此不相似形成对比，好像在暗示努斯与种子之间存在对抗；后半句与谈到努斯主宰一切有灵魂的事物时所用的句式相同，这是否在提示努斯与灵魂之间的特殊关联？既然努斯知晓并主宰一切，为何单单说到努斯主宰一切有灵魂的事物？莫非努斯与灵魂具有同构的质素或相似的功能，以致努斯能以明显的方式主宰灵魂的同时悄然控制万物？无怪乎亚里士多德说阿纳克萨戈拉对于努斯和灵魂的认知不清不楚，现代学者又说亚里士多德无法判定努斯和灵魂之间的区别。③亚里士多德毕竟认识到某些异样：

> 阿纳克萨戈拉似乎是说，灵魂与理性彼此不同，就像我们之前提到的。但是他实际上认为这二者都具有同一个本性，不过他认为理性才是一切事物的最终的本原。不管怎样，他说，

---

① 对比卢克莱修，《物性论》，李永毅译注，上海：华东师范大学出版社，2022年，第10-2页。
② 基尔克、拉文等，《前苏格拉底哲学家》，前揭，页605。
③ Patricia Curd, *Anaxagoras of Clazomenae Fragments and Testimonia: A Text and Translation with Notes and Essays*, University of Toronto Press, 2007, p.61.

在存在的事物中，唯有理性是简单的、非混合的且纯粹的。他将认识与引起运动［这两种特征］都归于者同一个本原，因为他认为理性推动宇宙运动。① (《论灵魂》)

这里的理性即心智，也就是努斯。事实上，阿纳克萨戈拉认为灵魂与努斯在本性上属于同一类，若作为基本原理便只能选择努斯，因为努斯纯净单一，不与任何事物混杂。言下之意是，灵魂与诸事物混杂，不能脱离诸物而成为独一的存在。亚里士多德敏锐地看出，阿纳克萨戈拉说到努斯是生物各部分运动的原因时，其实是说努斯包含灵魂的两种能力：认知和运动。认知（ἔγνω）除了含有少许认识论范畴的意思外，多指"决定、总揽"，② 在此处指灵魂具有运动的能力。而努斯不仅具有运动的能力，还能决定灵魂的运动，从这层意义看，努斯高于灵魂。尽管努斯或大或小都是相似的，但事物不会因这种整个的相似而彼此相似。相反，此物与彼物绝不相似，究其原因，"事物最多地具有什么，每一个东西就最明显地现在是和一直是那些东西"。③ 事物成分的聚合与分离决定了事物的特性，哪种成分占优势，事物就是哪种成分的东西。努斯的相似应于恒常，事物的不似应于变化。阿纳克萨戈拉以相似的恒常支配不似的变化而又保留后者的优势特性，从而否定了当时流行的生成和毁灭的论说。无尽的生灭与寂静的恒常都属于机械宇宙论，阿纳克萨戈拉试图为铁板一块的宇宙赋予生机和秩序。为此，必须重

---

① 亚里士多德，《论灵魂》，陈玮译，北京：北京大学出版社，2021年，第27页。亦参亚里士多德，《灵魂论》，吴寿彭译，北京：商务印书馆，1999年，页55。

② David Sider, *The Fragments of Anaxagoras: Edited with an Introduction and Commentary.* 2nd Edition, Sankt Augustin: Academia Verlag, 2005, p. 137.

③ 基尔克、拉文等，《前苏格拉底哲学家》，前揭，页575。

新论证宇宙,以万物的无限和聚散代替生灭和寂静,这一切皆凭靠努斯。①

四 心智形而上学还是物质形而上学?

阿纳克萨戈拉对自然和宇宙之原因的探究让人产生一个最基本的困惑:种子和努斯究竟何者为本原?亚里士多德学园的继任者忒奥弗拉斯图斯曾说当时有好些人对此表示不解:按照阿纳克萨戈拉的表述,万物有两个本原,即无限的自然和努斯。② 阿纳克萨戈拉的哲学因没有固定的见解,时而被归入唯心论,时而被拽入唯物论,以致连基本的面相都没有。古希腊哲学史家策勒尔就为难地说:

> 阿纳克萨戈拉理论的独特哲学价值主要在于他的努斯理论上,但他的物质观如此地与努斯理论紧密联系,以至于两者互为前提。③

种子和努斯互为前提等同于说种子和努斯任谁都可以作为本原,反之也可以说两者都可以不作本原,再往前推论就是两者都不可以作本原,推到极致便是没有本原。显然,这种以简单辩证法给出的结论既不符合黑格尔理解的阿纳克萨戈拉,也对阿纳克萨戈拉本人一无是处。那么该如何解释这个疑难?其实前文已经分析到,万物的自然/潜在理性具有与努斯相似或相同的潜质,但这不是说,努斯

---

① 参尼采,《希腊悲剧时代的哲学》,前揭,页219。
② 苗力田,《古希腊哲学》,前揭,页148。按,种子只是无限自然的抽象说法,正如我们说"思想这种类的东西"并不表示思想就是某类事物。
③ 策勒尔,《古希腊哲学史》第一卷(下),前揭,页683。

分有万物的部分，万物拥有理性。万物的分离和运动只有通过努斯对万物本身具有的潜在理性施加作用才得以实现。潜在的理性在努斯肇始的运动中成为现实的理性，进而看起来与努斯没有区别，但努斯毕竟对万物无所差别，而理性对万物各自有别。种子或无限的自然在分离和运动前对万物没有差别，即阿纳克萨戈拉强调的"万物一体"，仿佛只有在这个时候，努斯可以替换种子，或说努斯在万物一体状体下的别名是种子。照此推测，努斯在万物分离后的别名应该是理性。

阿纳克萨戈拉注重思辨推理。他的自然学探究绕过常人从感觉出发的普通思考，直接以成熟的构造理性探究万物中的自然理性，再以自然理性反观构造理性，借此修补构造理性所欠缺或故意鄙弃的自然质素，然后提炼出浑圆无极、常用常新的"努斯"来解释自然和宇宙的存在，从而形成一种全新的宇宙论。用后来的哲学术语来说，阿纳克萨戈拉的宇宙论剔除了神学，也不包含目的论。

尼采将阿纳克萨戈拉划入前柏拉图哲学家行列，是因为意识到他的宇宙论不过比其他前苏格拉底哲学家的自然机械论更完美而已，他绝不是什么目的论者，也明确拒绝将努斯设想一位神。[1] 按照尼采的理解，阿纳克萨戈拉将神和目的论排除在外，是否还存在一种称为阿纳克萨戈拉的形而上学？尼采痛恨形而上学的事实早已不言而喻，他放逐阿纳克萨戈拉的神和目的论实际上就是在抨击现时代的科学-形而上学（比如康德的天体理论）。

当代学者执意要构建阿纳克萨戈拉的形而上学，如果不通过目

---

[1] Friedrich Nietzsce, *The Pre-Platonic Philosophers*, tans. by Greg Whitlock, University of Illinois Press, 2001, pp. 98-9. 同参尼采，《希腊悲剧时代的哲学》，前揭，第212-213，216，218页。洛布古典丛书出版的九卷本《早期希腊哲学》也以前柏拉图哲学家断限。

的论还能凭借什么？马摩多罗的新近专著分析说，阿纳克萨戈拉的学说中存在一种目的论，这种目的论仅仅将努斯视为一种依据自身的秩序概念来促进世界的宇宙理智，而秩序的概念早已存在于世界。因此，阿纳克萨戈拉没有试图解释世界中的万物源自善或某位神，随之也就不存在传统意义上的神学目的论。那么，马摩多罗所谓的形而上学从何而来？他论述的核心始终是种子，并最终表明种子如同努斯一样是理智力量，虽不能设计自身的发展，却有能力按照既定的结构方式发展。[①] 换言之，努斯能够设计万物的发展，但没有干预万物按照本有的方式发展，这就证明，万物的发展没有受到努斯的目的的限制，或说努斯没有目的。用尼采的话说：

> 努斯是随意的，因而它的活动可以是无条件的和非限定的，既不受原因的引导，也不受目的的支配。[②]

马摩多罗诉诸种子或万物自身的理性，总结出阿纳克萨戈拉的形而上学表明，这套形而上学奠基在"物以自身为目的"的理性假设上，不妨形象地称之为物质形而上学。显而易见，尼采不同意这样的判断，阿纳克萨戈拉会同意吗？

五 结语

根据以上分析，种子不是单纯的物质而是具有潜在理性的存在；努斯也非完全脱离物质的心智或精神，它能引导种子的潜在理性说

[①] Anna Marmodoro, *Everything in Everything: Anaxagoras' Metaphysics*, Oxford University Press, 2017, pp. 129-130, 153.

[②] 尼采，《希腊悲剧时代的哲学》，前揭，页223。

明它拥有与种子同质的结构。阿纳克萨戈拉提出"努斯"意图革新当时自然哲人因崇尚自然学而陷入逻各斯主义的思想困境，同时返回自然哲人刚刚抛弃的神话宇宙论，激发其中所蕴藏的人面对自然和宇宙时的惊奇或精神自觉，再结合自然学的新局面发展出全新的努斯宇宙论。这种努斯宇宙论囊括了古老的神话宇宙论和新近的自然学的要核，足以吸引苏格拉底的"精灵"。在苏格拉底看来，阿纳克萨戈拉的表述和主张几乎没有神的地位，因而不够谨慎，保险的方式莫过于用居间的精灵替代大全的努斯。事实上，雅典人的诸神当中根本不存在一位名为精灵的神。说到底，精灵同努斯一样。

思想史发微

亚里士多德、洛克与美国建国

——施特劳斯的真相

厄勒（Edward J. Erler） 撰

吕恩浩 译　赵雪纲 校

一

1787年夏天，制宪会议的代表们在费城会晤，以期设计一部宪法，以实现《独立宣言》阐明的宪制政府各项原则。麦迪逊（James Madison）此后在《联邦党人文集》（*Federalist*）中提到，这部宪法的原则源于

> 自然与自然之神的超越法则，它宣称一切政治制度的目的都在于谋求社会的安全与幸福，而且所有这类制度都必须为了这个目的而献身。①

---

① *Federalist*, No. 43, in *The Federalist Papers*, ed. Clinton Rossiter (New York: Mentor Books, 1961), 279.［校注］中译参汉密尔顿、杰伊、麦迪逊，《联邦党人文集》，程逢如、在汉、舒逊译，北京：商务印书馆，2007。后皆仿此，不再加注说明。

不难看出这是对《独立宣言》的解释。麦迪逊一语破的地指出，《独立宣言》以"社会的安全与幸福"为政府的目的和目标。这一表述是《联邦党人文集》三次明确引用《独立宣言》中间的那次，也出现在《联邦党人文集》八十五篇文章的中间位置。第一次引用《独立宣言》时重申了"人民享有最崇高可贵的权利来'废除或变更政府，使之最可能实现他们的安全和幸福'"。① 《联邦党人文集》引用《独立宣言》时，仅在此处以脚注说明了其出处。然而奇怪的是，所引部分并不准确：引文调换了"变更"和"废除"的顺序，而且，这一调换似乎还有意要引起人们的注意。麦迪逊似乎想强调，制宪会议的目的是废除而非变更《邦联条例》。② 对《独立宣言》的

---

① *Federalist*, No. 40, 252.

② 在《联邦党人文集》第四十篇中，麦迪逊回应了对制宪会议越权制定宪法的指控，制宪会议被赋予的"唯一的明确目的是修改《邦联条例》，使联邦宪法足以应付政府的急务和维持联邦"（No. 40, 247-248）。但是，麦迪逊认为对制宪会议的命令是矛盾的：无论怎样修改，都无法使《邦联条例》足以[维持联邦]，因为《邦联条例》所仰赖的原则是有缺陷的。正如汉密尔顿在《联邦党人文集》第十五篇所评论的，《邦联条例》制造了"主权内的主权这种政治上的怪物"，"除了改变建筑物的首要原则和更换栋梁以外，是无法修理的"（No. 15, 108）。对于人民的"安全和幸福"来说，在有缺陷的地基上建造新的建筑是没有用的，因为新的上层建筑本身就带有残缺地基的性质。麦迪逊指出，健全的立法建设原则要求决策者在面临矛盾的指令时选择最重要的。显然，制定一部足以应对联邦所面临的紧急情况的宪法，比制定一部严格遵守修改邦联条例的命令但不足以担当重任的宪法更为重要。麦迪逊得出结论，在任何情况下，由于"制定和提出的计划将提交给人民自己，非难这种至高无上的权力，会永远破坏此项计划；赞成这项计划，就能消除以前的种种错误和罪过"（No. 40, 253）。在将拟决的宪法交由人民时，制宪会议也背离了其本应向国会提交修正案的职责，而国会本将在批准后提交给州立法机关。根据《邦联条例》，批准[修正案]需要各州立法机关的一致同意。在第四十篇中，麦迪逊表示"建立一个足以实现全国幸福的政府就是这些条款《邦联条例》的原有目的，而这些条款作为不适当的手段应该予以牺牲"（249）。换言之，麦迪逊明确地宣布，《美国宪法》本身产生自可诉诸人民最高权威的变革行动。

第三次引用出现在汉密尔顿（Alexander Hamilton）执笔的文章中，他在文中也援引了革命的权利：

> 共和政府的基本原则承认，人民有权在发现既定宪法与其幸福相抵牾时，废除或变更之。（《联邦党人文集》，No. 78，469）

汉密尔顿明确表示，政府的目标是人民的幸福。因此，《联邦党人文集》的两位主笔显然都相信，《独立宣言》将"人民的幸福和安全"视作政府的目的和目标。

一些人声称"《独立宣言》明确主张政府的目标是且仅仅是保障权利"，而前述分析则似乎证明了他们的观点是错误的。① 但是，麦迪逊却好像坚持认为，"独立革命的领袖们"所理解的政府的目的，就是保障"私人权利和公共幸福"（《联邦党人文集》，No. 14，104）。恰如他在此清晰指出的，保障私人权利是保障公共幸福的必要条件，而非充分条件。当麦迪逊写下"正义是政府的目的"时，他无疑已经考虑了这种区别，

> 正义是公民社会的目的，无论过去或将来，始终要追求正义，直至获得正义为止，或者直到在追求正义中丧失了自由为止。（《联邦党人文集》，No. 51，324）

自由是达至正义的手段，正义则是公民社会和政府的目的。照此解释，正义似乎无非是对"私人权利和公共幸福"的保障，其中私人权利总被理解为要从属于公共幸福。

在弗吉尼亚州宪法批准大会中争论尤为激烈的一次会议上，麦迪逊表示：

---

① Michael P. Zuckert, *The Natural Rights Republic* (Notre Dame, IN: University of Notre Dame Press, 1996), pp. 26, 28, 29-30, 206.

拥护公共之善的宣言和政党间的比较如今不应主宰或影响我们。我们应该……仅仅检视宪法本身的价值：我们要查究它可否增进公共幸福，即查究它创造公共幸福的价值，这应该成为我们当前唯一要探求的主题。①

因此，私人权利的保障似乎仅是这一考虑的一部分；如果我们信任麦迪逊的话，公共幸福才是更重要的那一部分。公共幸福不能被简单理解为私人权利的总和；它还涵盖了塑造友爱的基础这一公民义务，而反过来友爱又是公民资格（citizenship）的基础。麦迪逊此处的论证回溯了亚里士多德在《政治学》第一卷中的论证：城邦之建立仅是为了生活，但其延续却是为了美好的生活，也即为了人类的幸福。

对于《独立宣言》所深思熟虑的政府的目的，雅法（Harry Jaffa）评价说：

> 在阐述了我们不可剥夺的权利后（为保障这些权利才建立了政府），《独立宣言》接着说："当任何形式的政府对这些目标具有破坏作用时，人民就有权利改变或废除它，并建立新的政府；新政府赖以奠基的原则，其组织权力的方式，务使人民认为唯有这样才最可能获得他们的安全和幸福。"要注意，在新的政府或在重建的政府中，"权利"变为了"目的"。这些目的现在被称为"安全"和"幸福"，这是亚里士多德《政治学》中政治生活的始与终。

雅法以一种并不完全夸张的叙述宣称："在建国期间的许多文献

---

① *The Papers of James Madison*, ed. Robert A. Rutland et al. （Chicago：University of Chicago Press，1962—），11：78.

中，反复出现这种情况：洛克（John Locke）式的'权利'以各种形式转变为亚里士多德式的'目的'（反之亦然）。"① 然而，一些人别出心裁，据称他们追随哲人施特劳斯相信古今思想之间横亘天堑，但这些人却可能会反对雅法在《独立宣言》中识别亚里士多德的要素的努力，更不要说他试图糅合亚里士多德和洛克了。②

杰斐逊（Thomas Jefferson）晚年常常深思《独立宣言》的目的。在1825年致米斯（James Mease）的信中，杰斐逊将《独立宣言》描述为"彼时国民精神的真挚流露"。③ 在他最著名的一封信件中，杰斐逊称：

---

① Harry V. Jaffa, "Aristotle and Locke in the American Founding," *Claremont Review of Books*, Winter 2001, p. 10.
② 参 Catherine and Michael Zuckert, *The Truth about Leo Strauss: Political Philosophy and American Democracy* (Chicago: University of Chicago Press, 2006), 31：施特劳斯

> 将古人与今人之间的惯常区分极端化了。他认为，随着现代哲学的兴起，发生了一次它与古典哲学的灾难性断裂，断裂如此巨大，乃至此后的一切不过都成了这次断裂之义涵的展开。在施特劳斯的框架中，古今之别起着决定性作用，而施特劳斯站在古人一边，将现代哲学的痼疾和现代政治的许多弊端追溯到其与古代哲学的断裂及其种种后果中。

但是，除非是在修辞的意义上，否则古今之别对施特劳斯来说是不是"决定性的"仍然悬而未决。理性与启示之间的区分才是施特劳斯哲学中最重要的区分。参 Leo Strauss, "Reason and Revelation" (1948), in *Leo Strauss and the Theologico-Political Problem*, by Heinrich Meier, trans. Marcus Brainard (Cambridge: Cambridge University Press, 2006), p. 177："一种自诩可以驳倒启示之可能的哲学，和一种与此相反的哲学：这就是古今之争的真实含义"。
③ "Thomas Jefferson to Dr. James Mease, September 26, 1825", in *The Life and Selected Writings of Thomas Jefferson*, ed. Adrienne Koch and William Peden (New York: Modern Library, 1944), p. 722.

《独立宣言》的宗旨不是要去发现过去从未被思考的新原则或新观点，也不仅仅是言前所未有之言；而只是要将关于这个问题的常识公之于众，它的语言要简单有力，以博得公众同意……它既不追求原则或情感的新颖，也不抄袭以前任何独特的著作，目的仅只在于表现美国的思想……因此，它的全部权威奠基于时代所共鸣的思想情感，无论这些情感是表现在谈话里、书信里、发表的文章里还是表现在有关公共正当（public right）的基本著作里，例如亚里士多德、西塞罗、洛克、锡德尼等人的著作。①

杰斐逊无疑是以亚里士多德所谓的明智者（phronimos）的眼光，即具有实践智慧的政治家的眼光，阅读了关于"公共正当的基本著作"。在阅读政治哲学史时，他很可能并未注意到（或意识到）古今之争。作为一个政治家，杰斐逊最关注政治的历史，而非哲学的历史；他会顺理成章地将洛克的自然法理解为对亚里士多德的反思或改造。杰斐逊可能已经理解——或领悟到，在基督降诞之后，自然正当必须假借自然法的名义出场；并且，考虑到基督教所造成的"神学-政治"困境，平等主义的自然正当是政治家唯一可用的自然正当形式。作为一个明智者，杰斐逊可以自由决定和选择（或结合）那些有用且有益的政治原理，而无需考虑如下事实：在政治哲学史上，自然正当——进而激发政治才能的政治明智——据说已经被马基雅维利及其追随者摧毁了。

杰斐逊和美国建国者似乎完全没有意识到，马基雅维利之后的每一种政体都仅仅为必然性的命令所统治，因而都会不可避免地成为彻底"现代的"或"马基雅维利式的"政体；换言之，"马基雅

---

① "Jefferson to Henry Lee, May 8, 1825", in *Jefferson: Writings*, ed. M. Peterson (New York: Library of America, 1984), 1501.

维利主义"已经成功地将明智驱逐出政治话语的世界。即使是被当作马基雅维利追随者之一的洛克,似乎也已突破了古今之堑,因为,在一段可能是写给政治家的话中,洛克称:

> 真理始终如一;时间不会改变它,它也不会因为属于古代或现代的传统而变得更好或更坏……为此没有必要将古今对立,或拘执于任何一方。在追求知识的过程中,明智运用自己心灵的人将收集能够启发他的东西,并且尽量从两方面得其助益,博采众长。他可能发现真理和谬误混杂在一起,但既不敬慕其中的谬误,也不拒斥其中的真理。①

二

显然,杰斐逊和建国者们并未以施特劳斯的方式阅读洛克。一位施特劳斯作品的深入研究者评论说:

> 没有证据可以证明,建国一代能以非传统的方式理解洛克,并且还有相当多的证据指向了其反面。②

事实上,没有任何证据表明有谁曾经运用施特劳斯的技艺、创见和洞识来阅读洛克,包括最有见地的哲学家在内。施特劳斯发现

---

① John Locke, *Of the Conduct of the Understanding*, ed. Ruth W. Grant and Nathan Tarcov (Indianapolis, IN: Hackett, 1996), 197 (§24); see Leo Strauss, *The City and Man* (Chicago: Rand McNally, 1964), p. 11.

② William A. Galston, "Leo Strauss's Qualified Embrace of Liberal Democracy," in *The Cambridge Companion to Leo Strauss*, ed. Steven B. Smith (Cambridge: Cambridge University Press, 2009), p. 207.

了一个隐匿于其著作中的隐微的洛克，这是一个极端现代的洛克，他的工作拓展了肇始于马基雅维利的哲学方案。施特劳斯称洛克为"现代自然权利最著名和影响最大的导师"，并认为洛克的影响力来自这样的事实：他在

> 让我们辨识他有多么现代或者他从自然正当传统偏离了多少时，感到格外困难。他是一个极其明智的人，而且他收获了他那超迈常人的明智的报偿：许多人聆听他的声音，他对从事实际事物的人和人们的众多见解产生了巨大的影响。

洛克"超迈常人的明智"的结果就是，"我们就面对着从苏格拉底到洛克的一个绵延不绝的令人无比尊重的传统"。施特劳斯透过表象发现了一种"根本不同"① 的洛克式自然正当。但是，即使不考虑其他的问题，施特劳斯是否将洛克"超迈常人的明智"仅仅归因于他"更大的谨慎"，也很值得怀疑。

显白的洛克确实提供了一个有助于政治的学说——自然法源自理性，并为启示所支持；可以将主权牢靠地授予人民和政府，这个政府并非始自神圣的王权，而是起源于被统治者的同意。定期的选举、分权和代表制是宪制政府的本质，革命权则是［人民］对政府最终的制衡，也是人民主权最终的体现。这些首要原则将为宪制政府和法治原则提供牢固的支持。如果我们要以建国者理解自身的方式理解他们，就必须以他们理解洛克的方式理解洛克，而不能以施特劳斯的方式理解洛克。

---

① Leo Strauss, *Natural Right and History* (Chicago: University of Chicago Press, 1953), p.165. ［校注］中译参施特劳斯，《自然正当与历史》，彭刚译，北京：三联书店，2016。后皆仿此，不再加注说明。

凯瑟琳·朱克特（Catherine Zuckert）和迈克尔·朱克特（Michael Zuckert）教授反对这一观点，因为它

> 似乎贬损了建国者应得的荣誉……似乎是说建国者不够智慧，无法把握真正的洛克，只是靠他们的愚蠢（刻薄地说）才免于堕入黑暗的现代性。

朱克特夫妇此言虚实难辨——这些话看似不过是玩笑。如果建国者已经触及了洛克隐微主义的最深要义，却仍然奉其为"美国的哲学家"，那就很难说他们还能配享荣誉了，因为他们假借自己奉为圭臬的"自然法和自然之上帝的法"的"超越性原则"，故意将美国引导至历史主义、相对主义和虚无主义的歧路上。

建国者无疑是哲学性的政治家，受哲学和"公共正当的基本著作"的指导，但很难说他们本身就是哲学家。[①] 包括迄今为止最为才华横溢的政治哲学家在内，任何人都不曾以与施特劳斯相同的关切和细致研读洛克，那么，凭什么建国者不以施特劳斯的洞见研读洛克就应蒙羞？但是，按照朱克特夫妇的看法，即使建国者仅仅理解了显白的洛克，他们也可能会被拖入"现代政治"的泥沼，因为显白的洛克必然伴随着那个隐微的洛克所秉持的要旨。二者密不可分，并且，隐微的洛克总是表现得比显白的洛克更有力量。[②] 朱克特

[①] 参见 Hilail Gildin, "A Response to Gourevitch," in *The Crisis of Liberal Democracy*, ed. Kenneth Deutsch and Walter Soffer (Albany: State University of New York Press, 1987), p. 122.

[②] Catherine Zuckert and Michael Zuckert, *The Truth about Leo Strauss* (Chicago: University of Chicago Press, 2006), p. 249. 在 *Natural Rights and the New Republicanism* (Princeton: Princeton University Press, 1994, p. 288) 中，Michael Zuckert 将其描述为洛克的"上钩调包（bait and switch marketing）"。

夫妇推断说："施特劳斯认为洛克成功做到了这一点。"①

施特劳斯确实将洛克视为激进的现代思想家：

> 洛克的财产学说以及他的整个政治哲学，不仅就圣经传统而言，而且就哲学传统而言，都是革命性的。通过将重心由自然义务转移到自然权利，个人、自我成了道德世界的中心和源泉，因为人——不同于人的目的——成了那一中心和源泉。②

美国建国者理所当然地将洛克的"财产学说"作为其宪制政府的基础。进一步说，对自然财产权的保护，为富人和穷人提供了一种古典世界无法实现的共同基础。权利或自然权利的理念，现在被理解为针对政府的主张或保留意见，这对于古典政治哲学来说可谓闻所未闻。亚里士多德的混合政体是寡头制与民主制的结合，其中富人和穷人的利益被用以相互制衡。但是，古典世界绝没有穷人和富人应该享有共同利益这样一种观念。财产权提供了一种穷人和富人都会支持的公共利益。因此，共和政府以财产权为立国之本，或许是想以此避免困扰古代政制的阶级敌对。

亚里士多德提出，有数量庞大的中产阶级的混合政体将是最稳定的，因为中产阶级既不富有也不穷困，能成为两个敌对阶级间的缓冲力量。当然，由于古代世界普遍的［经济］匮乏，数量庞大的中产阶级非常罕见。古代世界的情况是少数人富有，多数人穷困。然而，私有财产权制度和"贪欲的释放"（emancipation of acquisition）都以公共善的名义正当化了（在资本积累的系统中，每一种私人贪欲都会增加可供公共消耗的商品储备），借助它们，财富将以迄

---

① Zuckert and Zuckert, *Truth about Leo Strauss*, p. 249.

② Leo Strauss, *Natural Right and History*, p. 248.

今为止难以思量的速度被创造出来。丰裕程度的提升使拥有大量中产阶级的民主国家得以可能，在这些国家中，财产权被视为最广泛的权利，对财产权的保护将成为"政府的首要目标"。被理解为有限政府的宪制政府观念和法治原则都出自洛克的"财产学说"。

此外，在受洛克启发而建立、并为建国者完全认可的那种宪制政府中，正义会更牢固地植根于自然之中！施特劳斯在《古今自由主义》一书中指出：

> 正义要求社会等级秩序在合理的程度上对应于自然等级秩序。古老方案中缺乏这样的对应，因为［古老方案面临的］基本事实就是［经济状况的］匮乏。随着越来越富裕，人们便越来越有可能看到并且承认，传统的贤良政制观念包含了伪善要素；既有的贤良政制被证明是寡头政制，而非贤良政制。换言之，从自然不平等与社会不平等之间几乎没有任何关系这个前提出发，人们越来越容易论证，就实践或政治来说，可以稳妥地认定，所有人依据自然都是平等的，所有人都有相同的自然权利，只要人们在得出"应给每个人相同的机会"这一结论时以如下经验之谈为基本前提：在这个今非昔比的物种［即人类］那里，当使用、不用或滥用机会时，自然的不平等发挥了正当作用。由此，也就有可能消灭许多不义，或至少消灭许多变得不义的事物。[1]

因此，建国者采用并改造的洛克理论体系，使从分配正义或自

---

[1] Leo Strauss, *Liberalism Ancient and Modern* (New York: Basic Books, 1968), p. 21; *Natural Right and History*, pp. 148-50. ［校注］中译参施特劳斯，《古今自由主义》，叶然等译，上海：华东师范大学出版社，2019。后皆仿此，不再加注说明。

然正当的角度改进古代模式得以可能。在亚里士多德的世界，贵族几乎都是不加掩饰的寡头。现在，真正的贵族将取代伪贵族，因为"释放贪欲"提升了丰裕的程度，使奠基于"平等机会"的分配制度得以可能。在这种分配制度中，晋升的依据是自然天赋，而非阶级或社会等级。施特劳斯引用了杰斐逊1813年写给亚当斯（John Adams）的信，以表达对杰斐逊观点的明确赞同：

> 这种政府形式最好：它最有效地提供了一种纯正的选举制度，以便令自然贵族出任公职。

施特劳斯认为，杰斐逊的说法体现了古典政治哲学对最佳政治秩序的回答，即"基于优秀品性，基于人的美德，基于'德性'而主张统治权"。[1]

施特劳斯引文的前一句话也值得注意，杰斐逊写道：

> 就社会的教育、诚信和治理而言，自然贵族是大自然最宝贵的馈赠。的确，如果大自然创造了社会状态的人，却没有供应充分的美德和智慧来管理社会的事务，自然造物（creation）将自相矛盾。[2]

因此，对杰斐逊来说，自然贵族的存在证明了"自然造物"已经设计出为社会状态或政治状态而生的人！人自然地是政治的动物，并且最好的政体依自然而言是贵族制。既然"美德和才能"已经很

---

[1] Leo Strauss, *What Is Political Philosophy? and Other Studies* (Glencoe, IL: Free Press, 1959), p. 86。在杰斐逊写给亚当斯的原信中，这句话是一个问句。施特劳斯将其修改为陈述句，似乎表明他将其采用为自己的话。

[2] "Jefferson to John Adams, October 12, 1813", in *Jefferson: Writings*, p. 1306.

明显地"由自然……平均地分布于社会上的所有阶级",因此,一个能使所有阶级的美德和才能浮现出来的机会平等的制度,才最符合"自然正当"。①

对杰斐逊而言,自然贵族的存在至少与"人生而平等"一样,是不证自明的真理。显然,人类自然地存在不平等。除了体力和美貌上的不平等,还有智力、美德的潜力和社会能力上的不平等,不胜枚举。对于洛克、杰斐逊和建国者来说,自然平等意味着,就自然而言不存在任何不平等——无论如何衡量,没有谁可以自然地统治其他人。这正如杰斐逊指出的:

> 牛顿(Isaac Newton)爵士的思维能力比别人强,但他并不因此就成为别人的人身或财产的主人。②

因此,"政府的正当权力"必须来自"被统治者的同意",并旨在保护那些同意被治者的"安全和幸福"。民主或共和的政治精神中,最深刻的矛盾就是如何调和智慧与同意[的矛盾]。

施特劳斯认为,

> 按照古典派的想法,满足这两个完全不同的要求——对于智慧的要求和对于同意或自由的要求——的最好办法,就是由一个明智的立法者制订一套公民经循循善诱而自愿采用的法典。那套法典既像是智慧的体现,就应该尽可能少地变动;法治要取代人治,无论后者如何有智慧。③

---

① Jefferson, "Autobiography," in *Jefferson: Writings*, p. 32; see "Notes on the State of Virginia", in ibid., p. 274 (Query XIV, near the end).
② "Jefferson to Henri Gregoire, February 25, 1809", in ibid., 1202.
③ Leo Strauss, *Natural Right and History*, p. 141.

施特劳斯肯定意识到，他对古典方案的描述，几乎也是订立和采用《美国宪法》时所用方案的描述，二者仅有一处重要区别：美国人把制定组织政府之法律的工作委托给了一个审议机构，即一个"经遴选的公民组织，从他们的共同审议中可以期待得到更多的智慧和更多的安全"，从而取代了"智慧突出和公认正直的公民个体"的位置。① 这个审议机构产生了以法治为基本原则的宪制政府。制宪

---

①　麦迪逊写道："据普鲁塔克说：梭伦由于其同胞的一致投票选举，在某种程度上被迫单独负起制定新宪法的全责。"在说明一些"改革家所遇到的种种困难，以及为了实现改革而被迫使用的权宜之计"时，麦迪逊强调说，"梭伦……承认自己给予同胞的并不是一个最适合于他们的幸福的政府，而是一个最能容忍他们的偏见的政府"。麦迪逊在这里运用了一些夸张的修辞，因为普鲁塔克实际上说的是梭伦给雅典人以最能接受（prosedexanto）〔译按：prosedexanto 源自希腊语 προσδέχομαι，意为接受〕的法律。这实际上已经成了制宪会议的一个辩论主题：巴特勒（Pierce Butler）认为，"我们必须仿效梭伦的范例，他给了雅典人以他所能设计出的最好的政府，而非他们最愿意接受的政府"。但是，麦迪逊的观点深为汉密尔顿、威尔森（James Wilson）、伦道夫（Edmund Randolph）所赞同，他提出的主张是，"为了实现一个适当的政府，我们应当考虑本身就正当且必要的事物。适于这一理念的计划将为人接受"。麦迪逊发表意见后，格里（Elbridge Gerry）立即表示反对："必须考虑人民会赞同什么。这一直就是所有立法者采取的政策。"考虑到制宪会议的成员被迫要在关键问题尤其是奴隶制的问题上达成妥协，审议机构似乎和古代立法者一样受"权宜之计"和"临时政策"的必要性影响（*The Records of the Federal Convention* of 1787, ed. Max Farrand〔New Haven, CT：Yale University Press, 1966〕, 1：125〔Butler〕；1：215, 528-29〔Madison〕；1：215〔Gerry〕；1：253〔Wilson〕；1：366, 474〔Hamilton〕；1：372〔Randolph〕.）。麦迪逊认为审议机构可以产生"更多的智慧"，这个主张很可能是对的，但审慎或实践智慧总会"在一切人类事务上"或在自然正当的应用中起核心作用。在宪法批准的辩论期间，麦迪逊不情愿地承认，即使"最理性的政府也不会认为公众对它的偏护是多余的好处"（*Federalist*, No. 49, 315）。尽管麦迪逊认为"美国根据古典模式的改进"意义重大，但他仍然强调说，"伴随这种实验会产生危险和困难，且不必要地增加试验是非常轻率的"（*Federalist*, No. 38, 233）。

者也相信，1789年采用的宪制计划将"最有效地"提供"一种纯正的选举制度，以便选出自然贵族出任公职"，"他们的智慧最能够辨别国家的真正利益，他们的爱国心和正义感最不可能为暂时或偏私的考虑而牺牲国家"。新宪法所设想的幅员辽阔的共和国将"最有利于选举公共福利的适当保护人"（《联邦党人文集》，No.10，82）。然而作为明智的政治家，制宪者们知道，经验已经证明，在爱国心和正义感不足以成为服务公共福祉的动机时，"辅助性的预防措施"将起作用。这些"辅助性的预防措施"——权力分立——包含了"野心对抗野心"，它们可以在较好的动机不能发挥作用时，补足"较好的动机之缺陷"（同上，No.51，322）。野心将与"主导品质高尚者的激情，即对名誉的爱"交战（同上，No.72，437），这不仅可以预防暴政，还可以产生优良的政府。优良的政府追求正义并服务于公共福祉——或公共幸福。有些机巧的评论者认为，"辅助性的预防措施"意在使智慧和明智变得多余。为了避免过早得出此一结论，我们必须听从麦迪逊的告诫：相较于其他政体，共和政府存在的前提是其公民具有更高程度的美德（同上，No.55，346）。

麦迪逊向美国人民提出要求，一旦发现宪法并非"严格的共和制"，他们就可以拒绝接受拟决的宪法。麦迪逊认为，

> 显然再没有其他政体符合美国人民的天性，符合革命的基本原则或者符合那一光荣决定，即鼓励每个爱好自由之士把我们的一切政治实验寄托于人类自治能力。（同上，No.39，240）

"革命的基本原则"当然就是《独立宣言》中勾勒的那些原则。在共和政体中，被统治者的同意是一种积极的力量，这不仅体现在组建政府"正当权力"的过程当中，也体现在政府运转的过程当中。每一次选举都是人民同意的周期性更新。美国人民的天性——他们的爱

好、礼仪和才干，使他们倾心于共和政府。而激活了"整个制度"之"天性"的根本部分，就是"激励美国人民的那种警惕性和勇敢精神——培养自由又被自由培养的那种精神"（同上，No.57，353）。当然，自治的实验以人民有充分的自治美德为前提。麦迪逊点明，"每部政治宪法的目的都是，或者说应该是，首先，获得具有最高的智慧来辨别和最高的美德来追求社会公共善之人，并使他们成为统治者；其次，当他们继续受到公众委托时，采取最有效的"预防办法来使他们廉洁奉公。并且，"获得这种统治者的……共和政府的独有政策"，就是"选举的模式"（同上，No.57，350-351）。

虽然我们可以肯定，麦迪逊并不相信共和制的每个公民都有担任宪法规定职务所需的智慧和美德，但拥有美国人天资的大部分公民都可以识别出那些具有资质的人。正是基于这一明智的原理，美国宪法提出了一种可能，即擢升自然贵族——或擢升将近在统治地位的人。即便这种政治的"新科学"发现了意在"补足较好动机的缺陷"的制度，但如果人民没有足够的美德——共和的美德，自我统治的实验也将失败。对于宪制政府的实验而言，"辅助性的预防措施"很重要，但无法取代共和的美德。

古代世界的物质匮乏导致自然的最佳政体无法实现；要想实现以机会平等作为其分配正义原则的政体，就必须满足"释放贪欲"这一先决条件。① 因此，古典政治哲学中最佳政体的实现，只能依凭财产权概念的根本革新和以宪制政府保护财产权的体制。尽管私有财产权是完全现代的——并且"释放贪欲"对古典政治哲学来说闻所未闻，但它也绝不可能像施特劳斯一样，无视亚里士多德的自然正当对创设平等机会的政体所产生的影响。施特劳斯评论说，"智慧要以全心忠于一种体面的宪法甚至宪政主义事业为前提"。当这样说

---

① Leo Strauss, *Natural Right and History*, p.148.

的时候,① 他本人其实是在罕见地表态。可以肯定,他并非没有意识到洛克、美国建国以及宪政主义之间的联系。

此外,洛克"关于圣经传统"的革命性学说,最终产生了一种更加宽容的基督教。这对一代政治家来说并非小事,因为宗教战争对这代政治家来说不只是遥远的记忆。麦迪逊的《纪念与告诫》(*Memorial and Remonstrance*)和杰斐逊的《宗教自由法令》(*Statute on Religious Liberty*)是两部主张宗教自由和政教分离的最伟大的美国文献。二人在书中都将自己的主要主张归功于洛克的《宽容书简》(*Letter on Toleration*),更不用说《基督教的合理性》(*Reasonableness of Christianity*)对他们的影响。所有这些进展都对美国政治和宪制的发展大有裨益。制宪者敏锐地意识到,若无宗教自由和政教分离,就无法建立宪制政府。宗教争端无法在政治上得以解决。宪制政府要求多数人统治,并且少数人要默从多数人的决定。同时,多数人必须以合乎少数人权利的方式进行统治。如果宗教问题成为日常政治的一部分,少数人就决不会默认多数人的决定,因为宗教少数派不会仅因多数人的投票就放弃其宗教顾虑或作出妥协。

但是,美国的建国者没有面临这个宗教问题,因为基于洛克的工作,至少在唯一能够解决理性与启示问题的层面上,即在道德和政治的层面上,美国的神学-政治困境已经得到解决。在最高的层次上,完善或圆满了人类生命的到底是理性还是启示,看似是无解之题。理性无法驳倒启示的可能性,启示也无法否定理性的可能性;但在道德和政治层面上,理性和启示可以达成一致。② 在美国,洛克

---

① Leo Strauss, *Liberalism Ancient and Modern*, p. 24.
② See Leo Strauss, "Progress or Return?," in *The Rebirth of Classical Political Rationalism*, ed. Thomas L. Pangle (Chicago: University of Chicago Press, 1989), p. 242.

奠定了理性和启示达成一致的基础，这种一致采用了"自然法和自然之上帝法"的形式。美国的布道者常常在讲道中提及"伟大的洛克先生"，并竭力主张按照圣经中的义务来抵抗暴政。同时，布道者也强调作为公民社会合法基础的契约的正当性，以及政府保护自然权利和神赐权利的义务。

1776 年，韦斯特牧师（Reverend Samuel West）在波士顿举行了一次引人瞩目的选举日布道，主题是"论反抗统治者的权利"。韦斯特声称，可以在"洛克先生"那里找到"公民社会的性质和目的"。[1] 但更重要的是韦斯特从洛克那里认识到的神学-政治问题：韦斯特断言，

---

[1] Samuel West, "On the Right to Rebel Against Governors" (Boston, 1776), in *American Political Writing during the Founding Era*, ed. Charles C. Hyneman and Donald S. Lutz (Indianapolis, IN: Liberty Fund, 1983), 1: 413。新教牧师确实常常直接引用洛克，而且不引用洛克而直接仰赖其观点的情况甚至更加频繁。此外，可参见 Elisha Williams, "A Reasonable Plea for the Liberty of Conscience and the Right of Private Judgment in Matters of Religion" (1744), in *Political Sermons of the American Founding Era*, 1730–1805, ed. Ellis Sandoz (Indianapolis, IN: Liberty Fund, 1981), 83; Samuel Sherwood, "A Sermon Containing Scriptural Instructions to Civil Rulers, and all Free-born Subjects" (1774), in ibid., 382–403; Samuel Cooper, "A Sermon Preached Before His Excellency John Hancock, Esq; Governour…Being the Day of the Commencement of the Constitution and Inauguration of the New Government" (1780), in ibid., pp. 639–56; Israel Evans, "A Sermon Delivered at Concord, Before the Honorable General Court of the State of New Hampshire at the Annual Election" (1791), in ibid., 1061 and passim; John Tucker, "An Election Sermon" (Boston, 1771), in *American Political Writing*, 1: 162–63; Simeon Howard, "A Sermon Preached to the Ancient and Honorable Artillery Company in Boston" (Boston, 1773), in ibid., 1: 187, 202; Gad Hitchcock, "An Election Sermon" (Boston, 1774), in ibid., 1: 282, 289, 294; Levi Hart, "Liberty Described and Recommended: in a Sermon Preached in the Corporation of Farmington" (Hartford, 1775), in ibid., 1: 306, 308, 311, 312; Phillips Payson, "A Sermon" (Boston, 1778), in ibid., pp. 524, 534。

一种假扮成从上帝而来但却完全抵触自然法的启示，应被直接认定为冒名行骗而予以拒绝。因为上帝不可能制定与自然法相悖的法律，那样祂就自相矛盾了——从严格意义上讲，这是不可能的，因为神圣权力不会产生矛盾的东西……如果倾听理性的声音并以之作为准则，人类就绝不可能相信不抵抗和无限被动服从最差的暴君的学说，因为他们立即就能看出这种学说与自然法相悖。①

　　因此，"凡是正确理性要求必须做的事，都等同于上帝的意志和法律，就好像它从天堂直接启示我们，或是从圣经中直接命令我们一样"。② 韦斯特论断说："我们发现，无论理性还是启示，都完美一致地指明了政府的性质、目的和意图。"③ 这些目的就是促进"共同体的福利和幸福"，而"政府的意图"就是源自社会契约"最为神圣"的性质，并且指向代议制宪制政府（同上，页431，417）。韦斯特的选举日布道并不反常。当时的许多布道都表达了类似的观点，

---

① Samuel West, "On the Right to Rebel Against Governors," pp. 414, 419, 421, 424-30. 比照 Locke, *An Essay concerning Human Understanding*, IV. xviii. 10; IV. xviii. 7; IV. xviii. 14; IV. xvii. 12; IV. xvii. 24; IV. xix. 15。将《罗马书》第十三章解释为圣经使人负有抵抗暴君的义务，以取代旧有的消极服从的教义，这常常成为时人激辩的话题。此外，还可参见 Elisha Williams, "A Reasonable Plea," pp. 79-80; John Smalley, "On the Evils of a Weak Government: Sermon, Preached on the General Election at Hartford" (May 1800), in *Political Sermons*, 1432ff.; John Tucker, "An Election Sermon," 164-184; Simeon Howard, " A Sermon Preached to the Ancient and Honorable Artillery Company," p. 204; Gad Hitchcock, "An Election Sermon," pp. 285, 302。

② Samuel West, "On the Right to Rebel Against Governors," p. 416。比照 Locke, *First Treatise*, par. 86: "理性［是］人类心中的上帝之声"，参见 *Essay*, IV. xix. 4。

③ Samuel West, "On the Right to Rebel Against Governors," p. 431。

而洛克对布道坛的支配,不亚于他对立法机构和制宪会议的支配。因此,"伟大的洛克先生"主导并精心编排了一种上帝的安排(dispensation),而一位引人瞩目的上帝似乎就以此安排引导着美国的共和政府实验,以避免其陷入神学-政治争端,否则这些争端会扼杀建立宪制政府的任何尝试。施特劳斯是纳粹德国的流亡者,他确实并非没有意识到华盛顿(George Washington)几乎是第一个将犹太人当作同胞的非犹太人国家元首。[1]

三

但是,这些有益的洛克式影响最终会为隐微的洛克所破坏吗?特别是,它们会被作为财产权基础的激进"自我"(ego)和"自我创造的自我"(the self-creating self)破坏吗?正如迈克尔·朱克特所述:

> 如果"财产权的伟大基础"是劳动,那么,洛克就是在间接表明人本身是转化性和占有性劳动的产品。人造而非神造,才是首要的道德事实。论财产权这一章逐步迂回地得出如下意见:人类是其自身的所有者,乃是因为他们是其自身的制造者,乃是因为他们拥有他们所制造的东西。[2]

---

[1] Washington, "letter to the Hebrew Congregation in Newport, August 1790", in *George Washington: A Collection*, ed. W. B. Allen (Indianapolis, IN: Liberty Classics, 1988), pp. 547-548。参见 Edward Erler, "The First Amendment and the Theology of Republican Government," *Interpretation* 27, no. 3 (Spring 2000): 255。参见 Harry V. Jaffa, "Crisis of the Strauss Divided: Essays on Leo Strauss and Straussianism", *East and West* (Lanham, MD: Rowman and Littlefield, 2012), pp. 143-145。

[2] Michael Zuckert, *Natural Rights and the New Republicanism*, p. 278.

对朱克特来说，这个"自我创造的自我"必然会成为自我毁灭的自我。一个强调私有财产权利的制度能承载"公共幸福"吗？如果公共善仅仅是个体自私或自我主义附带的副产品，公共善的幻想最终不会崩塌为彻底的自我扩张狂热吗？而在这种自我扩张中，"追求幸福"被理解为一个纯粹出于个人偏好的术语，即对任何能够产生快乐之事享有权利，无论这种快乐多么虚假。毕竟，施特劳斯对洛克学说最终的判断似乎是，"洛克是个享乐主义者"。[1] 在朱克特夫妇和所见略同者看来，美国建国者不可能逃脱，甚至不可能改善这些低俗的根源。

史密斯（Steven B. Smith）教授写道，

> 洛克式观念塑造了新美利坚合众国的理论基础，这样一种观点如今已不像以往那么流行了，而施特劳斯[在《自然正当与历史》中]却认同这种观点；施特劳斯对洛克的评价就是他对美国的评价，这样说一点也不夸张。

但施特劳斯在他"细心的读者"所不可能忽视的"一个讽刺"中所揭露的是，"霍布斯（Thomas Hobbes）而非洛克才是美国真正的建国者"。[2] 在施特劳斯的解释中，洛克仅仅为"霍布斯粗糙、艰涩的学说"披上了"糖衣"……"洛克的天才之处在于他给如果不包起来就会很苦的药片提供了一种安慰剂的效果"（同上）。朱克特夫妇完全赞同这一点。[3] 但是，建国者确实没有将洛克理解为霍布斯更宜人的替

---

[1] Leo Strauss, *Natural Right and History*, p. 249.
[2] Steven B. Smith, *Reading Leo Strauss: Politics, Philosophy, Judaism* (Chicago: University of Chicago Press, 2006), p. 170.
[3] Zuckert and Zuckert, *Truth about Leo Strauss*, p. 251.

代品。在一贯地赞美洛克的同时,建国者关于霍布斯的寥寥几语是异口同声的批评。例如,汉密尔顿在他早期的论辩文章《农夫辩驳》(*The Farmer Refuted*)中指出,他的对手很容易被误认为是霍布斯的弟子。汉密尔顿写道:

> 霍布斯就像你一样,主张[自然状态中的人]完全自由,免受一切法律和政府的束缚。据他所说,道德义务起源于公民社会的创始;并且这里没有德性,德性是全然人造的,是政治家维系社会交往的发明。霍布斯陷入这个荒谬和亵渎的学说之中,是因为他不相信存在一个智慧的、统辖众生的上帝,作为统治者,并将成为宇宙最后的裁断者。

其后,汉密尔顿说明了"自然法"的义务特性和对幸福的理性追求。尽管汉密尔顿主要依赖布莱克斯通的引文,但他说理的要点显然来自洛克,他将洛克与霍布斯对立了起来。①

杰斐逊以一种类似的语调提及霍布斯。在1816年6月7日写给吉尔默(Francis W. Gilmer)的信中,他提到"霍布斯的原则"是"对人性的羞辱;正义感和不义感不是源于我们的自然结构,而仅是出自习俗(convention)"。② 这段话令人想起杰斐逊一个更广为流传的说法,它出现在杰斐逊于1814年6月13日写给劳(Thomas Law)的信中:

---

① Hamilton, "The Farmer Refuted," in *The Papers of Alexander Hamilton*, ed. Harold C. Syrett, vol. 1 (New York: Columbia University Press, 1961), pp. 87–89.

② "Jefferson to Francis W. Gilmer, June 7, 1816", in *The Works of Thomas Jefferson*, ed. Paul Leicester Ford, vol. 11 (New York: Putnam's Sons, 1905), p. 534.

> 如果造物主想要使人成为一种社会性的动物,却没有在他心中注入社会性的意向,那祂岂不是一个大骗子吗?①

批评者肯定要指出,相较于洛克,这个说法与亚里士多德更为契合;但考虑到洛克坚持认为自然法义务在自然状态中具有约束力,人们就大可得出结论说,义务自然地存在,因此人类自然地就是政治的或社会的。这样,阅读洛克时何以容易被导向亚里士多德就很清楚了,建国者何以被引向亚里士多德也清楚了——这无疑也是显白的洛克所意图实现的目的。

史密斯教授认为,确实存在一些迹象——无论多么轻微——可以说明施特劳斯或许并不认为美国建国者是彻底现代的,他们或许已经凭着"洛克自己的明智"避免了"洛克式的原则在理论上的激进性",因为

> 借助强调自己与过去的联系,洛克自己的明智在某种程度上成功地掩藏了[他的]激进主义。因而,美国依然是个理论上特殊的国家,它受自身洛克式起源的保护从而得免后来的现代性冲击。②

这是否意味着显白的洛克或许从隐微的洛克那里拯救了美国建国者?史密斯甚至指出,施特劳斯在《自然正当与历史》开头对《独立宣言》的引用或许就已是一种"公开宣称的教诲"。这种教诲暗示存在"恢复自然正当的可能性……该书设置了民族统一主义的策略,以便借用现代性的早期阶段作为抵抗卢梭和尼采的腐蚀的预防剂"。史密斯继续说:

---

① "Jefferson to Thomas Law, June 13, 1814", in *Jefferson: Writings*, p. 1337.
② Smith, *Reading Leo Strauss*, pp. 172-73.

《自然正当与历史》正是要请美国读者来严肃思考美国政治建国以及引发建国的那些哲学观念。美国建国代表了现代性充分展现其理论活力和自信的第一次浪潮。今天有必要通过对历史主义的批评来重拾几分这种自信。（同上，页173）

无论如何，事实证明，施特劳斯在《自然正当与历史》开篇的"邀请"被其"更深层的教诲"破坏了，因为这种教诲证明，"这种借用注定了要么失败，要么会向关注权利、商业和技术作用的现代性作出命中注定般的妥协"（同上）。因此，对史密斯和朱克特夫妇来说，一头扎进激进的现代性似乎是天命注定，超出了任何具有实践智慧的政治家的掌控范围。但是，这样的分析灵巧地忽略了施特劳斯坚持的主张，即理论危机不必然导致实践危机。[1] 从亚里士多德的主张出发，理论智慧显然高于实践智慧，但明智或实践智慧并不依赖于理论智慧。施特劳斯评论说：

> 在实践智慧自己的领域，即所有人类事物的领域，明智是最高的。明智所统治的领域是封闭的，因为明智的原则，即明智在指导人时所遵照的那些目的，被认为是独立于理论科学的。[2]

施特劳斯之所以十分强调"所有人类事物的领域"，是因为对于亚里士多德来说，明智在政治领域中至高无上。这可能就是亚里士多德使自然正当成为政治正当组成部分的原因。亚里士多德还认为，虽然自然正当是放之四海而皆准的力量（或动力），但它也放之四海

---

[1] 参见 Galston, "Leo Strauss's Qualified Embrace of Liberal Democracy," p. 195.

[2] Leo Strauss, *City and Man*, p. 25. ［译按］中译文参黄俊松译，《城邦与人》，上海：华东师范大学出版社，2022年。

而可变。人们可能说自然正当明确地存在于明智的国度、"人事领域"或政治事务中。《自然正当与历史》倾全书之力就是要证明，自然正当总是人类政治情形的一种可能——在政治生活存在的地方，如果明智的政治家或"开明的政治家"在场，自然正当就有可能实现。自然不能相信，施特劳斯能接受现代性主张把明智从政治生活领域中驱逐出去，或者说马基雅维利已经成功地摧毁了自然正当。

我们不能合理地期望，对于古典政治哲学的崭新理解将会为我们提供可用于今日的药方。因为现代政治哲学的相对成功所造就的社会，古典作品一无所知；古典作品陈述并阐明的古典原则并不能直接适用于这种社会。只有生活在今天的我们才有可能找到今日难题的解决之道。不过，恰当理解古典作品所阐明的那些原则，对于我们得以恰当分析当今社会的独特性，并明智地将那些原则应用于我们的任务来说，或许是一个必不可少的起点。（同上，页11）

"我们得以"（to be achieved by us）分析和"明智地将那些原则应用于我们（to be achieved by us）"是对亚里士多德式自然正当的描述——古典智慧可以应用于不同的政治环境，甚至是那些古典哲人没有考虑过的环境。值得注意的是，此处重复了 to be achieved by us 这一表述。古典明智"对我们"而言是可实现的，并且也可以应用于我们的情况，因为它或多或少可以适用于所有政治情况。现代性并未改变这个源自古典政治哲学的不朽遗产。并且，如果我们在这一点上要追随施特劳斯的话，那么在亚里士多德式自然正当［学说］中，自然正当与政治社会的要求之间就完全不存在什么根本性的不谐，或者说就完全不存在什么淡化自然正当的根本需要了。①

当然，考虑到美国建国者所面对的这种神学-政治困境的特殊性，他们不得不让步于现代性。平等主义的自然正当仍被视作古典自然正当的一种可能形式，但却并非首选的形式。然而，对于美国建国者来说，平等却是他们可以获得的通向自然或自然正当的仅有道路。事实的确如此。如果有某种自然正当观念依赖于同意的要求，承认"不智慧的权利亦即一种非理性的（如果不可避免的话）权利"，这对智慧来说将是致命的妥协（同上，页152）。当然，如果没有这种致命的"淡化"，自然正当将无法立足于现代社会。但从亚里士多德的观点来看，这种"淡化"符合被理解为政治正当或正义之一部分的自然正当观念。根据施特劳斯所言，亚里士多德认为"正义是人人皆知的正义，是政治生活中所理解的正义"。亚里士多德当然不会否认

> 哲学的要求与城邦的要求之间的紧张关系；他知道，纯然最佳的制度属于与充分发展的哲学全然不同的阶段。但是，他表示，那一过程的中间阶段对于所有的实用目的而言，虽然绝非完全相容，却也是足够相容的……在城邦中所能获得的正义显得是完美的正义和无可置疑的善；没有必要淡化自然正当。因此亚里士多德只是说，自然正当乃是政治正当的一部分。（同上，页156-157；191）

---

① Leo Strauss, *Natural Right and History*, p. 156.

四

施特劳斯很少在其作品中提及《独立宣言》；他对此最全面——尽管简短——的讨论却出人意料地出现在《城邦与人》的"柏拉图"一章：

> 当《独立宣言》的署名人说，"我们彼此宣誓，以我们的生命、我们的财产以及我们神圣的荣誉"，他们的意思是，他们决心抛弃自己的生命和财产，但是要维护自己的荣誉；当其他一切——包括《独立宣言》中所提到的第一项自然权利即生命——都为荣誉而牺牲时，荣誉就最为闪耀。虽然荣誉或正义都要以生命为前提，并且它们都是为生命服务的，但它们的地位却高于生命。①

施特劳斯在这里明确指出，《独立宣言》的制定者意图将生命和财产的自然权利牺牲给"荣誉或正义"，从而将灵魂善置于其他的身体善之上。② 这当然意味着《独立宣言》制定者不是霍布斯主义者！如果史密斯和朱克特夫妇所言不虚——他们当然是正确的，说施特劳斯在《自然正当与历史》中的解释将洛克揭露为实质上的（尽管是隐秘的）霍布斯主义者，那么同理，《自然正当与历史》中的洛

---

① Leo Strauss, *City and Man*, p. 89。在我所了解到的施特劳斯的全部作品中，除了《自然正当与历史》的起始段，这是唯一一处直接引用了《独立宣言》的地方；参见 *Persecution and the Art of Writing* (Glencoe, IL: Free Press, 1952), p. 30（行 24-26）。

② 施特劳斯在一个脚注中提到了西塞罗的《论至善和至恶》(*De finibus*, 3. 20-22)。这段话在廊下派对伊壁鸠鲁主义的批评语境中讨论了荣誉与正义的关系。

克就不可能是美国建国中的那个洛克。《独立宣言》的起草者与霍布斯和洛克不同,他们不是"政治享乐主义者"。① 从《城邦与人》里的这一段话来看,无法得出施特劳斯所坚信的结论,即"霍布斯是美国的真正建国者"。

很明显,为了达到纯粹理论层面的目的,施特劳斯在《自然正当与历史》中对洛克的解释夸大了其"激进的现代性"。韦斯特(Thomas West)教授是施特劳斯思想的出色的解释者,他近来表明:

> 在现代世界恢复哲学是施特劳斯终其一生的议题。因为现代哲学近来的种种变化形式使实证主义和历史主义盛行起来,而这两者都否定哲学的可能性(在从意见上升到知识的意义上)。施特劳斯似乎已经选定,最可能吸引现代读者的哲学家就是希腊古典哲人……因此,施特劳斯想要在读者第一次阅读他的作品时,灌输给他们一种对现代性的道德反感,以使他们更为古典政治哲学的魅力所吸引……
>
> 通过夸大洛克对自然的敌意,施特劳斯更容易在修辞上将洛克置于一个滑坡(slippery slope)上。这个滑坡由自马基雅维利至海德格尔(Martin Heidegger)的哲学家引导,前者放弃了以美德作为政治的目的,后者则拥抱激进历史主义和希特勒。为了鼓励他的读者重返古典作家,施特劳斯不得不夸大现代政治哲学历史的连续性,以便展示或者不如说是暗示整个现代哲学事业何以导向了历史主义和政治无责任感。②

---

① Leo Strauss, *Natural Right and History*, p. 169(霍布斯是"政治享乐主义者的创始人");249("洛克是个享乐主义者")。

② Thomas G. West, "The Ground of Locke's Law of Nature," *Social Philosophy and Policy* 29, no. 2 (Summer 2012), p. 24.

一旦以此方式阅读施特劳斯的"洛克"——考虑施特劳斯整体的修辞目的，就绝不可能依然认为建国者带着与施特劳斯相同的目的阅读了洛克。现在，道路已经扫清了，任何严肃的读者都可以按照建国者理解自己的方式来理解他们。

五

在《自然正当与历史》中，施特劳斯漫不经心地表明，他在自然法的关键问题上对洛克的解释"与通常认为的他的学说尤其是《政府论》（下篇）中的学说形成鲜明对比"。[1] 对洛克而言，人天生欲求幸福——追求幸福。但对施特劳斯来说，追求幸福不过就是欲求舒适的自我保全，是生命权利的延展。在洛克那里，虽然没有先天的自然法原则，但对幸福的欲望却是一个"先天的实践原则"，它一直对人类的欲望发挥着作用。按照施特劳斯的说法，它因此具有了"一种绝对权利、自然权利的性质，于是就有了"——施特劳斯推断说——"一种生而有之的自然权利，而不是什么生而有之的自然义务"（同上，页226-227）。就像对暴死的恐惧以自然必然性支配人类一样，这种自然权利同样通过必然性发挥作用，因而是一种绝对的自然权利。当然，对幸福的追求从属于生命权利，因为自我保全的欲望是"上帝植根于人类的首要的和最强烈的欲望"。[2]

施特劳斯因而得出结论说，"洛克是个享乐主义者"（同上，页249）。原因是洛克似乎否认可以通过思索至善来引导人类。施特劳斯引用了《人类理解论》中的一段话，洛克在其中似乎作了固执的断言：

---

[1] Leo Strauss, *Natural Right and History*, p. 220.
[2] 同上，pp. 227；228n92；236；280；297.

因此，古代哲学家虽然问，所谓至善（summum bonum）究竟在于财富呢？还是德性呢？还是思维呢？还是身体的快乐呢？可是在我看来，这个问题实在是无意义的。要照这样问，则我们亦可以合理地来争辩，所谓至味是在苹果呢？是在酸梅呢？还是在核桃呢？照那样，则我们亦可以在这方面有各种派别了……既然人们都追求幸福，他们何以又不被同一事物所激动。人们所选择的事情虽然可以各别，可是都是正确的。在这里，我们正可以假定他们如一群昆虫似的。其中有的是蜂，所爱的是花与甜味；有的是甲虫，所爱的又是别的食品。而且他们在享受了一定的时季以后，便行消灭，不复存留。①

简言之，"最大的幸福亦在于享有那些能产生最大快乐的事物，而避免那些能产生纷扰和痛苦的事物"（同上）。各种快乐之间有区别吗？仅仅是偏好的问题吗？值得注意的是，洛克限定了自己的主张，他说："如果希望不超过坟墓，那么推论就是对的。"（同上）

在施特劳斯所引的内容往前三段，洛克指出，因为"智慧本质的最高的美点在于谨慎地、恒常地追求真正稳固的幸福，所以，我们自己如果心存顾虑，就应谨防自己将想象的幸福认作真实的幸福，那正是我们的自由必需的基础"。紧接着上述详细引文，洛克在下一段谈到"错估善恶"影响了选择，违反了"物性与永恒法则"以及"真正为幸福"所做的选择。最后洛克说道，"人类恒长地、专一地"追求幸福，但"我们仍不得不问，人们为什么总是舍好而择劣"（同上，II. xxi. 56）。洛克是在暗示，这样的结论是必然的："要

---

① John Locke, *An Essay Concerning Human Understanding*, ed. Roger Woolhouse (New York: Penguin Books, 1997), II. xxi. 55.［校注］中译参洛克，《人类理解论》，关文运译，北京：商务印书馆，2017。后皆仿此，不再加注说明。

选择并把追求真正的幸福作为最大的好事,那亦正是人性中的一种必然性。"(同上,II. xxi. 51)此处和《人类理解论》的其他地方都出现了类似的表达:存在至善,至善即"真正的幸福"。

在大约三百页之后,洛克谈及了"理性的动物",说他们跟随"自然的指导……去求得他们的至善"(同上,IV. xii. 11)。韦斯特教授推论说:

> 如果这样解释,即说每个人都有他或她的"喜好"、天赋和性情,因而每个人只能受限地选择对其有益的生活,那么,洛克关于至善的学说可能就会让某位亚里士多德或柏拉图接受了。也正是由于这个原因,哲学生活不能成为每个人的至善。只有考虑到每个人的天性、激情和品位的等次、智力的长处和短处,才能为其找到通往至善的理性道路。①

我认为这体现了洛克理论"见识的降低"(lowering of the horizons)。柏拉图或亚里士多德对此可能会也可能不会接受,但洛克面对的是古人未曾认识的政治-神学困境,因此这种"见识的降低"有必要。个人救赎的教义是基督教秉持的要旨,对古代城邦而言,这种看法就像普世神明的观念一样完全是外来的。现代哲学家抱怨古典哲人,认为后者所明确表达的最好生活方式的诸标准不切实际(甚至是乌托邦的),超出了大多数人力所能及的范围。基督教则使每个信众都能实现生命最终的完满或目标。古典哲学为极少数哲人预留了不朽的位置,基督教世界则将其提供给了所有信众。

正如韦斯特正确察觉到的,按照每个人的个体天赋和能力,洛克将"完满"置于每个人力所能及的范围之内。当然,对大部分人

---

① West, "The Ground of Locke's Law of Nature," p. 36.

而言,"耶稣基督在《新约》中就向我们启示的这种道德律法"提供了至善,"从他那里,我们获得了指引方向的法则,既完满充足,又合乎理性"。① 因为"绝大多数人无法理解,他们必须信仰"。"指导一般大众时,最好还是教给他们福音的训诫和原则。"当然,"福音的训诫和原则"指向至善,即来世永恒的幸福。洛克说,"哲学家确实证明了美德的美丽;他们把她点缀得光彩夺目,使人为之吸引并产生无限赞赏之情,可是由于她一无所有,几乎无人愿意迎娶她"。但美德如果有了"福音的原则"作为禀赋,

> 她如今显然就是最有价值的商品,而且在很大程度上也是最赚钱的买卖。可以说,她是我们天性中最完美和最卓越的地方;还可以说,她自身就是回报,将向来世举荐我们的名声,然而如今对她的赞美却远远不止这些。当初,学识渊博的异教徒曾经用这些虚无缥缈的溢美之词形容过她,可是并未让许多人满意,这自然不足为奇。美德还有别样的吸引力,她可以有效地劝服人们并使其相信,他们如果在此世行善,来世便可永享幸福。让他们睁开眼,看看来生的无以言传的无尽快乐吧!他们在心里会找到一种坚实强大的力量推动他们前进。天堂和地狱的各种景象,会让眼前暂时的欢乐苦痛不值一提,并吸引和鼓舞众人去争取获得美德;同时,无论是从理性、兴趣,还是从自身利益考虑,人们都允许美德的存在并对她表示欢迎。在这个基础上,并且只需要以此为基础,道德就能牢牢地树立起来,并能击败任何竞争对手。②

---

① John Locke, *The Reasonableness of Christianity*, ed. George W. Ewing (Chicago: Regnery, n. d.), pp. 174–175 (§242).
② 同上,p. 185 (§245).

然而洛克完全清楚，不能如此简单地打发关于至善的终极问题。以最优秀之人的卓越（excellence）为榜样，必然存在一种所有人都应该追求的、唯一的人类卓越标准。当然，那些没有满足最高标准的人，即便实现了他们所有或大部分的个人潜力，也无法达到人类卓越的巅峰水准。洛克在《人类理解论》"致读者信"中，清晰笃定地表明沉思是最高级的快乐，因为它涉及"灵魂中最高贵的官能，因此，我们在运用它时，比在运用别的官能时，所得的快乐要较为大些"。这很难成为粗鄙的享乐主义者的说法，反而与亚里士多德在《尼各马可伦理学》中关于沉思生活的讨论更为相称。① 洛克显然区分了快乐的等次——沉思的生活是最高的，为那些极少数能够追随真理"弋禽打猎"、并且"只是在'追求'这种动作中就能产生大部分快乐"的人预留了位置。②

1789年4月30日，华盛顿在纽约发表第一次就职演说，他说：

> 在经济和自然的进程中，在美德与幸福、义务与利益、诚实高尚之政策的真诚准则与公共繁荣幸福的牢固奖赏之间，存在着不可分割的联合，这是被确立的最彻底的真理。因为我们应当相信，一个国家如果无视天国自身所规定的永恒秩序和正确规则，就绝不应期望天国慈悲的垂青。③

这种描述刻画了美德与幸福之间的自然联系，完全是亚里士多

---

① 参《尼各马可伦理学》，X. 7.
② Locke, *Essay*, Epistle to the Reader; 参见 West, "The Ground of Locke's Law of Nature," p. 34.
③ Washington, "First Inaugural," in *Papers of James Madison*, 12, p. 123.

德式的说法。因此,华盛顿(以及起草演讲的麦迪逊)① 认为"追求幸福"就意味着追求美德!而这当然也涵盖了麦迪逊在弗吉尼亚宪法批准大会上的前述主张。他在那时提出,"政治幸福"是政府的目的,并且应当成为政治审议的指导原则。

华盛顿演讲中这个著名的说法,极有可能出自洛克的《人类理解论》,洛克说:

> 上帝既然以不可分离的联合作用,把美德和公益联结在一块,并且使实行道德成了维系社会的必需条件,并且使凡与有德者相接的人们分明看到德性的利益,因此,我们不必惊异,人为什么不只要允许那些规则,而且要向别人来赞美,来讴歌这些规则了,因为他确信,如果他人能遵守美德,他会得到利益。②

以麦迪逊(如果不是华盛顿的话)对《人类理解论》的熟悉程度,这段话很容易让人想到他是要定下这样一种基调:"维护自由的圣火和共和政府模式的命运,[这]被认为正是美国人民肩负的生死以之的实验。"③ 不难看出,这两位关心政治事务本身的开明政治家是如何在时局压力下,通过阅读洛克而理解了亚里士多德式的自然正当。

---

① 麦迪逊文稿的编者注意到,华盛顿发表这次演讲后发生了一些奇特的事情。"在起草了就职演说之后,[麦迪逊]依次起草了众议院对总统的答复(1789 年 5 月 5 日)、总统对众议院讲话的答复(5 月 8 日),除此之外还有总统对参议院讲话的答复(5 月 18 日)。"编者简洁地指出:"因此,在总统和国会之间的一系列正式交流中,麦迪逊是在与自己对话。"(ibid, 12:120-21)
② Locke, *Essay*, I. iii. 6.
③ Washington, "First Inaugural," in *Papers of James Madison*, 12, p. 123.

六

最近，雅法一反常态、轻描淡写地说："对于理解施特劳斯来说，没有什么比《自然正当与历史》开篇的《独立宣言》的位置更重要了。"施特劳斯通过如下论述展开写作：

> 除了最显而易见的原因之外，我还有更多的理由以引用《独立宣言》中的一段话，来开始我这一系列的查尔斯·瓦尔格伦讲演。这段话老被人们引用，但是由于其凝重雅致，使得它免遭因为过度熟稔而滋生的轻视和由于过分滥用而滋生的厌恶。

接着，施特劳斯继续引用了《独立宣言》第二段第一句话：

> 我们认为以下真理是自明的，人人生而平等，他们被他们的造物主赋予了某些不可剥夺的权利，其中包括生命、自由和追求幸福。

施特劳斯对此评论道：

> 毫无疑问，献身于这个命题的民族，部分是由于他们献身于这个命题，现在已经成为世界民族之林中最为强大繁荣的一个。

随后，他以两个问题作结：

> 这个民族在成熟以后，是否依然珍视着她在其中孕育成长的这种信念呢？她是否仍然认为那些真理是"自明"的呢？

雅法注意到，在1949年发表的最初版本的瓦尔格伦讲稿中，施特劳斯是以一句中世纪时关于亚里士多德的语录（"亚里士多德常爱争斗"）开场的。但在1953年，当讲稿以《自然正当与历史》为名出版时，引用亚里士多德的部分被替换为前述段落。雅法谦虚地表示，他自己早期关于林肯的研究影响了施特劳斯，使后者做了这个决定性的改变：用《独立宣言》替代了亚里士多德（或者说对亚里士多德的引用）。我倾向于相信雅法可能确实影响了这一变化。但是，雅法指出，施特劳斯平白的叙述下暗藏玄机：在引用《独立宣言》之后，施特劳斯立即使用了林肯《葛底斯堡演讲》中的表述，但却没有标明出处。因而，施特劳斯将林肯之言为己所用，并且将林肯与《独立宣言》联系了起来。正如雅法所说，施特劳斯可能是想借此暗示，"《独立宣言》的命运最真切地表现了自然正当的命运"。①

在出版于1959年的《分裂之家危机》（Crisis of the House Divided）中，雅法已然接受了施特劳斯在《自然正当与历史》中对洛克的解释。他企图证明，为了纠正美国的"洛克式"起源，林肯在美国政体中引入了亚里士多德的要素。施特劳斯明确表示，他在瓦尔格伦讲座开始所引用的《独立宣言》来自林肯——那个修正了洛克的林肯！但是，雅法已经改变了他关于林肯的作用的想法：他原以为是林肯运用亚里士多德的要素重建了美国政体，但他现在认为这些要素在建国时就已有所体现。

我认为，雅法的变化源于他对"神学-政治困境"有了更深刻

---

① Harry V. Jaffa, *Crisis of the House Divided: An Interpretation of the Lincoln-Douglas Debates* (New York: Doubleday, 1959), Jaffa, *Crisis of the Strauss Divided*, pp. 13, 46, 58.

的理解。他现在不太愿意把《独立宣言》说成是"一份完全理性主义传统的记录",也不愿意把它说成是"综合了在杰斐逊那里一直都是相互敌对的不同要素"的必然结果。① 事实上,雅法在《分裂之家危机》中表明,"杰斐逊一代最深的根"是"洛克主义";"最明显的就是开明的自利的要求",它教导人们要"确保自利的权利和自我主义的个体"(同上,页326)。因此雅法推断说:"革命一代信奉的《独立宣言》中普世权利的信条,可以追溯至洛克式理论构想的权利的自我主义品质,并且最终由林肯给予了签署者的立场以更大的一致性和尊严。"(同上,页324)

在《分裂之家危机》中,雅法张扬地使用了一些意味深长、高谈雄辩又辞藻华丽的夸张说法,来放大林肯的作用的重要性——他说林肯将这个政体提升到了更新、更高的基础之上。雅法在《自由的新生》中表明,林肯延续了这个政体,在美国最大的危机面前保住了建国的原则。换言之,林肯并未以一种比建国之父更高明的方式理解他们,而是像建国之父们一样精确地理解了他们。

雅法曾经认为林肯所补正的亚里士多德式要素,实际上一直植根于建国过程之中,这些要素就像失窃之信一样,为众人熟视无睹。《独立宣言》中"安全和幸福"的用语一直宣示着政府的宗旨。将《独立宣言》认作古今之争的前沿阵地,抑或认作一份纯粹是"政治享乐主义"的文件,仅仅意在保护"自利、自我的个体"之权利,必将失其真义!尚未解决的问题是,《分裂之家危机》中那个比建国者自己更高明地理解他们的林肯,是不是真正的林肯,或者说是否需要对新发现的林肯的作用采取一种新的解释。

---

① Herry V. Jaffa, *Crisis of the House Divided*, p. 229.

在《自由的新生》中，雅法步入了一个新的思想领域。革命一代不再将幸福和追求幸福理解为自利个体的独特偏好，而是将其理解为"客观的善，因此也是理性的善，所有法律和制度都致力于这种善。这是杰斐逊所设定的……他发挥的作用丝毫不亚于亚里士多德，一如革命一代的美国公共舆论所设定的那样"。①《独立宣言》的教义不再被理解为纯粹"理性主义的"；相反，雅法写道：

> 隐藏在《独立宣言》自然权利信条之中的，是《新约》所定下的规则："你们愿意人怎样待你们，你们也要怎样待人，因为这就是律法和先知的道理。"耶稣的劝诫是对现在和未来的所有人提出的，这劝诫必然把"人人生而平等"当作不言自明的真理。（同上，页49）

最后一个用以充实我们观点的例子是：

> 杰斐逊对财产权的洛克式理解——首先是他的这一理解，即个人自由、个人财产权、宪制政府以及法治都源于一个人拥有自我这一自然权利——直接为林肯所继承，并成为林肯建筑自己圣经之家的基石。（同上，页24）

施特劳斯会如何看待雅法的转变，我们不得而知。在《分裂之家危机》五十周年纪念版中，雅法将《自由的新生》描述为比《分裂之家危机》"更为精细和复杂的作品"。雅法表明，《自由的新生》"会以施特劳斯最喜欢的方式向施特劳斯提出挑战"。《自由的新生》

---

① Harry V. Jaffa, *New Birth of Freedom: Abraham Lincoln and the Coming of the Civil War* (Lanham, MD: Rowman and Littlefield, 2000), pp. 9, 27, 42, 49.

确实是"更为精细和复杂的作品",但这并非是两部作品主题的差异所导致的。与施特劳斯不同,雅法似乎别扭地不愿意承认他的"第二次起航"。① 如果施特劳斯愿意认同林肯是个将亚里士多德式自然正当引入美国政体的开明政治家,那就没有什么可靠的理由能说明为何施特劳斯不会接受这样的解释,即建国者而非林肯才是将美国奠基于自然正当的明智者。施特劳斯对《独立宣言》最全面的讨论,出现在《城邦与人》中,前文已作引述。我认为,那一段话证明了施特劳斯并不相信霍布斯或霍布斯式的洛克是《独立宣言》的灵感来源。因此,他可能和雅法一样,相信《独立宣言》本身就代表了古典自然正当原则的真实表达。

《自然正当与历史》证明,在现代世界中,自然正当唯一的替代者就是终将导向虚无主义的实证主义或历史主义:"当代对自然正当的拒斥就导向了虚无主义——不,它就等同于虚无主义。"② 但是,我们必须留意这个警示,对自然正当的需要并不确保自然正当的存在!(同上,页6,75)施特劳斯的研究背景是西方危机。雅法的研究则聚焦于美国的危机。然而,我相信施特劳斯会同意美国的危机就是西方的危机,并且在某种程度上,《独立宣言》的命运最终也将决定西方的命运。美国内战的意义在于使《独立宣言》重新回到美国共和主义"定海神针"的正确位置,以此对抗那些将《独立宣言》诋为"自明的谎言"之人。美国成功了,或者说林肯成功了。

但此后不久,历史主义和实证主义的汹涌浪潮便席卷了战后的

---

① 可参见 *Crisis of the Strauss Divided*, pp. 27-28;以及 Edward Erler, "Philosophy, History and Jaffa's Universe," *Interpretation* 28, no. 3 (Spring 2001), pp. 245-57.

② Leo Strauss, *Natural Right and History*, pp. 5, 18.

美国，攫取了美国人的胜利果实。这次肇始于欧洲大陆思想家的浪潮，后来以进步主义的名号为人所知。实际上，进步主义否定了《独立宣言》的重要意义和自然正当观念本身。美国的衰落——一头扎进相对主义和虚无主义——不能归因于它信奉《独立宣言》中体现的洛克式原则，而要归于始自卢梭的现代性"第二次浪潮"对这些原则的拒斥。

在卢梭那里，自然被一种近乎无限的可完善性的潜力所替代，这是一种由"许多外部原因的偶然会合"所激发的潜力。① 换言之，历史取代了自然。霍布斯和洛克称为人性的东西，在卢梭那里仅仅是人类应对历史环境和无法理解的天命的副产品。人类历史演变中最具决定性的发展是私有财产权的确立。如果没有财产权利的设定，就不会有超出需要的欲望，不会有以牺牲他人为代价获利的欲望，也绝不会有获取承认和权力的欲望，正是这种欲望最终导致了财产占有上的不平等。卢梭认为："这一切灾祸，都是私有财产的第一个后果，同时也是新产生的不平等的必然产物。"（同上，页156）卢梭宣称，谁第一个

> 把一块土地圈起来并想到说：这是我的，而且找到一些头脑十分简单的人并使其相信了他的话，谁就是文明社会的真正奠基者。假如有人拔掉木桩或者填平沟壑，并向他的同类大声疾呼：不要听信这个骗子的话，如果你们忘记土地的果实是大家所有的，土地是不属于任何人的，那你们就要遭殃了！这个人该会使人类免去多少罪行、战争和杀害，免去多少苦难和恐

---

① Jean-Jacques Rousseau, *Discourse on the Origin and Foundations of Inequality Among Men*, in *The First and Second Discourses*, ed. Roger D. Masters (New York: St. Martin's, 1964), p. 140.

怖啊！但是，很明显，那时一切事物已经发展到不能再像以前那样继续下去的地步了。（同上，页142）

卢梭认为，财产权的理念并非突发奇想，而是依凭于"许多先前的想法，这些想法只能是陆续产生的"（同上）。在家庭的发展中就存在某种可以称为财产权的东西，但只有在劳动分工出现之后，财产的观念才无可避免。而且，一旦"引入财产权"，"平等便不复存在"。在自然状态中，自然不平等几乎无法察觉，也没有太多裨益，但一旦进行了劳动分工并且引入了财产权，

> 更强壮的人能做更多工；更聪明的人将其［不平等］转化为更大的优势；更心灵手巧的人发现了减轻劳动的办法……于是，自然的不平等与人为的不平等便一起不知不觉地表现出来了。（同上，页154-155）

以此方式抵达"自然状态的最后阶段"后，人们将作出或许［因历史发展而］无法避免的、但非命定的选择。没有哪个哲学家曾连根拔起［宣示财产的］木桩，并警告这个针对人性的骗局。因为那时哲学本身还不存在，哲学是公民社会的产物；它属于之后的时代。在"自然状态的最后阶段"，人类的能力（faculties）处于"原始状态的懒惰和我们虚荣心的贪婪活动之间的一个黄金分割点，而且一定是最幸福和最持久的时代"（同上，页150-151）。这是"对人类而言最好"的状态，只有"某种致命的意外事件"才能让人脱离这种状态，"而为了公共之善，这种事件最好永不发生"。这个最后的阶段是"人世的真正青春；随后发生的所有的进步表面上都是个人完善的进步，实际上则是整个人类的败坏"（同上，页151）。

卢梭引用了"明智的洛克的真理,没有财产权,就没有伤害"。① 尽管洛克将财产权视作一种自然权利,甚至视作无所不包的自然权利,但卢梭却坚称"财产权不过是人们的协定和制度的产物"。② 财产权的觉醒带来了不可避免的不平等,卢梭认为这种不平等与财产权最终败坏了人类这个物种。人类盲目选择接受财产权理念的唯一好处是令"少数几个伟大的世界主义者的心灵"变得完满(同上,页160),令像卢梭这样作为财产权引发的文明中最光彩夺目的装饰品的哲人变得完满。在卢梭眼里,这绝非无足轻重的益处。人类的灵魂被置于不幸的旅程之中,从几乎无限的可完善性的潜力发展到灵魂的"衰老",这当中的始作俑者并非人类灵魂内在的什么东西,而仅仅是历史"偶然会合"所导致的结果。

对卢梭来说,历史不过是随机的。在历史中发掘理性的目标,直到在黑格尔那里才以历史辩证法的方式完成。也正是黑格尔和他无论

---

① 同上,页150。该处引用来自 *Essay*, IV. iii. 18。在一个注释中,马斯特(Roger Masters)指出,卢梭将洛克的"不正义(injustice)"替换成了"伤害(injury)"。卢梭用法语将这个词语翻译为"de l'injustice"(吉尔丁 [Hilail Gildin] 教授提醒我 d'injure 可以表达"违背权利,或违背正义"的意思)。也可参见 John Locke, *Some Thoughts Concerning Education*, ed. Ruth W. Grant and Nathan Tarcov, (Indianapolis, IN: Hackett, 1996), 82 (§110)。1792 年,麦迪逊在《国民公报》上匿名发表了对卢梭《永久和平计划》的犀利批判文章。卢梭被认为是"空想哲人"的一员,其"计划……既荒唐又无效"(*Papers of James Madison*, 14: 206-7;也可参见 "Madison to Thomas Jefferson, October 24, 1787", in *Papers*, 10: 212)。几乎可以肯定,卢梭也是麦迪逊在《联邦党人》文集中所批评的"理论政治家"之一(*Federalist*, No. 10, 81)。《弗吉尼亚笔记》(*Notes on the State of Virginia*,一部杰斐逊从未打算发表的作品)中的几个段落证实了杰斐逊可能要更同情卢梭一些,这些段落非常明显地依赖于《政府论》(下篇),但却没有提到卢梭。然而,杰斐逊的所有公开文献中都没有卢梭的痕迹,其私人信件也很少提到卢梭。

② Rousseau, *Discourse on Inequality*, p. 168.

左派还是右派的追随者,支配了战后的美国。总的来说,进步主义试图摧毁美国建国的原则。就这些原则曾被说成源于"人性"或"自然和自然的上帝之法"这一点来说,它们可能完全只是一厢情愿的妄想,因为始自卢梭的历史主义和科学进化论已经将永恒自然的观念示为谬误。一个时代"自明的真理","在另一个时代似乎只不过是废话",并且"《独立宣言》中所祀奉的崇高真理多半就是这样的命运"。

贝克尔(Carl Becker)是进步主义历史学家中的领军人物,以下是他在1922年出版的著作《独立宣言》中作出的判词。《独立宣言》的"崇高真理"在其所处时代是鼓舞人心的,但它们不适用于任何其他时代——它们仅是当时最强大力量的副产品,"无法幸存于现代世界严酷的现实之中"。每个时代都要为它自己创造"真理"。因此,"询问《独立宣言》中的自然权利哲学是真是假,本质上没有意义"。[①]对历史真理的最终洞见是,所有真理都与创造它的历史环境相关——不过这个最后的历史洞见可能是例外,因为它对所有的历史时代都有好处,而且不需要解释为什么它是唯一可以豁免这一洞见的"真理"。当然,如果追问《独立宣言》中的原则是否正确毫无意义,那么追究自由是否比奴隶制更可取或者宪制政府是否优于暴政都将毫无意义。这些都只不过是价值问题,理性无法裁断价值冲突或价值体系。自然或自然正当被排除出了进步主义者的世界,取而代之的是"历史意识"——但自然正当在其中遭到驱逐的这类说辞,似乎恰恰证明了自然正当本身的可能性是永恒的。事实上,凭借其智识上所依恋的古典自然正当的庇护,美国建国者已经在抗衡现代性风暴的逆流。

---

① Carl L. Becker, *The Declaration of Independence: A Study in the History of Ideas* (New York: Random House, 1942), 233, 279, 277; 雅法犀利地批判了贝克尔, *New Birth of Freedom*, pp. 83-121。

ས
马克·吐温的《圣女贞德传》：一位美国女子？

巴兹尔（Christine J. Basil）
亚历山大（Rachel K. Alexander） 撰
张霄 译

爱的劳作

"这本书可能卖不出去，但没关系——它是为爱而作。"①马克·吐温（Mark Twain）这样谈及他称之为他最好也最彻底地经过探索而作的小说。②或许他不仅对此书的价值判断正确，而且对它

---

① 摘自马克·吐温于1895年4月29日致H. H. Rogers 的信，收于 Mark Twain's Letter, A . B. Paine 编, New York：Harper and Brothers, 1917, 2：624。
② "在我的所有作品中，我最喜爱《圣女贞德传》；它是最棒的；我很清楚这一点。除此之外，它给予了我其他作品给予我的欢乐的七倍；为了它，我花了12年时间准备，2年时间写作。其他的作品无需准备，也没有准备。"引自 James M. Cox, The Fate of Humor, Columbia：University of Missouri Press, 2002, p. 250。

的受欢迎程度也判断正确。① 因为他谈论的文本并非《汤姆索亚历险记》(The Adventures of Tom Sawyer)、《哈克贝利·芬恩历险记》(The Adventures of Huckleberry Finn) 或《亚瑟王朝廷上的美国佬》(A Connecticut Yankee in King Arthur's Court)，这些显然时至今日仍是美国经典，且在全美国的高中都能阅读到，相反，他在谈论一本关于法国乡村女孩贞德的书。

圣女贞德？一个十七岁的女孩，几乎以一己之力振作了英法百年战争中处于绝望与投降边缘的法国士兵和民众的精神。虽然她可能令人印象深刻，但她并非马克·吐温笔下的典型英雄。不仅仅是作品的题目，文本中的其他反常之处可能也会立即攫住善于思考的读者。马克·吐温把他自称"为爱而作"的杰作命名为"贞德的个人回忆录"(Personal Recollections of Joan of Arc)，这意味着什么？一个卓越的美国小说家怎能假想出，更不必说再创造出，与另一个时代、另一个国家、一个中世纪的孩子以及中世纪的教会之间如此亲密的关系？他指望那些期待阅读诸如《哈克贝利·芬恩历险记》那种关于淘气的美国男孩的作品的读者，从这本关于法国女孩的作品中获得什么呢？

开始探究前，我们先转向这令人费解的作品题目直接提出的问题。贞德的生活、言辞与行为是谁的"个人回忆"，为什么？是马克·吐温的吗？未必。倒不如说是德·孔泰爵士（Sieur Louis de

---

① 这本小说的语气和内容与马克·吐温之前的小说极为不同，所以，许多学者认为这位老人对贞德的崇敬破坏了他典型的辛辣智慧与犀利目光，他们因为这种可笑的多愁善感而对这一文本不予理会。David Foster 的论文记录了大量马克·吐温的研究者不予理会该作品的方式，颇为有益："On the Theme of Mark Twain's *Personal Recollections of Joan of Arc*", in *Mark Twain Annual*, 2015 (13): 43-62, pp. 44-46。

Conte）的回忆，他是贞德的私人秘书与童年友伴，竭尽全力证实自己作为贞德生活的见证人的可靠程度。从栋雷米（Domremy）的童年时代直到贞德以火刑殉难的苦涩结局，他一直伴随着贞德，而且参加了贞德死后平反昭雪的审查会。① 但关于这个叙述者的问题，德·孔泰的角色引发了另一问题，因为马克·吐温以虚构的方式夸大了德·孔泰在贞德生活中的历史角色。而且，小说包含着一个附加条件，即小说由一个虚构的译者阿尔登（Jean François Alden）从"古法语""翻译"成"现代英语"，他的翻译经常出现随意的年代错误，如经常称贞德为"总司令"。② 这位译者的脚注让马克·吐温的读者记起他的角色，那些贯穿全书的脚注让我们意识到，德·孔泰的预测与他死后发生的历史事件间存在矛盾。

因此，马克·吐温两次被排除在这个故事的讲述之外。可是这个故事是由一个与马克·吐温有着相同的施洗名缩写——S. L. C.（Samuel Langhorne Clemens）——的讲述者讲述的（德·孔泰转述了"故事"）。而且，德·孔泰在1492年将作品献给他的"四代侄孙和侄孙女"，以便他的后代或至少他的继承人得以听闻、学习并珍视圣女的故事。事实上，无需过多解释，这封序言的信明确了一点：这部小说正是写给那些定居在1492年被发现的美洲新世界的人。

---

① 马克·吐温，《圣女贞德传》（*Personal Recollections of Joan of Arc*），San Francisco：Ignatius，1989，p. 27.［译按］中译本参考《马克·吐温十九卷集》（第12卷），李际译，石家庄：河北教育出版社，2002年，下文引用只标书名。

② 事实上，马克·吐温最初是在《哈珀杂志》（*Harper's Magazine*）上以连载的方式发表了这部作品。正如 Andrew Tadie 的评论："读者没意识到这部作品是马克·吐温写的。"因为这部作品"表面上是由阿尔登新近翻译的德·孔泰爵士的回忆录，后者很了解贞德，并陪伴她度过了她人生的三个重要阶段，即分别作为有远见的村民、军事天才和审判中的被告阶段"。《圣女贞德传》，前言，页9。

那么，我们已经从此书是谁的个人回忆这个问题的显而易见的答案转移到了下个问题。这本书用让读者得以从过去学习的方式（从古法语译成现代英语），由作者（马克·吐温）写给现代的（主要是美国的）读者。一些旧物必须被重新发掘。或许美国这个在1492年被构建出的世界，必须被重新探索。但通过什么方式？通过回忆一个特别的人物，一个女人，一个法国女人，即圣女贞德。

马克·吐温想让我们回忆贞德的什么？小说发表后的几年，马克·吐温在一篇文章中称，艺术家的任务是去为那个人"描绘灵魂"——她"天真烂漫的信仰""忠诚的心""可爱的性格"和勇气不仅赢得了法兰西畏缩不前的心，还赢得了法国的自由。这正是那个"宽恕、慷慨、无私、大度"的人物，一个瘦小的十七岁"女孩士兵"，也是我们必须学会回忆的人。① 但一个现代的美国读者能从这个"孩子"以及从缺乏现代政治与现代科学进步的时代中学到什么？难道这些百年战争的故事与冲突——来自古老世界的，以关注上帝、国王、国家为标志的故事——不会给现代读者留下完全古怪的印象吗？

托克维尔（Alexis de Tocqueville）对马克·吐温同时期的美国读者的性格研究《论美国民主》，可能有所助益，它作于《圣女贞德传》完成前不久。在《论美国民主》中，托克维尔警告说，自由民主制度可能产生危险影响，即对平等的热爱可能会超越对自由的献身以及维护自由的能力，这是一种对道德奉献的特殊形式（如托克维尔所称的"风俗"或"心灵的习惯"），其中至高无上的顶峰是对高贵和美的热爱。托克维尔警告道，美国人"将会习惯性地偏爱有用胜过美"，因此他们可能失去伟大的美德、奉献和为了保存这一政

---

① 见马克·吐温，《圣女贞德传》，页452。

体的必要的牺牲能力。[1]

为了托克维尔所警告的这类观众——他们关心有用性胜过美，马克·吐温描绘了贞德的灵魂。她饱满的信仰、高贵、勇气以及对她的热爱，激起了在绝望和彻底失败边缘的法兰西走向胜利。或许马克·吐温和托克维尔一样，认为美国的尝试的成功希望不只在于它的务实性、富足和商业的成功，更在于其公民能够保有某些维护自由所需的美德。正如本文将探讨的，对托克维尔和马克·吐温而言，在民主制中保存与传播道德美德的任务至关重要地属于美国女性（《论美国民主》，页279、563、576）。

因此，对马克·吐温而言，贞德不只是法国曾经的解放者，也是美国最大的希望。因为，在展现她的美和高贵时——这是美国人在追求有用性时易于忽视的品质，马克·吐温警告美国不要忘了她最高贵的可能性。正如托克维尔所声称，美国的成功是由于"其女人的卓越"，她们是习俗的塑造者（同上，页576）。在马克·吐温笔下的叙述者回忆梅林（Merlin）的古老预言，即"法国在遥远的将来将毁在一个女人的手中，也将被一个女人所拯救"时，这一点体现得尤为明显。叙述者德·孔泰不能不将这预言应用于贞德，他评论道：

> 目前法国已经首次遭败绩——这是被一个女人，卑鄙的法国王后巴伐利亚的伊莎贝尔毁掉的；毫无疑问，这个美丽、纯洁的年轻姑娘是受上苍的委派来实现这一预言的。（《圣女贞德传》，页89）

巴伐利亚的伊莎贝尔，法国太子的母亲，被认为促成了特鲁瓦

---

[1] 托克维尔，《论美国民主》（*Democracy in America*），Harvey C. Mansfield 及 Delba Winthrop 译，Chicag：University of Chicago Press，2002，页439。

协定。此协定废除了她儿子的继承权，并将法国的统治权移交给英王亨利五世的子嗣，即婴儿亨利六世。如果法国因为一个女人对国家或对丈夫的不忠遭受损失，那么，通过另一个有着贞德那样的纯洁与忠诚的女人又能挽回多少呢？①

马克·吐温在 20 世纪的黎明对美国的希望，是期待一个人恢复，或让人忆起他们心中的高贵概念，由此恢复为了保卫并维护自由所需的勇气（或如希腊人所言的 andreia［男子气概］）。因为，如果正如德·孔泰告诉我们的那样，贞德能够让一个"灵魂像个葡萄干"（《圣女贞德传》，页 134）那样怯弱的法国国王成为真正的男子汉，难道她不能鼓舞这样一个国家——它的强大与商业成功可能成为缺点，消磨它为了维护自由所必需的道德勇气——吗？② 如果马克·吐温对自己的作品估计正确，他的读者或许能从这一文本中看到，他所深爱的贞德的灵魂既是美国女性的模范，又是为美国女性而设的模范。

声称贞德——一位法国牧羊女、政治殉道者以及天主教会的圣

---

① 甚至有些迹象表明，查理是伊莎贝尔对丈夫不忠的私生子，并非王位的真正继承人。这一疑惑深深困扰着查理，成了这位太子怯懦的根源，而贞德通过说出他这个从未告诉他人的困惑，减轻了他的胆怯。见《圣女贞德传》，页 124-125。而且，梅林预言的特殊措辞让人想起，世界因夏娃的罪堕落以及因耶稣母亲玛丽的忠贞而得救的基督教图景。贞德的故事因此可被理解为一个堕落与救赎的原始故事的重演，在这个故事中，女人或加速善的毁灭，或增强善。

② 华盛顿在致 James Warren 的信中提及了这种危险，他疑惑地说："对外贸易是否对任何国家都有利，即，奢侈、柔弱和腐败是否随之而来，它们被外贸带来的便利与财富抵消了。"（芒特弗农，10 月 7 日，1785 年）与之类似，在 1788 年发表于 Maryland Gazette 的文章中，一位匿名的反联邦党人警示人们关注"过度生长的、豪奢的、柔弱的首都"的危险，它会让国家变得软弱，招致外来的阴谋。《反联邦党人文集》（The Complete Anti-Federalist），Herbert Storing 编，Chicago：University Of Chicago Press，1981，5：31。

徒——代表着保存美国的重要美德，这听起来有些牵强。我们或许应更加谨慎地从这里开始研究：在马克·吐温看来，贞德最令人瞩目的性格和美德究竟是什么。作品被分为三个部分——"在栋雷米""在宫廷和军营中""审判和殉难"。三部分分别追溯了贞德早年的教育和青年时代，她从牧羊人变为法国军队出色的指挥官，以及她被背叛、被审判、最终在火刑柱上被烧死的历程。接下来，我们遵照马克·吐温对贞德美德的处理，探究她如何唤醒追随她的人身上最高贵品质的独特能力，特别是从理查，法国懦弱的国王，以及从她童年的朋友，外号叫"武士"的人身上唤醒的品质。我们通过探究马克·吐温对贞德美德的理解——这些美德的基本特征是她无条件地愿意为了国家利益牺牲自身利益以及她让追随者变得大胆的能力，试图点明作者在小说中传达的教诲，以及他提出的希望延续美国政体的可能性的结果。

贞德的美德："倩姑娘""羞姑娘" "爱国女"与"勇敢女"

通常，一个人的朋友对这个人的性格的观察，能够深刻揭示这个人的性格。正如我们所知，性格形成于童年。[①] 因此，通过用大段篇幅让德·孔泰回忆贞德的童年以及她与同伴的互动，马克·吐温使他的读者得以深入贞德一以贯之的谦逊、高贵、自爱与勇气的源头，这是她从作为小村庄栋雷米的牧羊女的卑微起点中学到的。当

---

① 这正如亚里士多德在《尼各马可伦理学》第二卷中对性格、道德美德与习惯之间的关系的探讨那样，他解释道："从小养成的这样或那样的习惯不是小事，反而非常重要，甚至至关重要。"（1103b23–25）

德·孔泰回忆童年的玩伴为她起的一堆绰号时，他对贞德的重要美德的列举最为生动：

> 所有的孩子都有绰号，我们也有绰号。我们早先已经各有绰号，于是一直保持着；但贞德的绰号比我们多。这是因为，随着时间的推移，她有了第二个绰号，然后有了第三个绰号，依此类推，而这些绰号都是我们给她起的。她的绰号全部加起来多达六个。有几个绰号始终保持着。农家姑娘素来害羞，但她更有甚之，动不动就会脸红，在陌生人面前动不动就局促不安，因此我们给她起了一个绰号叫"羞姑娘"。我们都爱国，但她被称为"爱国女"（the patriot），因为我们对国家的热烈感情与她相比只能说是冷若冰霜。此外，她被称为"倩姑娘"；这倒不只是因为她的脸和身段特别美丽，也因为她有着可爱的品德。她保持了这些绰号，而且还有另一个绰号——"勇敢女"。（《圣女贞德传》，页53）

贞德的每个绰号——"羞姑娘""爱国女""倩姑娘""勇敢女"——都使我们得以窥见马克·吐温所见的，那能够在阿金库尔（Agincourt）被亨利五世大败后从麻木中唤醒法国与怯懦的国王之人的灵魂。贞德童年时代的法国"蒙难了——遭受了灭顶之灾"，它被"饥荒、瘟疫、屠杀"蹂躏，甚至没有举行基督教葬礼的死尸在巴黎的街道上堆积成山，被狼群袭击。德·孔泰描绘了一个被叛国的勃艮第派（支持英国统治的法国人）环绕的法国，那里居住着绝望的人们、屈服于叛臣们的怯懦国王和他统治下的精疲力竭的军队。

贞德出生于政治前景黯淡之时。贞德杰出的政治美德与道德美德发端于极度普通的乡村生活，这更令人震惊。仅有一点例外，贞德的童年生活以遥远的战争传闻为标志，而栋雷米"与那个遥远地区所有落后的小农庄都很相似"。这是个质朴且风景如画的世界,远离百年战争的政治遗迹。当德·孔泰第一次谈及他和贞德成长于此的小村庄栋雷米时,他评论道:

> 村里的每一个人都属于阿尔马雅克派,是爱国者;因此,即使我们这些孩子不憎恨世界上任何别的事物,我们必定因此而憎恨英国人以及勃艮第派的名称和组织。(马克·吐温《圣女贞德传》,页 31)

贞德正是这些爱国者中的爱国者。

小村庄栋雷米是个有着狭隘道德准则的世界,无论在宗教方面还是政治方面,村民从年长者与传统那里"间接地得到狭隘和偏见的禀性"。那些给贞德起绰号从而揭示出她与众不同的性格和品质的孩子们,得到的描述是:"当然并不聪明伶俐""都是些好孩子""心地善良,待人友好,听父母和神父的话""他们从上一辈那里继承了宗教信仰"。长大后,这些孩子"得到狭隘和偏见的禀性,并毫无保留而且不加考虑的加以应用——这一切都不言而喻"。①

虽然栋雷米的农民毫无质疑地效忠法国国王——"尽管他那样

---

① 马克·吐温,《圣女贞德传》,前揭,页 33。事实上,虽然德·孔泰的叙述揭示了他的怀疑论(David Foster 探讨的主题),但他或许也持有一些栋雷米的其他孩子们所有的偏见,即便他有自我反省的精神。例如,德·孔泰告诉我们,许多村民认为,有条"鲜艳的深蓝色,上有金色的斑点"的龙住在栋雷米以外的树林里,虽然"谁也没有亲眼见过"。不过,德·孔泰承认,这不是他的观点,因为"要是没有事实作依据,形成观点是没有意义的"。因此,有关那龙的颜色,德·孔泰很自信地告诉我们,"我始终认为其颜色是金黄色的,没有蓝色,因为龙总是金黄色的"。这条龙最终遭到驱逐,这是德·孔泰未能亲眼看到它的原因(页 34)。参考 David Foster, "On the Theme of Mark Twain's *Personal Recollections of Joan of Arc*", pp. 51–53。

衰弱无能"（《圣女贞德传》，页31），贞德对祖国的爱体现于她应得的"爱国女"这一称号上，这份爱由于与她在修辞能力上显现出的早熟的政治审慎相关，就显得超乎寻常了。贞德从不像其他孩子那样，屈服于父母和神父。① 一件早年的事既揭示了贞德与众不同的品质，又揭示了马克·吐温将贞德作为适合美国政制的独一无二的女英雄来描绘。德·孔泰回忆道，在栋雷米"有一棵雄伟的山毛榉树，形成一大片树荫，栋雷米的孩子们每个夏天都要去那里，与栋雷米的精灵们载歌载舞，欢聚数小时，"啊，五百年来的每个夏天皆如此"。孩子们总是"扎起花环挂在树上或放在泉水旁，为了讨得住在那里的仙女们的欢心"（同上，页35）。但在灾难性的一天，贞德生病了，无法为仙女们辩护，那些被孩子深爱的仙女们遭到了乡村中神父的驱逐，因为她们一百年前曾被警告，如果再被任何村民看到，她们就要永遭放逐。虽然孩子们从未见到过他们深爱着的仙女，但一个女人碰巧遇到了仙女们的私人狂欢会，她将自己的所见报告给了神父，神父随之便因她们的罪驱逐了她们（同上，页39-40）。

在这件事发生的时候，贞德因为发烧而卧病在床。她醒来后发现深爱的仙女被驱逐出村庄，于是"为了那些如此小的东西，怒火万丈"，径直冲到了弗隆特神父面前，为她们辩护（同上，页40）。贞德反抗神父的意愿展现了她天性中的怜悯和令人钦佩的对正义的

---

① 下面的故事展现了贞德拒绝简单地屈从于神父。展现贞德理性而得体地拒绝简单地屈从于父母权威的故事，见第一部分第三章。尽管有关为流氓的懒惰提供食物是否合适的辩论一直在进行，且贞德的父亲从一开始就坚定地反对，贞德还是将她的粥给了一位衣衫褴褛的流浪者。"当大家问她为什么没有等到做出决定就给他粥喝时，她说那人的肚子已经很饿了，等待是不明智的。瞧，她尽管是个孩子却很有心计，考虑周到。"（《圣女贞德传》，前揭，页51。）

关注。不像她的同伴仅仅把爱国主义展现为单纯地"听父母和神父的话",贞德在弗隆特神父犯下了不公正的罪行时,勇敢地站了出来。但她对神父的盘诘展现出来的不仅仅是有原则的自爱,还有一种修辞能力。它将为她短暂的一生服务,也让马克·吐温得以借她之口说出一种带有时代错误的、充满虔敬但无疑是自由民主式的奇特语言:

"是谁拥有法国呢?"

"是天主和国王。"

"不是撒旦?"

"撒旦,我的孩子?法兰西是天主的搁脚凳——撒旦连巴掌大的土地也占有不了。"

"那么,那些可怜生灵的家园是谁赐给的呢?是天主。在过去的每一个世纪里,是谁保护了她们呢?是天主。在过去的那些世纪中,是谁允许她们跳舞和嬉戏,却不找她们的茬呢?是天主。是谁推翻了天主的允诺并去威胁她们呢?是一个人。天主允许她们进行无害的嬉戏,却被人所禁止;善良的天主以慈悲为怀赐予她们家园,在过去的五百年中赐下雨露和阳光以示祥和,而在她们嬉戏时,又是谁撞见她们,威胁她们,把她们赶出家园呢?那是她们的家园——承蒙天主及其善良之心的恩典,那是她们的家园,人没有权力加以剥夺。她们是孩子们所拥有的最温和、最忠实的朋友,在过去漫长的整整五个世纪里亲切、热诚地为孩子们服务,从未伤害过他们……孩子们受到这残酷打击,可是他们做了什么呢?苦命的仙女们可能是孩子们危险的伙伴吗?是的,但是她们从未给孩子们带来危险;可能性说服不了人。[仙女们被叫作]魔鬼的亲属?这又怎么样?

魔鬼的亲属有他们的权利，这些亲属也有；孩子们有自己的权利，这些孩子也拥有；要是我在场，我会说……我会为孩子和魔鬼求情，我会阻止您，我会解救所有的仙女。"（同上，页44-45）

神父感到羞愧，也对贞德感到惊异。他完全被她的争论说服，他承认："啊，天哪，可怜的孩子，可怜的魔鬼，他们拥有权利，她说得对……我过去从未想到。愿天主宽恕我，这该怪我。"（同上，页45）

我们可能会对贞德用个人权利的现代语言为正义辩护并证明神父的错误感到惊异。阿尔登在翻译中加入了什么东西吗？毕竟，一个生活在15世纪的年轻的法国乡下女孩，怎么会知道17世纪由霍布斯（Hobbes）和洛克（John Locke）等自由思想家提出的个人自然权利的学说呢？由于阿尔登是虚构的，我们必能得出结论，这是马克·吐温在贞德热情的性格和修辞天赋中加入的对人类甚至对精灵的理解，这些生物都具有上帝赋予的、不可剥夺的权利。她的申诉是，神父和愚蠢的人们专断地剥夺了孩子们和精灵不可剥夺的正当程序（due process）的权利，尽管后者是"魔鬼的朋友们"。这种做法如此有违正义，以至于表达了指责后，年轻的贞德流着愤怒的眼泪挣脱了神父。神父夺去了孩子们亲爱的朋友们，但最重要的是，他夺去了仙女们被上帝授予的家。这些仙女们尽管是魔鬼的朋友，也应得到同情而非遭到驱逐。贞德言辞中存在的个人权利的时代错误标志着，马克·吐温试图将贞德的美德和对上帝所造之物（即便是邪恶的）的爱与对正义的理解结合起来。这一正义将尘世的正义从神父的控制中转移出来，因此很可能阻止弗隆特在此故事中做出的这种非正义的审判。

尽管贞德对正义的理解采用了"现代英语"，她的道德倾向总体上却站在指责自利的个人主义一边，这种个人主义时常伴随着有关个人权利的语言出现。然而，贞德展现了令人印象深刻的勇气，它以她毫不妥协的为他人牺牲以及为高贵和正义牺牲的意志为标志。德·孔泰讲述的另一个贞德童年的故事，那个让别人赠予贞德"勇敢女"尊称的故事，也强调了这一勇气。德·孔泰回忆了这个特殊的场景。当时，他和其他小伙伴得知了"黑色的消息"：法国王后——巴伐利亚的伊莎贝尔，据德·孔泰所言，是她使法国丧失了主权——即疯狂的但仍在执政的查理六世的妻子，同叛国的勃艮第公爵一道精心策划了使法国蒙羞的特鲁瓦协定。协定实际上剥夺了她儿子即未来的国王查理七世的继承权，而将其转交给了英国国王亨利五世当时尚是婴儿的儿子（同上，页54）。

听到这个消息，孩子们都很失望。为了转移悲伤，他们做了一场白日梦，梦到如果他们年长几岁，他们就会为了法兰西而参加的战斗以及做出的英雄行为（同上，页56）。就连几名乡下小姑娘——除了贞德——都开始设想如果她们是男人，她们会战斗得多英勇。女孩们的幻想遭到了轻蔑的嘲笑，嘲讽者是贞德的伙伴之一，也是这群人中的吹牛大王埃德蒙·奥布里。① 他绰号"武士"，"因为他总有一天要去消灭那些军队"。"嚄！"大家都知道，这说得更像他自己，"姑娘们爱说大话，但她们就是这个在行。如果你们想看一看什么叫逃跑，那就让一千个姑娘面对几个士兵吧。小贞德在这里——接下去她会扬言将当个士兵！"（《圣女贞德传》，页56）但武士的嘲笑到此为止了：

---

① 埃德蒙的母亲向乡村牧师泄露了仙女的事，见马克·吐温，《圣女贞德传》，前揭，页39。埃德蒙爱夸大的倾向反映出他的成长并不合宜，因此他的身份——"愚蠢"而"无思想"的女人的儿子——强调了仙女树事件根本上的非正义性，并证明了程序正义对仙女以及别处的魔鬼的朋友的重要性。

> 武士这个想法［贞德当士兵］是多么有趣，引得我们大笑起来。于是他想再试一试。他说："各位，你们会看到她！——看她像任何身经百战的老兵那样投入战斗。是的，是这样的。她不是一个像我们这样穿着破烂衣服的可怜的普通士兵，而是个军官——注意，是个身披铠甲的军官。在她发现前方的不速之敌时，她有头盔的铁条掩盖她的脸红，遮掩她的羞怯"……他一直这么说着，直到大家笑得肚子疼为止。这是很自然的，因为这个想法确实很好笑——在那时显得很好笑。我的意思是说，这么个温柔的小姑娘，连只苍蝇也不愿意伤害，害怕看到流血，有着十足的女孩子气，不管干什么都胆小害羞。大家在想她率领士兵冲锋陷阵时自然会觉得好笑。可怜的贞德，她由于被大家取笑而坐在那里局促不安，面露难色。（同上，页56-57）

但事情的突变不仅揭示了对这些无所事事的想象的预言式反讽，而且揭示了他们对贞德道德品行力量的错误估计。在大笑之中，孩子们突然惊醒，吃惊地意识到栋雷米的精神病——"疯子伯努瓦"（法语意为"被祝福的"）从他在村子中的笼子里逃出来，正在快速地接近他们。他手中拿着斧子，从仙女树的后面出现，而那儿正是他们聚会的地方。"我们都吃惊地意识到疯子伯努瓦已从笼子里逃出，也就是说我们已经与死神相会，"德·孔泰回忆道。那时，

> 我们都四散而去，落荒而逃，姑娘们还发出了尖叫声，哭出声来。不，不是所有的人都落荒而逃，贞德就没有逃跑。

不像其他孩子那样，贞德留下了。德·孔泰环顾四周，只见到令人震惊的一幕："贞德站着，那疯子举着斧头悄悄向她靠近。"（同上，页57）

这一幕让叙述者如此难受,他一度什么也看不见,但当他恢复了视力,他看到贞德"正拉着疯子的手,与他并肩向村里走去。斧头在她的另一只手里"(同上,页57)。什么?难道那个"女孩子气"又"胆小害羞"的贞德不但平安无事,还温柔地将疯子领回了笼子,而任何有理智的人一看到他便不是逃跑,就是在恐惧中呆若木鸡?这个在死亡面前做出勇敢行为的女孩和那个让同伴爆发出大笑的女孩是一个人吗?这怎么可能呢?

贞德的与众不同既表现于她的爱国、忠诚、虔敬,也表现于她的周密和聪明。但她不知疲倦的勇气与热情显然超越了她无与伦比的智慧。当德·孔泰要求贞德解释她勇敢的行为动机时,她很谦逊地这样解释道:

> 你们把这件事看得很了不起,但你们弄错了;这不是一件大事。我认识他,很久以前就认识他,他也认识我,而且喜欢我。

他们是怎么相识的?我们得知,贞德一直通过笼子的铁栅栏给疯子送饭。而且,去年十二月份,"为了不使他抓伤过路人",人们剁掉了疯子的两个手指,贞德每天为他包扎伤口,直到痊愈。[1] 贞德并不害怕,因为凭借她的大度,她认识了这个疯子。但疯子难道不

---

[1] 马克·吐温,《圣女贞德传》,前揭,页58–59。在《马太福音》中,基督预言了对万民的审判,他说:"当人子在他荣耀里同着众天使降临的时候,要坐在他荣耀的宝座上。万民都要聚集在他面前。他要把他们分别出来,好像牧羊的分别绵羊、山羊一般……于是王要向那右边的说,你们这蒙我父赐福的,可来承受那创世以来为你们所预备的国。因为我饿了,你们给我吃。渴了,你们给我喝。我作客旅,你们留我住。我赤身露体,你们给我穿。我病了,你们看顾我。我在监里,你们来看我。"(《马太福音》25:31–36)。同样,贞德通过给疯子送饭、在他走失时迎接他、为他包扎伤口并在他被囚禁时看望他,展现了她的正义。

会忘记他应该感激这个大度的小孩子吗?另一个同伴问。当然,贞德必须承认疯子确实用斧头威胁着要杀她。那为什么她不和其他孩子一起逃跑呢?贞德的回答说明了事实:

> 因为有必要把他送回笼子里去,要不然他会杀人的,他自己也会跟着受到类似的伤害。(《圣女贞德传》,页 59)

正如德·孔泰的评论,贞德的朴实回答解释了她如何"完全忘记了自己,忘记了自己的危险"。① 但更不寻常的是,听了她的解释,没有人对她展现了自己大度、勇敢和自我牺牲的言辞加以评论,或提出异议和批评。相反,"所有人都料到她会这么说,认为她说的是实话"。对贞德言辞的默然接受"说明大家对她的品德"自她如此年轻之时就"有着多么明确的定义,有着多么深刻的了解,有着多么广泛的共识"(《圣女贞德传》,页 59)。贞德与众不同的勇敢和为了他人牺牲自身利益的意愿——她的高贵——把她对个人权利的关心与自由思想家的个人主义区分开来。不像现代的自由主义,即从将对人类本性的理解看作无可避免的私利出发,贞德对个人权利的关注无法与她对高贵的关注分离,或者说无法同她对人类能为了更善好之物牺牲私利的理解分离。

随后,当贞德长大成人,在敌人的封锁线之后率领军队朝见太子的路上,她的勇气与高贵再度展现。贞德遇到一位负责抓捕栋雷米"女巫"的英国军官,他想以此粉碎法国重新夺回领土的残存希望。接下来的故事既好笑又引人不安,因为在一片漆黑中,贞德的

---

① 与此相似,David Foster 将贞德的忘我视作马克·吐温在她身上看到的最惊人的性格特征。见 David Foster, "On the Theme of Mark Twain's *Personal Recollections of Joan of Arc*", pp. 56-58。

一小队法国兵，正如贞德自己在她一生中的大部分时间那样，没有被认出来。英国军官确信贞德和她的部队是自己的英国侦查员，他随即询问她贞德的行踪并寻找贞德。她还在我们后面吗？英国军官问。"她还在后面"，贞德真诚地回答。你看到她了吗，她长什么样，她在哪儿安营扎寨？"是的，我去过她的营地"，贞德再一次真诚地回答，"她十七岁不到"。对话继续，英国军官询问问题，而贞德误导着他，即便她说的的确是实话（同上，页103-104）。最后，这军官结束了他的问话，命令他想象中的侦察兵去烧毁桥梁，这在贞德和她的英国追捕者之间架设了一条鸿沟。

当他们远离英国人追捕的威胁，贞德的长官打趣着赞扬她"如何巧妙地骗过了敌军首领，说的话却一点也没有失实"（同上，页106）。然而，贞德却感到困扰，回答说：

> 我认为他是在自己欺骗自己。我不对他说假话，因为说假话是错误的。但是，如果是我的真话骗了他，大概是因为我不想说假话，反倒使我的话成了假话，那么我该受责备。但愿天主让我知道是否做了错事。

当她的手下试着让她相信她没有做错事时，她的哥哥提醒她，这与她告诉了父母部分事实的行为相似——她去拉克扎舅舅家里照顾生病的舅母，却没有告诉他们全部事实，而现在她打算去沃库勒尔，却最终领导法国战胜英国（同上，页107）。

贞德对此感到困扰，面临着良心的挣扎。这展现了与她道德品质相伴的反省与自知。从她的将领那里，她确定自己没有做错事，因为他们的理由是"在战争的危急关头，由于形势所迫，有助于自己的事业、可破坏敌人的事业的欺骗是允许的"。换言之，这是必要的开脱。必要性将正常条件下是邪恶的东西转变为善的、至少是可原谅的行为。但是马基雅维利式的道德没有令贞德这个果断拒绝向它屈服的人满意，因为屈服于这种对道德的理解（必要性开脱）如此贬低了高贵（自我牺牲）的可能性，以至于毁了高贵。她的回答既展示了她的自我理解，也展示了她的高贵：

> "现在我明白了。"贞德伤心地说，"我没有说谎，但是我欺骗了人。我先试用了其他所有的办法，但是我无法脱身，于是我只好溜走。这是我的使命所需要的。我想我是错了，应该怪我。"她沉默了一会儿，脑子里思考着这个问题，然后镇定、果断地说："但此事本身是对的，我还会这么做的。"（同上）

贞德可能是什么意思呢？她承认她做错了，或者说可能做错了事，但她确信她还会这么做，因为"此事本身是对的"。贞德拒绝承认自己的行为是"必要的"邪恶，而是大方地承认她所犯错事的道德责任。为了使读者理解贞德这一陈述的重要性——它展现了她的理性和自知与她其他令人尊敬的品德对她的性格同样重要，马克·吐温让德·孔泰回想了其意义：

> 这句话似乎是过于细致的表白，但我们谁也没有说什么。如果我们当时对她的了解与她对自己的了解同样透彻，正如她后来的生平向我们展示的，我们理应意识到她的话有着清晰的含义，即她的境界和我们自认为所处的境界并不相同，她的境界要高一个层次。她宁肯牺牲自己——牺牲自己最宝贵的那部分，也就是她的诚实——去拯救她的事业，但仅此而已，她不会以失去诚实为代价来换取自己的生命。而我们的战争道德允许通过欺骗来换得生命或任何仅限于军事上的优势，不管是大

是小。她的话那时似乎显得很平凡，我们没有把握住那番话的精华。然而，我们现在已意识到她的话里包含一项原则，使之超越了平凡，既伟大又高尚。①

和疯子事件一样，贞德的反思揭示了她行为的巨大的道德重量。马克·吐温著名的角色哈克贝利·芬恩即便以牺牲自己的永恒救赎为代价——"好吧，那我就下地狱"——也决定要帮助吉姆逃离奴隶制。和他一样，贞德也愿意为了法兰西，她神圣的使命，牺牲她珍视的美德，即她的诚实。② 马克·吐温的两位主人公都展现了为了他人利益牺牲自己终极的善——永恒的救赎——的意愿，他人或是一位朋友（哈克的例子），或是深爱的祖国（贞德的例子）。贞德不仅为了她的事业这样做，也为了道德本身这样做。此处，由于愿意牺牲自己的生命和"自己最好的部分"——因此这暗示了她的救赎——即通过承担撒谎这一邪恶行为的责任，而非炼金术式地声称必要性将恶转变为善以使善无效，进而亵渎道德，她达至最难以想象的高贵程度。

或许这混合了自知、高贵、对人权的理解以及从尘世权威直接关联中分离出的宗教虔诚，帮助我们理解了马克·吐温对贞德的推崇，以及贞德作为模范为美国政制效力的方式。她的高贵是对此制度的反叛，即允许使用有关个人权利的语言降低了自身的目的，以仅仅追求利己主义的安全与舒适。她的勇气、自我牺牲以及自我理解揭示出，当她使用权利的语言抑制在政治王国中对教会权力的非法使用时，它不会为驱逐高贵服务，不会为教会从政治王国恰当地引导灵魂服务。

---

① 马克·吐温，《圣女贞德传》，前揭，页 107。强调为本文作者添加。
② 马克·吐温，《哈克贝利·芬恩历险记》（*The Adventures of Huckleberry Finn*），New York: Norton, 1962, 页 168。

贞德与男子气概的艺术

虽然贞德的美德令人惊叹，但马克·吐温让其读者反思的主题不仅仅是她的谦逊、高贵、自爱和勇气，还有她的美德与女性气质的结合方式，以及这独特的女性气质对她的追随者在政治领域的影响。① 一个显著的例子就是德·孔泰讲述的贞德与太子——因为贞德，他最终成了被加冕的法国国王——交往的方式。

［这未来的］国王常被描述为"懒惰的"，周围还聚集着恶毒、狡猾的谏臣，这些人成功地诱导他无所作为，致使他毫无规矩。由于这些不可靠的谏臣的阴谋，贞德数次遭到拒绝。当她终于见到太子时，她却身处欺诈之中。为了测试这孩子的神圣使命，议员们说服查理让一个侍卫扮成国王的模样，而国王自己打扮成贫民。如果贞德没能识破这个陷阱，她将遭到这"华而不实"的朝廷以及"穿着华丽的衣服的渺小国王"的嘲笑，这会破坏她的使命。让朝廷和谏臣们震惊的是，贞德看穿了陷阱，立刻认出了真的太子，并请求和他单独谈话（《圣女贞德传》，页121-123）。德·孔泰这样讲述了这场谈话的影响：

> 贞德与国王进行了长时间的严肃交谈，声音压得很低。我们听不见，不过我们长着眼睛，能目睹其收效。不一会儿，我们和

---

① 贞德的女性气质是贯穿全文的主题，这一点得到了马克·吐温关于贞德的文章的进一步支持。在文章中，他强调了她的女性气质："她总是个女孩；如我们所见的那样，她亲切而让人尊重。当她第一次受伤时，她很害怕，看到血从胸膛中涌出，她哭了；但她是圣女贞德！很快，当她发现她的将军发出撤退的指令，她摇晃着站起来，又一次领导了进攻，像风暴一样攻下了这个地方。"（《圣女贞德》，页451-452）

所有在场的人看到了令人难以忘怀的显著效果。这一效果已经记载了回忆录和史书，或出现于平反昭雪裁判庭上某些证人的证词，因我们都知道这件事非同小可，意义深长。当然，那时谁也不知其意。这是因为，我们突然看见国王摆脱了他那懒散的姿态，像个男子汉那样挺直身子，同时看上去十分惊讶。似乎贞德告诉了他一些神奇得难以置信、但令人欢欣鼓舞的事。（《圣女贞德传》，前揭，页124-125。强调为本文作者添加）

贞德告诉了这个发疯的理查六世和剥夺了自己儿子继承权的伊莎贝尔之子、这个无精打采的太子什么？多年后，德·孔泰得知，贞德平息了太子内心隐秘的恐惧，即他是伊莎贝尔的私生子，因此无权获得王位，这王位据称由伊莎贝尔自己策划的特鲁瓦协约移交给了亨利五世的儿子。贞德对太子说出了他心中"秘密的隐忧"，这个"疑问使[他的]勇气涣散，使[他]梦想放弃一切，逃出[他的]王国"。贞德解除了这个疑惑，他男子气概中的污点，说：

> 您是您父王的合法继承人，是法兰西真正的继承人。天主就是这么说的。抬起您的头吧，不要再怀疑了，但是给我士兵吧，让我完成使命。（同上，页125）

对他合法性的确信，使他"一时振作起来，成了个男子汉"，他暂时从对那些虚伪的议员的信任中解放了出来，那些人让他软弱无力又无所事事。

我们该如何看待这一事件？马克·吐温想让我们通过德·孔泰的叙述看到什么？而且，我们该如何理解贞德避开议员们的陷阱的能力，以及从容不迫地追求自己使命的能力？一方面，贞德在追求自己使命以及解决国王恐惧时的大胆自信让我们回忆起德·孔泰在小说前面的评论："对于迷信之人，大胆宣布的预言总会起作用。"①贞德的大胆自信足以使太子确信他的合法性。但贞德的确信和毫不动摇的自信从哪里来呢？值得注意的是，马克·吐温从未给我们怀疑贞德预言的神圣来源的理由。她洞察力和预言的准确性是个贯穿全文的迷，这或许是个奇迹。

而且，当德·孔泰描述贞德觐见太子所穿着的简单却绝美的裙子时，马克·吐温让他的叙述者看到了故事的另一面。贞德穿着

> 简朴、迷人的服装……甚至到了现在，在我这个思维已经迟钝的年龄，每当我回想起那套服装时仍会动情，恰似有节奏的、优雅的音乐使人动情。因为那就是音乐——从前就是音乐，人们用眼睛看，用心去感受的那种音乐。

对德·孔泰而言，仿佛是衣服美化了贞德，显示了他随后称她为"法兰西精神的化身"（《圣女贞德传》，页181）。"是的，"德·孔泰回忆道，"当她穿上那身裙衣时，她成了一首诗，她成了一场梦，她成了一个精灵。"（同上，页121）。

在马克·吐温的描述中，贞德通过成为一切可爱和高贵的化身，让几乎每个她遇到的胆小如鼠的法国人都成了真正的男子汉。她是

---

① 马克·吐温，《圣女贞德传》，前揭，页102。在小说的第二部分的前半部分，面对在她队伍中密谋要她的命的人，贞德仅仅以自信的态度告知他们："在我的使命完成之前，这些人或其他任何人都杀不了我……我会把一切都告诉他们，也要警告他们。"当贞德将此事告知他们，她悲伤地看着叛乱头目，说在他自己死期将至时还要谋划别人的死亡，真是件遗憾的事。德·孔泰证实，那天夜里，蹚过小溪时，他的马绊了一下摔倒了，那人便死了。马克·吐温与德·孔泰都未暗示贞德参与了策划这起便利、适时的死亡。见David Foster, "On the Theme of Mark Twain's *Personal Recollections of Joan of Arc*", pp. 50-53, 论贞德在本小说中扮演的对神性的信仰的角色。

活着的罗兰之歌,是爱的具体表现,这种爱值得他们用生命去捍卫(同上,页 46-52)。即便是那些最不得体的恶习也在贞德的凝视下变成了美德,正如她与那个把自己比作恶魔的拉伊尔(La Hire)的约定。拉伊尔处处是贞德的衬托:她娇小,而他高大;她皮肤很白皙,而他的很暗淡;她是纯洁的模范,而他和帐下的士兵是众所周知的罪恶的巢穴,他们说话时几乎不能不骂人。但他崇拜贞德,遵守她的命令。贞德对拉伊尔所下的命令表明,她对人的本性有着洞察力,无论是自然的还是超自然的,因为她的首个命令便是将"放荡的女人"逐出军营,然后停止"狂欢作乐";饮酒和其他不规矩的行为要受到严格的限制;另外,每个人必须忏悔并参加每日祷告(同上,页 154)。

贞德通过把他们混杂的欲望转化为对她、对她的事业,以及对法国和上帝的事业的单一的奉献,净化了拉伊尔的军营,也在某种程度上净化了这个老恶魔本人。事实上,这一行为效果显著,在解除英国对奥尔良为期七个月的围攻之战时,贞德成功地领导法国获得了几乎不可能的胜利,虽然在一个极为戏剧化的时刻,她受伤倒地。

> 在她的上方,在她的身边,英国人和法国人进行着一场殊死搏斗——因为她代表着法兰西,确实,她对双方来说就是法兰西——哪一方得到了她,哪一方就得到了法兰西,而且能永久地拥有它。(同上,页 207)

对她的手下而言,贞德成了高贵本身,为此,他们愿牺牲他们渴望保留的一切。对德·孔泰、对太子、对她的手下而言,她不仅是自己,而且是法兰西。他们会为她而战。无疑,激励并使这些人高贵的,使他们超越了自身怯懦的恶习(国王的例子)以及混乱(拉伊尔的例子)的,并非大量的军队或有力的武器,而是一个娇小、漂亮又勇敢的栋雷米女孩。马克·吐温，一如托克维尔，向我们展示了得到美国人赞赏的功利思想的局限，以及美能够引领像国王和拉伊尔这样的人所能达到的高度。确实，美丽的贞德使他们成了男子汉。①

在这些关于太子和拉伊尔得到提升的例子中，一个地位较低但绝不谦逊的要人脱颖而出：武士。纵观全文，武士提供了一种喜剧性调剂的源头，并发挥着与贞德作对比的作用，正如德·孔泰所说，武士是"贞德本人的某种缩影"（《圣女贞德传》，页149）。但贞德诚实、直率、令人钦佩，武士却是个丑角，他的传奇故事虚构了战场上的壮丽。它满是夸张的谎言，却如此引人入胜，能一次又一次博得观众的眼泪。武士的绰号似乎是一种对任何形式的假装武士传统的宫廷骑士精神的戏仿，它让我们想起了传奇小说中身着金光闪闪的盔甲、以英勇和忠诚为他们的女士和国王效力的骑士。正如武士在第一次出场时，仅仅是个吹牛皮的人，正像那些——我们推断——假装骑士精神的人那样，仅仅是个会被为女士开门的现代人驱赶出门的神话。至少这是德·孔泰对武士的最初刻画所暗示的。但没有一个人物经历了如武士这样如此剧烈的转变。这样，当他的名字似乎被用来取笑时，他成了男子气概的捍卫者。除了贞德，没有任何人能激起这一转变。

---

① 值得注意的是，马克·吐温写这部小说的部分目的显然是，将贞德从《亨利六世》（上）对她性格淫荡的描绘中拯救出来。在这部剧作中，贞德是个骗子、女巫，是国王的床伴。在马克·吐温论贞德的文章中，他创作的这一目的体现得很明显，他评论道："三百年前，莎士比亚并不了解圣女贞德故事的真相；在他的时代，即便法国也不了解。四百年间，它更像一个模糊又清晰的传奇，而非一个确定而真实的历史。"（马克·吐温，《圣女贞德传》，前揭，页441）尽管莎士比亚的《亨利六世》暗示贞德在最低、最淫乱的层面上让国王"变成了男子汉"，但马克·吐温准备阐明，贞德让她的追随者通过看到高贵之物而远离低劣之物，以此让他们成为男子汉。

当太子指定的、调查贞德使命圣洁性的委员会恢复了贞德的名誉,贞德随之被授予"法兰西武装力量总司令"的头衔时,武士不像其他陪伴着贞德重新夺取法国的小伙伴们那样,他垂头丧气(同上,页142)。他的沮丧很大程度上是由于在贞德着手远征之前,武士吹牛并让人相信贞德答应嫁给他。结果,贞德被迫在图勒教会法庭为自己辩护,她盘问武士,而"他到来时穿着用诬陷和虚假制成的厚外套,可是她那灵巧的双手将他先前的证词一片片撕了下来,最后他已一丝不挂"(同上,页83)。一个曾犯下玷污贞德名誉的过错、给她造成麻烦的人,待贞德高升之后除了嘲笑和报复外,还能期待什么呢?贞德其他的童年伙伴期望并得到打理贞德的家务的正式任命。当贞德安排职位时,武士避免靠近她——为他曾经的所作所为感到羞愧。但贞德让他走上前来,对他说话:

> 武士恭恭敬敬地走了进来。他走进门,再也不敢向前挪动。他站在那里一动也不动,看上去局促不安,心惊胆战。此时,贞德和颜悦色地说:"我一路上都在观察你。你开头时表现不好,但后来有了进步。从前你爱说大话,但是你有*男子汉的气概*,我会把它挖掘出来的。"①

贞德如何将武士变成了男子汉?"我指向哪里,你就会奔向哪里吗?"她问他。"下火海都行!"他回答。"我相信你。"交谈后,贞德委派给武士一个最卓越、最令人羡慕的职位;她让他做旗手,一个将站在她身旁、站在一个鼓舞她的军队最令人瞩目的位置,也是敌人攻击的目标。在德·孔泰看来,在战场上,没有什么职位比它更光荣。武士和他的同伴们震惊了。"要是我辜负了您的信任,我

---

① 马克·吐温,《圣女贞德传》,前揭,页147。强调为本文作者添加。

的战友们知道如何对我的身子行使朋友的职责。在此我郑重地嘱咐他们,他们会按我的话去做的,"武士激动地说。"听他这么说,"德·孔泰评论道,"她已经把这个牛皮大王转变成了英雄。这是她的又一个奇迹,我毫不怀疑。"(同上,页147-148)

虽然武士从未停止作为小说的喜剧性调剂的源头,但这个情节标志着他的转变,即便他的朋友也看得出来。德·孔泰与诺埃尔——贞德的另一个童年玩伴,总是戏弄直率的人相信武士吹的牛——的谈话证实了这一点。当诺埃尔表达了对贞德选择武士的不解时,德·孔泰为她的选择辩护:

> 你已经注意到我们的大骑士说了许多聪明的话,肩膀上长着一颗善于思考的脑袋。有一天,我们一边骑着马前进,一边议论着贞德的卓越才能。他说:"不过,她最伟大的天赋在于具有洞察力的眼睛。"

"普通的眼睛只能看到实物的外部并对此作出判断",贞德具有洞察力的眼睛"能看透和了解内心和灵魂,发现没有在外部表现出来或显出预兆的东西,而其他类型的眼睛是看不出这一切的"。德·孔泰为她对旗手的选择辩护:

> 贞德也许比我们更了解他的能力……要是有个处于贞德地位的人告诉某人他很勇敢,此人就会相信,光相信就足够了。事实上,相信自己是勇敢的,就会是个勇敢的人。

诺埃尔表示同意:"她既长着具有创造性的嘴,也长着具有洞察力的眼睛!啊,是的,这就是关键所在。法兰西曾被吓倒,成了胆小鬼。贞德发了话,于是法兰西昂首阔步前进。"(同上,页149-151)

马克·吐温通过武士这个角色多少次取笑过骑士传统的过度浪

漫，他就在这个胆怯的"狮子"（同上，页98，111）身上看到了多少次男子气概的典范，它可能会通过与贞德的美德相遇激发出来。事实上，武士最后的行为比他吹的全部牛皮更能证实这一点。在贞德随之被捕的最后一战中，是武士直到最后都在为她而战：

> 贞德身边本来为数不多的贴身卫兵在迅速减少……现在只剩下矮子和武士了，可是他们不愿意放弃，还在坚守阵地。这一双铁塔全身溅满了血，一道道地留下来；每当一个人砍下斧子，另一个人就落下剑，于是，一个敌人喘息着死去。他们就这样战斗着，尽职尽责，直到最后。这两个善良、淳朴的人，他们光荣地走向生命的结束。愿他们的灵魂安息吧！（同上，页304-305）

在德·孔泰回忆的最后时刻，我们看到贞德所塑造的武士这个男子汉。他无愧于他的誓言和他的名字，在为他宣誓效忠的女士而战时高贵地死去。如果这个生机勃勃的改变可以发生在腹中空空如也的吹牛大王身上，那么我们有多少比这更多的理由去相信，通过德·孔泰的复述了解到贞德的故事，能让马克·吐温的读者变得高贵？

结论：殉难与纪念

马克·吐温将《圣女贞德传》描述为一本爱的作品。的确，在小说接近结尾时，除了贞德性格和行为的可爱之处，我们很难看到其他的东西。德·孔泰称贞德为"法兰西精神的化身"。对马克·吐温而言，她似乎是高于一切的高贵和美丽精神的化身，体现着人类全部的善和可爱。

尽管贞德拥有诸多美德，尽管她有令人振奋的高贵，也使她手下的人变得高贵，她最终还是落入了英国的掌心，被英国控制起来，这很大程度上要归咎于法国太子的无所作为。不像那个在贞德的凝视下升到了高贵之高度的武士，那个君主之位的合法性要归功于贞德的预言和英勇的太子——现在是查理七世，落入了他习惯性的怯懦中，没有在贞德的鼓励下行动，最后甚至没有为贞德交赎金。我们如何理解这一点？这是否意味着贞德失败了？马克·吐温难道仅仅讲述了一个震撼灵魂的悲剧故事，却没有为我们留下希望吗？马克·吐温在小说中的教诲到底是什么？或者他只是讲述了一个属于过去时光的古老的故事，让他的读者暂时远离开他们所屈从的不幸吗？

小说在一个更滑稽的时刻彰显出马克·吐温的写作目的。在贞德赢得了帕泰之战，获得了对法国而言的决定性胜利，以及太子终于遵循贞德之命加冕后，贞德的父亲和拉克扎舅舅来看望她。他们都是质朴的人，他们对世界的体验从未延伸到栋雷米之外。当他们走进贵族勋爵、夫人和贞德聚集的地方，他们完全不知道这里需要什么礼节。即便一天都在充满为致敬他们亲爱的贞德而举行的宴会中度过，拉克扎和达克老爹还是没能理解贞德的伟大。在他们眼中，贞德还是个孩子。在许多方面，贞德的确如此。所以当贞德询问她深爱着的栋雷米的消息时，德·孔泰这样说：

> 那个朴实的老拉克扎坐直了身子，用低沉的语调讲了一个人们所听到过的最乏味、最空洞的故事，可是他和达克老爹从未想过这个故事不雅，也从未意识到这个愚蠢的故事绝不是庄严的、有价值的历史。（同上，页279）

这个故事的具体内容是什么呢？三周前，拉克扎舅舅参加了一个葬礼。当他意识到自己要迟到时，他决定骑一头年轻的、贞德从前骑过的公牛去参加葬礼以赶时间。在路上,公牛自然发了脾气,吼叫着冲进村庄,撞下了几只蜂窝,打乱了葬礼的进程。最后公牛完全脱离了拉克扎的控制,甩下老人,让他独自面对那群被激怒的蜜蜂(同上,页279-280)。在这悲伤的故事结尾,拉克扎舅舅只能摇摇脑袋,搞不清楚贞德为什么发笑。此时,德·孔泰插入了评论,表达了他对拉克扎的愚蠢的愤怒:

> 是的,这两位老人都认为这个故事很悲惨,而在我看来这完全是个荒谬可笑的故事,不管在哪个方面对任何人都没有价值。那时我是这么认为的,迄今我也这么认为。就历史而言,这不像历史,因为历史的功能是提供有教育意义的严肃而且重要的事实,而这件古怪的、无价值的事件没有任何教育意义,我看不出有任何教益,除了不要骑公牛参加葬礼以外。毫无疑问,有头脑的人不需要这样的教益。(同上,页281)

虽然在某种程度上,德·孔泰不饶人的愤怒和拉克扎荒谬的故事一样可笑,但是,如果这是马克·吐温在让他的叙述者指出有关讲故事目的的更深一层的真理呢,尤其是如果这个故事像他的《圣女贞德传》那样是个历史故事?德·孔泰向我们指出的是,历史是教师,历史的讲述者不应讲述一个"荒谬可笑"的故事,如果它只传达了一个"有头脑的人"不能明确看到任何反思的故事的话。

因此,什么是马克·吐温想要教导的?在亚里士多德的《修辞学》中,他认为有一种愉悦伴随着对痛苦事件的记忆,因为如果高贵和美丽之物来源于痛苦之物,回忆本身便会成为一种甜蜜的源头(1379b1-3)。通过德·孔泰对贞德故事的重述,马克·吐温让美国读者得以铭记什么是高贵——纯洁、可爱、善良的孩子为了上帝与祖国的完全的自我牺牲。托克维尔暗示,这些观众是最可能以高贵之物交换有用和便利的人，因此他们忘记了高贵美德和自我牺牲的可能性，而这是他们建立政体以保卫自由的果实。事实上，我们从译者不多的脚注中得知，就连德·孔泰的第四代侄子和侄女的后代都忘却了那些应该归功于贞德的东西，许多关于她的爱国的遗迹在法国大革命的民主泛滥中被毁掉了。当武士在保卫贞德的最后一战中倒下时，他英勇扛起的军旗最终被偷走并藏到法兰西后方保存了起来，在奥尔良的国库里"永远都会很安全"。或许这只是德·孔泰在那时的想象。译者在此处插入了脚注：

> 贞德的军旗在那里保存了三百六十年。后来，在大革命时期，那面军旗和贞德的两把剑、一顶翎毛帽、几件正式服装和其他衣物，被一群暴徒在公众面前付之一炬。人们所知的贞德触摸过的物品一件也没有被保存下来，除了为数不多的几件被珍藏的军事或国务文件。她在那些文件上签过名，那是一位书记或者说她的秘书路易·德·孔泰把着她的手签署的。（《圣女贞德传》，页314）

法国大革命的民主泛滥导致了贞德短暂而高贵的一生中的纪念物的毁坏。

注意到了马克·吐温对贞德——这本"为爱而作"所敬献对象——显而易见的爱，我们不能不因他的黑色幽默和讽刺的名声怀疑对他对贞德的爱。事实上，可能正是这个名声妨碍了我们对他作为思想家的严肃性的理解。这种严肃性突出表现在另一部被誉为美国经典的作品——《亚瑟王朝廷上的美国佬》——的结尾，它正像《圣女贞德传》那样，含有很多笑料，也有道德上的严肃性。在这本书中，汉克·摩根（Hank Morgan），"一个来自康涅狄格州的可爱小伙子，具有19世纪晚期的美国的典型感情"，在挨了一撬棍后，在英国的亚瑟王朝醒来。因为在"神话般的亚瑟王朝的魅力"中看到了贫穷、疾病、奴隶制和不平等,汉克打算通过发展教育、工业、科学创新以及宣扬民主权利把王朝现代化。① 但在结尾,汉克的计划失败了,因为他使中世纪英国现代化的尝试导致 25000 个骑士为捍卫他们的生活方式而发动了复辟。在彻底失败的最后一战中,汉克与他胜利的男孩儿们死定了,因为他们无法离开他们战斗的燃料库,否则他们会被亚瑟王国的人们所杀,他们败给了成千上万个在他们周围堆积成山的骑士的尸体散发出的疾病和瘟疫。汉克的现代化计划以毁灭告终。最重要的是,骑士和他们的生活方式的毁灭让我们想起《圣女贞德传》中的骑士的绰号。汉克以进步为名,破坏了中世纪世界最高贵的渴望。②

这一战后,汉克发现自己到了临终之际,此时身处十三个世纪之后的马克·吐温所在的美国。他把那些记录了大事件的手稿交给马克·吐温,马克·吐温亲自叙述了与濒死的汉克相遇的故事。但在汉克临死之时,他头脑中留下的并非战斗或技术征服,而是对他深爱的妻子桑蒂(Sandy)、一位英国亚瑟王朝的女士的回忆:

> 啊,桑蒂,你终于来了——我多么想你!请坐在我的旁边——别离开我——永远别再离开我了,桑蒂,永远不要了……这是一场梦啊!真是太奇怪、太可怕了,桑蒂!……不错,我似乎已从那个时代飞回到了我们这个时代,然后又回到

---

① Wayne Amber, "Making Men Modern", *New Atlantis*, no. 23 (Winter 2009): 121.

② 许多人将马克·吐温的《亚瑟王朝廷上的美国佬》理解为他对中世纪骑士精神的戏仿和对现代进步的颂扬,Ambler 以令人信服地方式证明,事实上,这是歌颂现代进步的讽刺性歌谣。见 Wayne Amber, "Making Men Modern", pp. 128-129。

那个时代，并且安定下来，在那个奇怪的英国，成了一个举目无亲、孤苦伶仃的人，使你我之间相隔着一条一千三百年的鸿沟！使我远离家乡、远离朋友！远离我所心爱的一切、让我不枉为人的一切！这太可怕了——可怕得你无法想象，桑蒂。啊，守着我，桑蒂——一刻也不要离开我——不要让我再神志不清了。①

汉克临死之时的幻觉之美令人难以忘怀，它们解释了马克·吐温对现代世界在满足人类欲望方面的局限的观点。反讽的是，在汉克的幻觉中，他建立进步、有用的世界的现代欲望很明显被驱逐出了脑海，而存在于过于不完美的中世纪英国的世界的对桑蒂的渴望，对"不枉为人的一切"的渴望，却在他生命危在旦夕时保留下来。结果，修复亚瑟王朝的英国固有不完美的计划，在生命毁灭下的对比，在对上帝、对国王、对家庭、对某人的爱的对比下，显得苍白无力。

马克·吐温在《圣女贞德传》这本自己最后的也明显最爱的小说中，采用了《亚瑟王朝廷上的美国佬》结尾时的汉克的立场，像汉克朝向桑蒂那样朝向贞德。马克·吐温和美国佬转换了位置，两部小说的结局都是渴求并纪念美。没有它，现代世界的进步和功用都无法实现。通过最后一部小说，马克·吐温试图恢复其读者有关什么是高贵的记忆，甚至在回忆贞德的言与行中，重新点燃、保存

---

① 马克·吐温，《亚瑟王朝廷上的美国佬》，(*A Connecticut Yankee in King Arthur's Court*)，Norwalk, CT: Easton, 1983, 页 274-275。强调为本文作者添加。哈克对汤姆·索亚夸张的、浪漫地释放吉姆的计划的描述，可以恰当地应用在这美国佬身上："他有个梦想……它击中了他。"（马克·吐温，《哈克贝利·芬恩历险记》，前揭，页 214）［译按］中译本参《马克·吐温十九卷集》(11)，林文华、陆钰铭译，石家庄：河北教育出版社，2002。

对可爱、善以及值得捍卫的东西的一瞥，无论其实用性和代价几何。贞德激励武士那个一度心中空空如也的懦夫的能力，正是马克·吐温希望为其观众保留的。或许，他应该保留一个如此高贵地能将怯懦转变为勇气、绝望转变为希望、恐惧转变为追求善的积极性的女人的可能性。我们也应该牢记他的教诲。

旧文新刊

濂溪一滴

黄葆年 著
潘林 整理

[整理者按]黄葆年（1845—1924）是晚清以降太谷學派的集大成者，其治學頗重宋儒心性之學。所著《濂溪一滴》，是對周敦頤《太極圖説》《通書》的批注和詮解，以揭示其中奧旨。書中認爲：周子"以性情貫學識"，得"道之明也"；其學其文精醇，有三代而上之遺風，"蓋孟子而後，一人而已矣"。對周子可謂推崇備至矣！劉厚滋先生云："太谷學派認宇宙本體係由一微粒或原子組織而成，此微粒之實相即爲水滴。"① 雖爲一滴，亦蘊宇宙之理，所謂月映萬川是也。黃氏以"濂溪一滴"譬喻，意即循濂溪先生之源，"可得

---

① 劉厚滋，《張石琴與太谷學派》，載於《輔仁學志》第九卷第一期，1940年6月。參周太谷《周氏遺書·圖原》："河之出圖也始於●。●：始●，書曰一，形曰水。"自注："●，讀'滴'。"

其門而入", 一窺全豹, "一觀其化也"。

原書載於《太谷學派遺書》第一輯第五册（方寶川編，江蘇廣陵古籍刻印社 1997 年影抄本），今以此書爲底本進行整理，其中脚注部分係整理者所加。然原書錯漏尚多，故據《國學專刊》第一卷第二期（1926 年印行）所載《周子通書釋》（僅收前 15 章）、柳詒徵《新泰州學案》（收入《泰州文獻》第二輯，南京：鳳凰出版社，2014 年。載有黃氏《周子書序》《太極圖説》批注和《通書跋》）校補。爲便於研讀，又據《周敦頤集》補上《太極圖説》《通書》正文（字體均加粗），但略去原有圈點。

周子書序①

道之明也，以性情貫學識；道之塞也，以學識蔽性情。《論語》以游藝次道德，② 學《詩》先禮樂，③ 蓋學識之終始、性情之終始也。嗚乎！不以性情爲終始，則有半途而廢，不得其門而入矣。

秦漢而下，貫性情、學識而一之者，其有宋濂溪先生乎！先生之學，莫詳其所自來，故《太極通書》奥旨也，知者蓋鮮。若《愛蓮説》之言近而旨遠，則又以爲無與於學而置之，其德隱矣。然當其時，或知或不知，而先生之"光風霽月"④久而愈明。

---

① "周子書序"四字原無，據柳詒徵《新泰州學案》補。
② 見《論語·述而》："子曰：'志於道，據於德，依於仁，游於藝。'"
③ 見《論語·泰伯》："子曰：'興於《詩》，立於禮，成於樂。'"
④ 典出黃庭堅《山谷集·濂溪詩序》："舂陵周茂叔，人品甚高，胸中灑落如光風霽月。好讀書，雅意林壑。"

迨其後，不能無異同，而先生之"風月無邊，庭草交翠"①久而愈馨。蓋天下後世罕能知先生者，先生之性情立於人之所不見也；天下後世無不可與知先生者，先生之性情達於人之所共見也。

年也幸沐龍川②之澤，故能讀先生之書。竊以爲由學識而窺《圖》《書》之奧，雖老師宿儒，猶將半途而廢也。由性情而觀愛蓮之心，凡有血氣心知之倫，皆可得其門而入也。得其門而性始移情焉，得其門而情終率性焉，得其門而性情與學識相爲終始焉。吾惡知過此以往無極之真、《通書》之精不化而爲蓮花之妙也哉？愛則化矣，吾願偕莫春童冠、③南村素心人，④相與溯洄游泳濂溪之上，而一觀其化也。

宣統元年辛亥嘉平月⑤立春後三日，泰州後學黃葆年⑥謹序。

太極圖說

無極而太極。太極動而生陽，動極而靜；靜而生陰，靜極復動。一動一靜，互爲其根，分陰分陽，兩儀立焉。陽變陰合，而生水、火、木、金、土。五氣順布，四時行焉。五行，

---

① 典出朱熹《晦庵先生朱文公文集·六先生畫像贊·濂溪先生》："《書》不盡言，《圖》不盡意。風月無邊，庭草交翠。"
② 龍川，即李光炘（1808—1885），字晴峰，號平山，晚號龍川老人，世稱龍川先生，江蘇儀徵人。太谷學派南宗的創始人。
③ 典出《論語·先進》所記曾點之志："莫春者，春服既成，冠者五六人，童子六七人，浴乎沂，風乎舞雩，詠而歸。"
④ 典出陶淵明《移居》（其一）："昔欲居南村，非爲卜其宅。聞多素心人，樂與數晨夕。"
⑤ 嘉平月，農曆臘月的別稱。
⑥ "葆年"二字原缺，據柳詒徵《新泰州學案》補。

一陰陽也；陰陽，一太極也；太極，本無極也。五行之生也，各一其性。無極之真，二五之精，妙合而凝。"乾道成男，坤道成女"，① 二氣交感，化生萬物。萬物生生而變化無窮焉。

惟人也，得其秀而最靈。形既生矣，神發知矣，五性感動，而善惡分，萬事出矣。聖人定之以中正仁義（自注：聖人之道，仁義中正而已矣）而主靜（自注：無欲故靜），立人極焉。故聖人"與天地合其德，日月合其明，四時合其序，鬼神合其吉凶"。② 君子修之吉，小人悖之凶。故曰："立天之道，曰陰與陽；立地之道，曰柔與剛；立人之道，曰仁與義。"③ 又曰："原始反終，故知死生之説。"④ 大哉《易》也，斯其至矣！

［旁批］古人言"畫前有《易》"，⑤ 是故包羲之《易》無畫而有畫，文王、周公、孔子之《易》無名而有名，無辭而有辭，無象而有象也，孟子曰"萬物皆備於我矣"，我也者，無我而有我也，夫何疑！由無極而太極、陰陽、五行，無形而有形也，形而下也；由五行、陰陽而太極、無極，有形而無形也，形而上也，是爲反本。

男女，二氣也；成男成女，一而二也；交感化生，二而一也。《中庸》曰："其爲物不貳，則其生物不測也。"此之謂也。

以中定禮，憂非禮之禮之害禮也；以正定智，憂小智私智之害智也。其意深矣。合則萬物育，曰達；分則天地位，曰立。惟聖人能合之，亦惟聖人能分之。

死生者，有端之太極也；原始反終，則有端之太極還爲無端之太

---

① 見《易·繫辭上傳》。
② 見《易·乾·文言傳》。
③ 見《易·乾·説卦傳》。
④ 見《易·繫辭上傳》。
⑤ 説出周敦頤，載於楊時《龜山集》、朱熹《易學啓蒙》等。

極。故曰"原始反終,故知死生之説"。

[眉批]無極者,包孕萬有,空洞無極也。空洞無極,而包孕萬有,故曰"無極而太極"。

"互爲根"者,陰陽之流行也,無端之太極也,《易》曰"《易》行乎其中矣";"兩儀立"者,陰陽之定位也,有端之太極也,《書》曰日生東而月生西也。①

無極之真理也,以无妄,故曰真;二五之精氣也,以不貳,故曰精。精故凝,真故妙。合也者,理寓於氣也。理寓於氣,故曰"無極而太極"。

言四端曰仁義禮智,言兩儀則中庸而已矣;言兩儀曰中庸,言太極則率性而已矣。孟子曰"君子所性,仁義禮智根於心",周子之言性自根於心始,故曰"主静立人極"。

"合其吉凶"者,"吉凶與民同患,神以知來,智以藏往"② 也。合吉凶而爲太極,曰聖人;分吉凶而爲陰陽,曰小人曰君子。

原始者,始③於無始;反終者,終於無終。始於無始者,始之於終;終於無終者,終之於始。死生,陰陽也。"原始反終","陰陽,一太極也;太極,本無極也"。

[總批]予既録《通書》,粗爲解説,繼思《太極圖説》者,《通書》之綱領也,《愛蓮説》者,《通書》之性情也,因以《圖》原其始,而以《説》要其終焉。嗚乎!周子深於《易》,故讀《太極圖説》而真精妙合,想見其天;周子深於《詩》,故讀《愛蓮説》而"光風霽月",想見其人也。有志於聖賢之學者,其念諸!

---

① 見《禮記·祭義》:"日出於東,月生於西。"又見《禮記·禮器》:"大明生於東,月生於西。"《書·堯典》亦有相關内容:"分命羲仲,宅嵎夷,曰暘谷。寅賓出日,平秩東作。"僞《孔傳》:"宅,居也。東表之地稱嵎夷。暘,明也。日出於谷而天下明,故稱暘谷。"

② 見《易·繫辭上傳》。

③ 始,原誤作"原",據柳詒徵《新泰州學案》改。

[又批]開篇一語，遂爲朱陸異同之根實，① 則日月經天，江河行地，列聖相傳，亦老嫗可解，不知有何疑義？象山訾議，謂其出自老子，予謂周子無可議。老子本無可議也，孔子問禮於老子，無所用其諱，更何所用其疑？唐以後闢佛闢老，以明聖人之道，雖累千萬語，終莫辨其指歸。子曰"竊比於我老彭"，② 子貢曰"夫子焉不學"，③ 門户意見之私，烏足以明聖人之大哉？學者其鑒之。

　　中二語經先師④訂正。觀周子之言，可知宋學源流。若先師所訂正，則千聖不易之經也，《語》《孟》而後，僅見此篇。又經辭之至達者，爲之立其幹而通其意，學者何幸而與聞之！然未敢爲外人道也。録而藏之，以與吾同志者，共研《説》焉。

　　辛亥九月下旬，黄葆年⑤謹記。

　　謹按：原文"聖人定之以中正仁義而主靜，立人極焉"，訂正爲"聖人道之以中庸而率性，立人極焉"。

通　書

誠上第一

誠者，聖人之本。"大哉乾元，此太極之誠。**萬物資始"，**⑥

---

　①　參黄宗羲《宋元學案·象山學案》："兩家之意見既不同，逮後論《太極圖説》，先生之兄梭山謂：'不當加無極二字於太極之前，此明背孔子，且并非周子之言。'紫陽謂：'孔子不言無極，而周子言之。蓋實有見太極之真體，不言者不爲少，言之者不爲多。'先生爲梭山反復致辯，而朱、陸之異遂顯。"

　②　見《論語·述而》。

　③　見《論語·子張》。

　④　先師，指黄葆年之師李光炘。

　⑤　"葆年"二字原缺，據柳詒徵《新泰州學案》補。

　⑥　見《易·乾·象傳》。

誠之源也。"乾道變化,此陰陽五行之誠。各正性命",① 誠斯立焉。純粹至善者也。故曰:"一陰一陽之謂道,繼之者善也,成之者性也。"② 元亨,誠之通;利貞,誠之復。誠無不通也,我何爲而不通?誠無不復也,我何爲而不復?大哉《易》也,性命之源乎!

[眉批]"繼之者善也",誠之通也;"成之者性也",誠之復也。匪誠之通,散亂而已矣,奚元亨之有?匪誠之復,昏沈而已矣,奚利貞之有?

[總批]《通書》之作也,上繼《易》《書》《語》《孟》,似不當入初學讀本。雖然,韓柳因文見道者也,《通書》以文載道者也,初學不讀載道之文,則聖學終在雲霧中,其何以端其趨向哉?試觀此書首章"誠者,聖人之本"一語,孟子"人皆可以爲堯舜"之旨,昭然若發矇矣。再觀"元亨,誠之通;利貞,誠之復"二語,《易傳》乾坤闔闢往來之義,③ 又昭然若發矇矣。是知《正蒙》《啓蒙》④,續續而傳,蓋以此書爲昆侖墟⑤也。

誠下第二

聖,誠而已矣。誠,五常之本、百行之源也。⑥ 靜無而動

---

① 同上。
② 見《易·繫辭上傳》。
③ 見《易·繫辭上傳》:"是故闔户謂之坤,闢户謂之乾,一闔一闢謂之變,往來不窮謂之通。"
④ 《啓蒙》,指朱熹《易學啓蒙》。
⑤ 昆侖墟,昆侖山的基部,古以爲黃河之源。如《爾雅·釋水》曰:"河出昆侖虛,色白。"
⑥ 朱熹《通書注》:"五常,仁、義、禮、智、信,五行之性也。百行,孝、弟、忠、順之屬,萬物之象也。"

有，至正而明達也。五常、百行，非誠非也，邪暗塞也。**故誠則無事矣。至易而行難。果而確，無難焉。**誠則有五常、百行，而浩然之氣塞乎天地之間矣；不誠則無五常、百行，而邪暗之氣塞乎天地之間矣。"果而確"，惟義所在也。嗚呼，豈可襲取哉！**故曰："一日克己復禮，天下歸仁焉。"**①

［眉批］静無，無極也；動有，太極也。"至正而明達"，太極生陰陽也。五常、百行，無非誠者。一念不正而邪生，一念不明而暗塞，天下自此多事矣。"反身而誠"，② 則無爲而治。故曰："一日克己復禮，天下歸仁焉。"

［總批］"誠上"，言上達也。天下至誠，所以爲天下至聖也。"誠下"，言下學也。③ 天下至聖，必根於天下至誠也。確者見之真，果者力之實，見真力實，邪暗自除。

誠幾德第三

誠，無爲；幾，善惡。德：愛曰仁，宜曰義，理曰禮，通曰智，守曰信。性焉安焉之謂聖。復焉執焉之謂賢。發微不可見，充周不可窮之謂神。發微，約之至也。充周，博之極也。神也者，誠之始莫知其始，而終莫知其終也。

［眉批］誠，天也；幾，天而人也；德，盡人以合天也。"性焉安焉"，合天也；"復焉執焉"，盡人也；"發微充周"，德之盛也。

［總批］誠發而幾，太極分爲陰陽也；幾成而德，陰陽和而五行順也。陰陽和而五行順，孟子曰"反身而誠，樂莫大焉"。"復焉執焉"，

---

① 見《論語·顏淵》。
② 見《孟子·盡心上》："萬物皆備於我矣。反身而誠，樂莫大焉；強恕而行，求仁莫近焉。"
③ 語本《論語·憲問》："子曰：'不怨天，不尤人，下學而上達。'"

窮理之事也；"性焉安焉"，盡性之事也；"發微不可見，充周不可窮"，至命之事也。"窮理盡性，以至於命"，① 幾以始之，德以終之，誠以終始之。

聖第四

　　寂然不動者，誠也；感而遂通者，神也；動而未形、有無之間者，幾也。誠精故明，神應故妙，幾微故幽。精之爲言寂也，寂則主應不主感矣，寂則見微如見顯矣。**誠、神、幾，曰聖人**。

　　[眉批]神，不可測也；幾，不易知也。君子之爲學也，出以誠，入以誠而已矣。出以誠而幾可知也，入以誠而神可存也。君子知幾以誠，存神亦以誠，故曰"誠者，聖人之本"。

　　[總批]唯誠也，故能通天下之志；唯幾也，故能成天下之務；唯神也，故不疾而速，不行而至。

慎動第五

　　動而正曰道，用而和曰德。匪仁、匪義、匪禮、匪智、匪信，悉邪矣。邪動，辱也；甚焉，害也。知辱而後復於正，知害而後復於和。**故君子慎動**。

　　[眉批]以命修身，本無不正；以身從命，本無不知。匪也者，非心之失其性也。非心動曰邪。動而之邪，辱命而害身矣，可不慎乎？

　　[總批]《易》曰："幾者，動之微。"又曰："吉凶悔吝，生乎動。"言動而視聽，② 言在其中矣。正也、和也，陰陽和也；仁也、義

---

① 見《易·繫辭下傳》。
② 語本《論語·顏淵》："子曰：'非禮勿視，非禮勿聽，非禮勿言，非禮勿動。'"

也、禮也、智也、信也，五行順也。邪則陰陽乖而五行戾矣，可不慎乎？

道第六

聖人之道，仁義中正而已矣。守之貴，字字入心，字字動心，如見聖情，如聞師訓。**行之利，廓之配天地。豈不易簡！豈爲難知！不守、不行、不廓耳。**

［眉批］"守之"下數語，具見周子循循善誘之心，與孔子言"博約"、① 孟子言"擴充"②同旨。

［總批］孔孟之道，仁義而已矣。濂溪益之以中正，非不足於仁義也，中莫中於仁，正莫正於義。戰國而後，儒者失中正而外行仁義方外之徒，所以小仁義也。夫中正者，仁義之實；仁義者，中正之精。嗚呼！豈有二說哉！

師第七

或問曰："曷爲天下善？" 善者，風也。天下善者，風行天下也。《易》曰："風行天上，小畜。君子以懿③文德。"又曰："風行地上，觀。先王以省方④觀民設教。"**曰："師。"曰："何謂也？"曰："性者，剛柔、善惡、中而已矣。"不達。曰："剛善，爲義、爲直、爲斷、爲嚴毅、爲幹固；惡，爲猛、爲隘、爲彊**

---

① 見《論語・雍也》："子曰：'君子博學於文，約之以禮，亦可以弗畔矣夫？'"
② 見《孟子・公孫丑上》曰："凡有四端於我者，知皆擴而充之矣，若火之始然，泉之始達。苟能充之，足以保四海；苟不充之，不足以事父母。"
③ 懿，修美，贊美。
④ 省方，省視萬方。

梁。柔善,爲慈、爲順、爲巽①;惡,爲懦弱、爲無斷、爲邪佞。"惟中也者,和也、中節也、天下之達道也、聖人之事也。故聖人立教,俾人自易其惡,自至其中而止矣。故先覺覺後覺,暗者求於明,而師道立矣。師道立,則善人多;善人多,則朝廷正,而天下治矣。六言六蔽,② 微③好學未由④袪其蔽而成其言也。好學者,致中和而已矣。致中和,則心正氣順,無惡之非善矣。暗者明,然後惡者善,是故以覺爲先。

[眉批] 性者,中也;中者,合德也。剛柔之合德易知也,善惡之合德難知也。何也?剛柔相濟也,善惡若相反也。夫以善化惡,爲天下善;以惡從善,亦爲天下善。惡不從善,無以爲善也;善不化惡,無以爲至善也。是則剛柔相濟也,善惡亦相濟也。故曰:"天下之達道也,聖人之事也。"聖人以善化惡,以惡從善,故曰"師道立,則善人多"。

[總批] 濂溪言師道實漢唐所未見。是故開物成務,繼尼山⑤、鄒嶧⑥而興。

幸第八

人之生,不幸不聞過,大不幸無恥。幸,南風也。南風者,

---

① 巽,卑遜,謙恭。
② 六言六蔽,見《論語·陽貨》:"子曰:'由也,女聞六言六蔽矣乎?……好仁不好學,其蔽也愚;好知不好學,其蔽也蕩;好信不好學,其蔽也賊;好直不好學,其蔽也絞;好勇不好學,其蔽也亂;好剛不好學,其蔽也狂。'"
③ 微,非也。
④ 末由,無由。
⑤ 尼山,在今山東曲阜東南,原名尼丘。相傳孔子父叔梁紇、母顏氏禱於此而生孔子。故孔子名丘,字仲尼。後以尼山代指孔子。
⑥ 鄒嶧,又稱嶧山,位於孟子故里——今山東鄒城。後以鄒嶧代指孟子。

萬物之所以長養變化也。有恥，變之機；聞過，化之始。是故萬物以長養爲南風，君子以變化爲南風。**必有恥則可教，聞過則可賢。**

［眉批］人之生，有生氣焉，有生理焉。不聞過，雖生猶死矣。無恥，生不如死矣。君子以有恥爲生，以聞過爲生。故曰："生生之謂易。"①

［總批］有恥然後知聞過之幸，故曰可教；聞過然後知得師得友之幸，故曰可賢。

思第九

《洪範》曰："思曰睿，睿作聖。"無思，本也；思通，用也。幾動於彼，誠動於此。無思而無不通，爲聖人。不思，則不能通微；不睿，則不能無不通。是則無不通生於通微，通微生於思。無思，無極也。無思而後能用其思，"無極而太極"也。思無不通，而後復歸於無思，"太極，本無極也"。"元亨，誠之通"，無思而無不通也，"無極而太極"也。"利貞，誠之復"，無思而無不復也，"太極，本無極也"。復故通，通故復，孰知其終始哉？知幾者視於無形，通微者聽於無聲。**故思者，聖功之本，而吉凶之幾也。**《易》曰："君子見幾而作，不俟終日。"又曰："知幾其神乎！"

［眉批］思，盡心也。睿，盡其心者，知其性也。知其性，則知天矣。知天曰聖。"幾動於彼，誠動於此"，則物格②而吉；幾動於彼，誠失③於此，則爲物所格而凶。嗚呼，可不慎思乎哉？

［總批］誠者，天之道也；思誠者，人之道也。誠，無思也；思

---

① 見《易·繫辭上傳》。
② 格，去也。物格，物欲之蔽被去除。
③ 失，原誤作"動"，據《周子通書釋》改。

誠，思無思也。思無思也者，思無邪，思不出其位也。思則無邪，思則不出其位。無思而無不通，無思而無不誠也。無思而無不通，爲天下之至聖；無思而無不誠，爲天下之至誠。故曰："誠者，聖人之本。"又曰："思者，聖功之本。"

志學第十

聖希天，希者，志也；所以希者，學也。嗚呼！過何易言，及何易言，不及亦何易言！志以終身，學以終身，希以終身而已矣。**賢希聖，士希賢。伊尹、顏淵，大賢也。伊尹恥其君不爲堯舜，一夫不得其所，若撻於市。**① 顏淵"不遷怒，不貳過"，"三月不違仁"。② **志伊尹之所志，學顏子之所學**，志非學不成，學非志不立。**過則聖，及則賢，不及則亦不失於令名。**

［眉批］伊尹之志，堯舜之道，孝弟而已矣；顏淵之學，夫子之道，忠恕而已矣。昧此則爲鄉人、爲小人；反此，而洪水猛獸之灾生，夷狄弒篡之禍起。

天，至仁也。聖之③希天也，仁而已矣；賢之希聖也，爲仁而已矣；士之希賢也，求爲仁之方而已矣。子曰："能近取譬，可謂仁之方也已。"④ "近取譬"者，近⑤取諸身也。孟子曰："反身而誠，樂莫大焉。強恕而行，求仁莫近焉。"周子曰："求人至難得者有於身，非師友

---

① 語本偽《古文尚書・説命下》："昔先正保衡作我先王，乃曰：'予弗克俾厥后惟堯舜，其心愧恥，若撻于市。'一夫不獲，則曰時予之辜。"
② 見《論語・雍也》。
③ 之，原脱，據《周子通書釋》補。
④ 見《論語・雍也》。
⑤ 近，原脱，據《周子通書釋》補。

則不可得也已。"①

［總批］孟子曰："人之所以異於禽獸者幾希。"② 幾，由天而人也，色之始也；希，由人而天也，聲之終也。志學獨言希者，由人而天之事也。志伊尹之所志，學顔子之所學，舍此將何之哉？周子命我矣。

順化第十一

天以陽生萬物，以陰成萬物。生，仁也；成，義也。故聖人在上，以仁育萬物，以義正萬民。仁育義正，親親敬長之達乎天下也。乾以易知，何遠之有？坤以簡能，何多之有？**天道行而萬物順，聖德修而萬民化。大順大化，不見其迹，莫知其然之謂神。故天下之衆，本在一人。道豈遠乎哉！術豈多乎哉！**

［眉批］天道之陰陽，化也；聖人之仁義，順化也。聖人順天，斯萬民順聖人。未有己不順而能順人者，況萬民乎。故天下順化，"本在一人"。

［總批］仁育義正，聖人教人，只此二事而已。"不見其迹，莫知其然"，君子之所不可及者，其爲人之不所見乎！"天下之衆，本在一人"；萬幾之衆，本在一心。

治第十二

十室之邑，人人提耳，而教且不及，況天下之廣，兆民之衆哉！曰：純其心而已矣。風行則草偃，君子之德，風也。③ 心純而風純矣，豈待家説而戶曉哉！**仁義禮智四者，動靜、言貌、視**

---

① 見《通書·師友上》。
② 見《孟子·離婁下》。
③ 語本《論語·顏淵》："君子之德風，小人之德草。草上之風，必偃。"

聽無違之謂純。心純則賢才輔，賢才輔則天下治。"同聲相應，同氣相求"，① 是故《中庸》言九經，修身先於尊賢。② **純心要矣，用賢急焉。**

［眉批］純也者，屯之經綸也。③ 純其心者，"肫肫其仁"，④ 所以經綸天下之大經也。經綸者，在天地爲雲雷，在國家爲賢才，在身心爲仁義禮智。故"純心要矣，用賢急焉"。

［總批］心純而後天與之以賢才，天人之相應也，殷高宗是也；心純而後能舉岩穴之賢才，君臣之相應也，周文王是也。否則天地閉而賢人隱矣，惡能治？⑤

禮樂第十三

禮，理也；樂，和也。陰陽理而後和，言位則君臣居其首，言育則夫婦造其端，故曰"陰陽理而後和"。**君君臣臣，父父子子，兄兄弟弟，夫夫婦婦，萬物各得其理，然後和。故禮先而樂後。**

［眉批］"禮，理也"，理其緒而分之也；"樂，和也"，比其類而合之也。陰陽分，則心正而天地位，故曰理；陰陽合，則氣順而萬物育，故曰和。由合而分，始條理也；由分而合，終條理也。知始始之，知終終之，其惟聖人乎！

---

① 見《易·乾·文言傳》。
② 見《中庸》："凡爲天下國家有九經，曰：修身也，尊賢也，親親也，敬大臣也，體群臣也，子庶民也，來百工也，柔遠人也，懷諸侯也。"
③ 語本《易·屯·象傳》："雲雷屯，君子以經綸。"
④ 見《中庸》："夫焉有所依，肫肫其仁，淵淵其淵，浩浩其天。"肫（zhūn）肫，誠懇貌。
⑤ 惡（wū），安也。"惡能治"，原缺，據《周子通書釋》本補。

[總批]"立於禮,成於樂",禮先而樂後也。孔門言禮樂,必先之以"興於《詩》"者,詩者,所以爲仁也。子曰:"人而不仁,如禮何?人而不仁,如樂何?"① 君君臣臣,父父子子,兄兄弟弟,夫夫婦婦,《詩》之所以爲仁也。周子之言禮樂,得其本矣。

務實第十四

實勝,善也;名勝,耻也。故君子進德修業,親切有味,如取諸其懷,而與之讀其書,想見其爲人。**孳孳不息,務實勝也。德業有未著,則恐恐然畏人知,遠耻也。小人則偽而已。故君子日休,小人日憂。**

[眉批]子曰:"行己有耻。"② 君子行己也,非爲人也,爲人則偽而已矣。爲己,至簡至易也,心逸故日休;爲人,至繁至難也,心勞故日憂。

[總批]名實本相因也。好名者失其實,務實者成其名。務實者,行其所無事也,行無不慊③於心,故日休;好名者,猶穿窬④之盜也,行多不慊於心,故日憂。子曰"仁者不憂",⑤ 仁者務實而已矣。

愛敬第十五

"有善不及?"曰:"不及則學焉。"問曰:"有不善?"曰:"不善則告之不善。且勸曰:'庶幾有改乎?八字溫良。斯爲君子。'有善一,不善二,則學其一而勸其二。有語曰:'斯人有

---

① 見《論語·八佾》。
② 見《論語·子路》。
③ 慊(qiè),滿足,快意。
④ 窬,通"踰",穿越。
⑤ 見《論語·子罕》。

是之不善，非大惡也。'則曰：'孰無過，焉知其不能改？改則爲君子矣。十七字忠恕溫良。**不改爲惡，惡者天惡之，彼豈無畏耶？烏知其不能改！'"二十字提撕警覺，忠恕溫良。**故君子悉有衆善，無弗愛且敬焉。**"悉有衆善"者，與人爲善也。愛人，敬人之至也。愛人者，人恒愛之；敬人者，人恒敬之。

［眉批］"庶幾有改乎"，覿①面之諫也。"焉知其不能改"，旁面之望也。"烏知其不能改"，拳拳無己之至情也，如見其心，如聞其聲矣；"不改爲惡，惡者天惡之"，君子"畏天命，畏大人，畏聖人之言"，②如見其心，如聞其聲矣。

［總批］字字範圍曲成，"君子成人之美，不成人之惡"，③其用心之忠厚，至於如此。古之學校，所以師道立而善人多也。是故立言百世之上，百世之下，讀是書者，"無弗愛且敬焉"。

動靜第十六

動而無靜，靜而無動，物也。爲物所格曰物。**動而無動，靜而無靜，神也。**因物附物曰神。**動而無動，靜而無靜，非不動不靜也。物則不通，神妙萬物。水陰根陽，火陽根陰。**物主格，故不通；物已格，故神妙。動極而後靜，故根陽；靜極而後動，故根陰。**五行陰陽，陰陽太極。四時運行，萬物終始。混兮闢兮！其無窮兮！**

［眉批］"動而無靜"，生也；"靜而無動"，死也。"動而無動"，生無生也；"靜而無靜"，死無死也。是故物有生死，神無生死。無生死

---

① 覿（dí），見也。
② 見《論語·季氏》。
③ 見《論語·顏淵》。

者，物之而不爲物。於物也不物於物，是謂神物。《易》曰："天生神物，聖人則之。"《中庸》曰："誠者，物之終始。"終始，一太極也。原始要終，故知死生之説無生無死，而始終之始如隱之無端。故曰："混兮闢兮！其無窮兮！"

[總批] "動而無靜"，助也；"靜而無動"，忘也。物也者，徇物忘返也。"動而無動"，勿助也；"靜而無靜"，無忘也。神也者，妙萬物而爲言者也。動中有靜，神水之潤也；靜中有動，神火之光也。"一動一靜，互爲其根。分陰分陽，兩儀立焉。""五行，一陰陽也；陰陽，一太極也；太極，本無極也。""四時行焉，百物生焉。"① 莫知其始也，終莫其終也。故曰："混兮闢兮！其無窮兮！"

樂上第十七

古者聖王制禮法，修教化，三綱正，九疇叙，百姓大和，萬物咸若。乃作樂以宣八風之氣，以平天下之情。故樂聲淡而不傷，和而不淫。入其耳，感其心，莫不淡且和焉。淡則欲心平，和則躁心釋。優柔平中，德之盛也；天下化中，治之至也。宣故和，平故淡。宣和平淡，則忿不求懲而自懲，欲不求窒而自窒矣。故曰德之盛而治之至也。**是謂道配天地，古之極也。後世禮法不修，政刑苛紊，縱欲敗度，下民困苦。謂古樂不足聽也，代變新聲，妖淫愁怨，導欲增悲，不能自止。故有賊君棄父，輕生敗倫，不可禁者矣**。於是乎新政立，新法行，少年新進之士巍巍乎洋洋乎，張橫於今之世矣。"輕生敗倫"，四方説盡，慨然如聞其太息之聲。嗚呼！樂者古以平心，今以助欲；古以宣化，今以長怨。不復古禮，不變今樂，而欲至治者，遠哉！

---

① 見《論語·陽貨》。

[眉批]古者興《詩》立禮而後樂成，是以溫柔敦厚、恭儉莊敬①入而爲情性，發而爲音聲，欲心平而心正，躁心釋而氣順也。後世《詩》教廢而"代變新聲"焉，禮教廢而"導欲增悲，不能自止"焉，則亦助欲長怨而已耳，何樂之有！"謂古樂不足聽也"，"天變不足畏，祖宗不足法，人言不足恤"，②"否則侮厥父母曰：'昔之人無聞知。'"③

[總批]樂者，人心之和也。人心之和通於天地，是以太和④氤氲而樂作焉。道州濂溪氏《通書》作，三代而下，樂莫盛於斯矣。《樂上》言古今之變也，《樂中》言天人之應也，《樂下》言風俗之移易也。君子稽古以變今，則盡善盡美；盡人以合天，則鳳儀獸舞；善風以化俗，則解愠阜財。知人心之和通於天地，則知堯舜之可學而至也。是故三代而下，言樂者莫盛於《通書》。

樂中第十八

樂者，本乎政也。政善民安，則天下之心和。二語，樂之本也，君民同樂也。**故聖人作樂，以宣暢其和心，達於天地，天地之氣，感而太和焉。**四語，樂之達也，天人同樂也。**天地和，則萬物順，故神祇格**⑤**，鳥獸馴。**三語，樂之至也，上下草木鳥獸同樂也。

[眉批]天地太和之氣，大樂也，立之乎不忍人之心，達之乎不忍

---

① 見《禮記·經解》："其爲人也溫柔敦厚，《詩》教也；……恭儉莊敬，《禮》教也。"
② 見《宋史·王安石傳》。
③ 見《書·無逸》。王引之《經傳釋詞》云："《漢石經》'否'作'不'。'不則'，猶於是也。言既已妄誕，於是輕侮其父母也。"
④ 太和，陰陽會合充和之氣（朱熹說）。
⑤ 格，來也，至也。

人之政。① 吾讀漢文帝"方春和時"詔書，② 覺堯舜之心與天地太和之氣一時俱到。嗚乎！天地萬物胥歸一念，豈假遠求哉！

［總批］政者，正也。政成民和而樂作，心正而後氣順也。吾之心正，則天地之心亦正矣；吾之氣順，則天地之氣亦順矣。子思曰："致中和，天地位焉，萬物育焉。"③

樂下第十九

樂聲淡則聽心平，樂辭善則歌者慕，故風移而俗易矣。妖聲艷辭之化也，亦然。"樂聲淡"，風之美也；"樂辭善"，風之善也。變而爲妖，美而不美矣；變而爲艷，善而不善矣。知風之自其惟返，則以修德乎。

［眉批］"哀而不傷"，④ "和而不流"，⑤ 其樂聲之淡乎；洋洋盈耳，⑥ 聽心平也。"宜爾室家，樂爾妻孥"，⑦ 其樂辭之善乎，父母其順矣乎。"歌者慕"也，風利於上，俗易於下；反是而爲妖艷，其害深矣。

［總批］淡中有至味焉，聽之而心平，亦心而益知其味也。《孟子》曰："仁言不如仁聲之入人深也。"《小序》曰："言之不足，故長言之；長言之不足，故詠歌之；詠歌之不足，故嗟嘆之；嗟嘆之不足，則不知

---

① 語本《孟子·公孫丑上》："人皆有不忍人之心。先王有不忍人之心，斯有不忍人之政。"
② 見《漢書·文帝紀》元年三月。
③ 見《中庸》。
④ 見《論語·八佾》："子曰：'《關雎》，樂而不淫，哀而不傷。'"
⑤ 見《中庸》："君子和而不流，強哉矯。"鄭玄注："流，移也。矯，強貌。"
⑥ 見《論語·泰伯》："子曰：師摯之始，《關雎》之亂，洋洋乎盈耳哉！'"
⑦ 見《詩·小雅·常棣》。

手之舞之、足之蹈之也。"① 是故聖人之情見乎辭，反是者，奸聲感人而逆氣應之，詖②淫邪遁之辭生於其心，害於其政矣。

聖學第二十

"聖可學乎？"曰："可。"曰："有要乎？"曰："有。""請聞焉。"曰："一爲要。一者無欲也，無欲則靜虛動直。靜虛則明，明則通；動直則公，公則溥。明通公溥，庶矣乎！"一者，一其心也。無欲者，欲其所欲，無欲其所不欲也。欲其所欲，故動直；無欲其所不欲，故靜虛。靜虛動③而聖人之心可得而見矣。

［眉批］聖人"毋意、毋必、毋固、毋我"。④ 欲也者，意、必、固、我之總名也，分而爲好惡。"靜虛動直"，虛則無好無惡，直則能好能惡也，流而爲意、必、固、我。"明通公溥"者，"毋意、毋必、毋固、毋我"也。毋意、必、固、我，聖人可學而至矣。

［總批］聖人可學而至也。聖人先得我心之所同然者也。人心之本同也，欲異之也。是故靜本自虛，其不虛者，欲昏之也；動本自直，其不直者，欲亂之也。其惟欲仁乎，其惟"己欲立而立人，己欲達而達人"⑤乎！欲仁而心之同然者見矣，聖人可學而至矣。

公明第二十一

公於己者公於人，未有不公於己而能公於人也。明不至則

---

① 按："言之不足"至"足之蹈也"，綜合《毛詩序》《樂記》而徵引之。此引文學者們一般歸諸《大序》，參張西堂《詩經六論·關於毛詩序的一些問題》。
② 詖（bì），偏頗。
③ 據文意，"動"後當脫"直"字。
④ 見《論語·子罕》。
⑤ 見《論語·雍也》。

疑生。明，無疑也。謂能疑爲明，何啻千里！公於己如太空之無滯，公於人如太空之有容。無滯有容而日月照臨於其間，明之至也，何疑之有！

［眉批］公於己曰信，公於人曰善。不公於己而曰能公於人，示公而已矣。公生明示公生疑，"謂能疑爲明"，不啻千里。

［總批］己、人一也，"一日克己復禮，天下歸仁焉"。① 己未克而私害之矣。公生明而私生疑。千古己私未克，未有不行浸潤、膚受之譖愬②者。

理性命第二十二

厥彰厥微，匪靈弗瑩。③ 剛善剛惡，柔亦如之，中焉止矣。二氣五行，化生萬物。五殊二實，二本則一。④ 是萬爲一，一實萬分。萬一各正，小大有定。無汩⑤其靈，無淆其中，無失其實，無二其一，則正與定懸之有象矣。

［眉批］靈，天知也，非一知半解所能湊泊⑥也；中，天德也，非"執中無權"⑦ 所能依附也。"萬一各正，大小有定"，天道也。就非禮之禮、非義之義所能安排也，以天知成天德，以天德成天道，其惟聖人乎！

---

① 見《論語·顏淵》。
② 語本《論語·顏淵》："子張問明。子曰：'浸潤之譖，膚受之愬，不行焉，可謂明也已矣；浸潤之譖，膚受之愬，不行焉，可謂遠也已矣。'"譖（zèn），毀人之短；愬，愬己之冤。
③ 參《朱子語類·周子之書·通書》："彰，言道之顯；微，言道之隱。'匪靈弗瑩'，言彰與微，須靈乃能了然照見，無滯礙也。"靈，聰慧，明哲。
④ 朱熹《通書注》："五行之異，本二氣之實；二氣之實，又本一理之極。"
⑤ 汩，淹沒。
⑥ 湊泊，湊合。
⑦ 執中無權，主張中道而不知權變，見《孟子·盡心上》。

[總批]理性命者,"窮理盡性,以至於命也"。窮理要窮到那窮處,"匪靈弗瑩"也;盡性要盡到那盡處,"中焉止矣";性理要窮盡到那以至於命處,"五殊二實,二本則一"也。"五殊",理也;"二實",性也;"二本則一",命也。"萬一各正,大小有定",嗚乎至矣!

顏子第二十三

顏子"一簞食,一瓢飲,在陋巷,人不堪其憂,而不改其樂"。① 夫富貴,人所愛也。顏子不愛不求,而樂乎貧者,獨何心哉?天地間有至貴至愛可求,而異乎彼者,見其大而忘其小焉爾。見其大則心泰,心泰則無不足。無不足則富貴貧賤處之一也。處之一則能化而齊。故顏子亞聖。至貴者,天爵良貴也;至愛者,好仁者無以尚之也;可求者,求則得之,舍則失之也。"見其大而忘其小焉"者,"'既醉以酒,既飽以德',② 言飽乎仁義也,所以不願人之膏粱之味也"。③ "顏子亞聖"者,孔子樂在其中,顏子不改其樂也。嗚乎!改其樂則"驅而納諸罟擭④陷阱之中",改其樂則"擇乎中庸而不能期月守"矣。⑤

[眉批]周子每令程子尋孔顏樂處,⑥ 讀此篇"獨何心哉",四季如聞錫天廣樂,其聲動心。心虛則無足,故好學;"心泰則無不足",故樂天。

---

① 見《論語·雍也》。
② 見《詩·大雅·既醉》。
③ 見《孟子·告子上》。願,羨慕。
④ 罟(gǔ),網的總稱。擭(huò),捕獸用的機關木籠。
⑤ 兩句皆見《中庸》。
⑥ 見朱熹《論語集注》引程子曰:"昔受學於周茂叔,每令尋仲尼、顏子樂處,所樂何事。"

［總批］人之樂富貴者，庸人也；不樂富貴而無所樂，則倒行逆施，犯上作亂之禍起矣。其惟樂道乎！樂道則無入不自得，① 是故出可以爲堯舜，交可以爲孔顏。

師友上第二十四

天地間，至尊者道，至貴者德而已矣。至難得者人，人而至難得者，道德有於身而已矣。求人至難得者有於身，非師友，則不可得也已！真道、真德、真人、真身、真師、真友，三代而下，僅聞此言，誓與吾同志啓真心，養真氣，必求所以至之者。

［眉批］身也者，父母之遺體也。有道有德，死猶生也；無道無德，生猶死也。孟子曰事親從兄，② 周子曰親師取友，③ 嗚乎一而已矣。

［總批］無師友者，得聞此言，而後知求師求友，如饑者之求食、寒者之求衣也；有師友者，得聞此言，而後知親師取友，表裏或不如一，而師友難以教我，始終或不如一，而師友且將棄我也。嗚乎！"聖人復起，不易其言矣。"④

師友下第二十五

道義者，身有之，則貴且尊。人生而蒙，長無師友則愚。

---

① 語本《中庸》："君子無入而不自得焉。"孔穎達正義："言君子所入之處，皆守善道。"

② 見《孟子·離婁上》："孟子曰：'仁之實，事親是也；義之實，從兄是也。'"

③ 親師取友，典出《禮記·學記》："五年視博習親師，七年視論學取友。"

④ 見《孟子·滕文公下》。"其"，《孟子》原文作"吾"。

是道義由師友有之。而得貴且尊，其義不亦重乎！其聚不亦樂乎！字字入心，字字入情，每半夜讀此，恍親侍先生左右，俯仰間覺"風月無邊，庭草交翠"也。

［眉批］"道義由師友有之"，道義由親師取友有之也。天地古今無貴於此者，無尊於此者，於心無重於此者，於性情無樂於此者。

［總批］宋道學開自濂溪，論者或莫得其淵源之所自。然觀此二篇，則親師取友之樂入於性情者深矣。聖人無常師，然自有天地以來，絕未有無師無友而可以成一人者。

過第二十六

仲由喜聞過，①令名無窮焉。今人有過，不喜人規，如護疾而忌醫，寧滅其身而無悟也。噫！天地、父母與聖人循循善誘之心一時俱從丹田中涌出，百世而下，聞其風，莫不興起也。

［眉批］聞過而愠，下也。聞過而懼，可與言矣。聞過而喜，然後能改；喜者，爲己之誠也。吟風弄月以歸，纔當得此一"喜"字。

［總批］字字警悚，字字真切，不啻發吾之病而藥之，吾何幸而得聞此言！嗚乎！仲子吾師哉！周子吾師哉！

勢第二十七

天下，勢而已矣。勢，輕重也。極重不可反。識其重而亟反之，可也。反之，力也。識不早，力不易也。力而不競，天也；不識不力，人也。天乎？人也，何尤！天下之勢在新舊，吾身之勢在內外。識力俱到，則外物自格，所以"銖視軒冕，塵視金

---

① 見《孟子·公孫丑上》："孟子曰：'子路，人告之以有過則喜。'"

玉"①也。人定勝天，其無疑矣。

［眉批］昔讀陳大士②《四書》文"亦顧其力量何如耳""亦顧其識量何如耳"，③以爲得未曾有，今乃知其熟讀《通書》得之。

［總批］"識其重而亟反之"，在君爲堯爲舜爲文王，在臣爲禹爲周公爲孔子。孟子曰："予豈好辯哉？予不得已也。"④周子作《通書》也，其有憂患乎！

文辭第二十八

文，所以載道也。輪轅飾而人弗庸，徒飾也，況虛車乎！文辭，藝也；道德，實也。篤其實，而藝者書之，美則愛，愛則傳焉。賢者得以學而至之，是爲教。故曰："言之無文，行之不遠。"⑤然不賢者，雖父兄臨之，師保勉之，不學也；強之，不從也。不知務道德而第⑥以文辭爲能者，藝焉而已。噫！弊也久矣！形而上者謂之道，形而下者謂之藝。"仁義理智根於心，其生色也睟然，見於面"，⑦"出辭氣，斯遠鄙倍矣"，⑧此志道、據德、依仁、游藝，所以爲徹上徹下之學也。虛其內而實於外，則"藝焉而

---

① 見《通書·富貴第三十三》。
② 陳大士，即陳際泰（1567—1641），字大士，號方城，江西臨川人。明末八股文四大家一。著有《四書讀》《五經讀》《大乙山房集》《已吾集》等。
③ 見方苞編《欽定啓禎四書文》卷七。
④ 見《孟子·滕文公下》。
⑤ 見《左傳》襄公二十五年引孔子語："《志》有之：'言以足志，文以足言。'不言，誰知其志？言之無文，行而不遠。"
⑥ 第，只是。
⑦ 見《孟子·盡心上》："君子所性，仁義禮智根於心，其生色也睟然，見於面，盎於背，施於四體，四體不言而喻。"睟（suì）然，潤澤貌。見，同"現"。
⑧ 見《論語·泰伯》。遠鄙倍，避免鄙陋和背理。倍，通"背"。

已",藝必不傳之,亦不遠。天下古今,豈有虛車行遠者哉!

［眉批］厚德載物,① 謂之文言。文言者,信之發而爲善也,失信則虛矣。"大車無輗,小車無軏",② 雖飾何爲哉?有事親從兄、親師取友之學,實也;無事親從兄、親師取友之學,飾也。實之至也,情見乎辭;飾之弊也,無情者不得盡其辭。

［總批］孝弟、謹信、愛衆、親仁,文之本也,③ 文之所以盡美盡善也。以文爲先,以德爲後,則怨天尤人之辭多,亂世亡國之音繁矣。噫!弊也久矣,上下千古,愾然如聞其嘆息之聲。④

聖蘊第二十九

"不憤不啓,不悱不發,舉一隅不以三隅反,則不復也。"⑤ 子曰:"予欲無言。天何言哉!四時行焉,百物生焉。"⑥ 然則聖人之蘊,微顔子殆不可見。發聖人之蘊,教萬世無窮者,顔子也。聖同天,不亦深乎!常人有一聞知,恐人不速知其有也,急人知而名也,薄亦甚矣!天之澤,天下萬物無窮也,不求人知也;聖之教,天下萬物無窮也,不求人知也。聖同天,顔回聖,"遯世无悶,不見知而无悶"也。⑦ 籲有一毫欲求人知之心,則聖人之心不可得而見矣。

---

① 見《易·坤·象傳》:"君子以厚德載物。"
② 見《論語·爲政》。輗,音 ní。軏,音 yuè。朱熹《集注》:"輗,轅端橫木,縛輗以駕牛者。軏,轅端上曲,鉤衡以駕馬者。"
③ 語本《論語·學而》:"子曰:'弟子入則孝,出則悌,謹而信,汎愛衆,而親仁。行有餘力,則以學文。'"
④ 語本《禮記·祭義》:"出户而聽,愾然必有聞乎其嘆息之聲。"
⑤ 見《論語·述而》。
⑥ 見《論語·陽貨》。
⑦ 見《易·乾·文言傳》:"不易乎世,不成乎名,遯世无悶,不見是而无悶。"《中庸》:"君子依乎中庸,遯世不見知而不悔,唯聖者能之。"遯,同"遁"。

［眉批］首條似從"退而省其私，亦足以發"①意徵引，次條似從"賜也何敢望回"②意微引。蓋顏子聞一知十，能"發聖人之蘊，教萬世無窮"。"發聖人之蘊，教萬世無窮"，而人莫知之者，是故聖同天而顏亞聖也。嗚呼！周子發孔顏之蘊，"教萬世無窮"，程子而外，亦復誰知之者？

［總批］聖蘊同天，微顏子，殆不可見，惟其"遯世不見知而不悔"也。然顏子早死，未能盡"發聖人之蘊"，是以聖人慟之。而周子曰"教萬世無窮者，顏子也"，聖蘊深哉，顏子深哉，周子亦深哉。

精蘊第三十

聖人之精，畫卦以示；聖人之蘊，因卦以發。卦不畫，聖人之精，不可得而見。微卦，聖人之蘊，殆不可悉得而聞。《易》何止五經之源，其天地鬼神之奧乎！精至約而蘊至博，至約蘊於至博，至博包乎至約也。畫卦則苞符③見矣。五經猶五星之經天，《易》則日月也，故曰"五經之源"。"大人者，與天地合其德"，"與鬼神合其吉凶"，④故曰"其天地鬼神之奧乎"。

［眉批］聖人之精無不蘊者，不蘊則不精矣；聖人之蘊無非精者，不精則不得謂之蘊矣。精以見言，蘊以聞言，見遠而聞愈遠，亦精深而蘊愈深也。廣大如天地，變動如鬼神，故曰"其天地鬼神之奧乎"。

［總批］聖人之精，蘊諸畫卦以前，"天地鬼神之奧"也，無極也；聖人之蘊，示諸畫卦以後，"天地鬼神之奧"也，太極也。"無極而太

---

① 見《論語·爲政》。
② 見《論語·公冶長》。
③ 苞符，天苞地符的合稱，指河圖洛書。典出《春秋緯》："河以通乾出天苞，洛以流坤吐地符。"
④ 見《易·乾·文言傳》。

極”，“太極本無極”，《周易》之精蘊，微周子，其孰發之！

乾損益動第三十一

君子乾乾，不息於誠，① 然必懲忿窒欲，遷善改過而後至。乾之用，其善是；損益之大，莫是過。聖人之旨深哉！"吉凶悔吝生乎動。"② 噫！吉一而已，動可不慎乎！吉，太陽也。陽極生陰爲吝，吝則凶矣，故吝爲少陰。凶，太陰也。陰極生陽爲悔，悔則吉矣，故悔爲少陽。悔吝者，吉凶之樞紐也。《易》義無不對待者。周子曰"吉一而已"，蓋望人之一於誠也，其意深矣。

［眉批］忿也，欲也，過也，未善也，皆不誠也；懲也，窒也，遷也，改也，皆所以"不息於誠"也。"不息於誠"，則"時乘六龍以御天"③矣。陽極生陰，必自動始，是故"君子終日乾乾"，必自慎動始。

［總批］乾損益者，乾乾之消息④莫大乎損益也；損益動者，損益之消息莫顯乎動也。動而損益隨之矣。"君子乾乾"，所以"不息於誠"也。運消息於不息，斯可謂之慎也已矣。

家人睽復无妄第三十二

治天下有本，身之謂也；治天下有則，家之謂也。本必端；端本，誠心而已矣。則必善；善則，和親而已矣。家難而天下易，家親而天下疏也。家人離，必起於婦人。故睽次家

---

① 語本《易·乾》："九三：君子終日乾乾，夕惕若厲，无咎。"乾乾，自強不息貌。
② 見《易·繫辭下傳》。
③ 見《易·乾·彖傳》。
④ 消息，猶消長。

人，以"二女同居，而志不同行"①也。堯所以"釐降二女於嬀汭"，②舜可禪乎？吾兹試矣。是治天下觀於家，治家觀身而已矣。身端，心誠之謂也。誠心，復其不善之動而已矣。不善之動，妄也；妄復，則无妄矣；无妄，則誠矣。故无妄次復，而曰"先王以茂對時育萬物"，③ 深哉！二女爲睽，"赫赫宗周"，所以"褒姒滅之"也；④ 亡女爲妄，"釐降二女於妫汭"，所以《南風》歌而天下治也。⑤《南風》歌而天下治，夫何爲哉？无妄而已矣。无妄而二女無違心矣，二女無違心而天下無違心矣，"家難而天下易，家親而天下疏也"。故曰："一日克己復禮，天下歸仁焉。"⑥

[眉批] 家人、睽者，"家人離，必起於婦人"也；復、无妄者，"妄復，則无妄"也。家人睽、復无妄者，齊家本於修身，修身本於誠心，誠心本於復也。然則周子之言易可知已，而後知妄復而後能无妄。睽者，家人之妄也。欲家人之无妄，其見父母之心乎！家人之妄，亦即天下之妄也。欲天下之无妄，其見天地之心乎！見天地之心，斯可以"茂對時育萬物"也已。

[總批] 自《虞書》以至於《大學》，不出睽次家人之義；至无妄次復，則《中庸》心法也。嗚乎！妄復則无妄，天下豈有妄人哉！《易》爲諸經之源，周子《通書》所謂，"取之左右逢其源"⑦者。

---

① 見《易·睽·彖傳》。
② 見《書·堯典》。釐降，治裝下嫁（蔡沈注）。嬀汭（guīruì），嬀河的隈曲處。
③ 見《易·无妄·象傳》。茂，通"懋"，勉力。對時，順合天時。
④ 見《詩·小雅·正月》："赫赫宗周，褒姒滅之。"
⑤ 見《禮記·樂記》："昔者，舜作五弦之琴，以歌《南風》。"
⑥ 見《論語·顏淵》。
⑦ 見《孟子·離婁下》。

富貴第三十三

君子以道充爲貴，身安爲富，故常泰無不足。而銖視軒冕，塵視金玉，其重無加焉爾！君子之盡性也無足時，軒冕金玉何加焉！君子之知命也無不足時，軒冕又何加焉！

［眉批］不虧其天知，故充；無不慊於心，故安。貴者，神之清；富者，氣之和。

［總批］如道家常語，而剛大之氣浩然塞乎天地之間，"是集義所生者，非義襲而取之也"。①

陋第三十四

聖人之道，入乎耳，存乎心，蘊之爲德行，行之爲事業。彼以文辭而已者，陋矣！陋者，漏也。不聞聖人之道，視聽言動皆漏也。漏則陋矣，三代而下，競言美文辭，微周子，孰知其陋哉！

［眉批］由孝弟、謹信、愛衆、親仁而爲文，文之上而爲道也；不由謹信、愛衆、親仁而爲文，文之下而爲器也，器則陋矣。

［總批］言聖人之道自入乎耳始，周子之聞道可知也，宋初其有隱君子乎！文辭之陋久矣，宋無君子者，"斯焉取斯"？②

擬議第三十五

至誠則動，"動則變，變則化"，③故曰："擬之而後言，議

---

① 見《孟子‧公孫丑上》。
② 語本《論語‧公冶長》："子謂子賤，'君子哉若人！魯無君子者，斯焉取斯？'"
③ 見《中庸》。

之而後動，擬議以成其變化。"① 變化，天也；擬議，人也。人非天不生，天非人不成。故曰"擬議以成其變化"。

[眉批]"動則變，變則化"，天之變化也。擬，動之幾也，"擬之而後言"，"行顧言"也；議，言之微也，議之而後動，"言顧行"也。② 顧言，吾心之變化也。天之變化得吾心之變化，以成之而爲至誠。

[總批] 變化之無待擬議者，天之道也；變化之必待擬議者，人之道也。人道所以成天道也，合天人而爲至誠，故曰"擬議以成其變化"。

刑第三十六

天以春生萬物，止之以秋。物之生也，既成矣，不止則過焉，故得秋以成。聖人之法天，以政養萬民，肅之以刑。民之盛也，欲動情勝，利害相攻，不止則賊滅無倫焉，故得刑以治。情僞微曖③，其變千狀。苟非中正、明達、果斷者，不能治也。《訟卦》曰"利見大人"，以"剛得中"也；《噬嗑》曰"利用獄"，以"動而明"也。嗚呼！天下之廣，主刑者，民之司命也，任用可不慎乎！天，心乎萬物者也；聖人，心乎天者也；明刑之官，心乎聖人者也。嗚乎難矣！不知天心而言刑，妄也；不知聖心而言刑，愈妄也；不知明刑之心而言刑，妄之至也。鑄刑書而民亂，廢刑書而民愈亂。自《呂刑》④以至於今，蓋鮮有知明刑之心者。

---

① 見《易·繫辭上傳》。
② 見《中庸》："子曰：'……庸德之行，庸言之謹，有所不足，不敢不勉，有餘不敢盡，言顧行，行顧言。'"孔穎達正義："'言顧行'者，使言不過行，恆顧視於行；'行顧言'者，使行副於言，謂恆顧視於言也。"
③ 微曖，幽隱。
④ 《呂刑》，《尚書》篇名。周穆王時有關刑罰的文書，因呂侯請命而頒，故名。亦有學者認爲是春秋時呂國國君所造的刑書。

嗚乎難矣！

［眉批］嗚乎！刑不可輕言也；刑期於無刑，愈不可輕言也。子曰："禮樂不興，則刑罰不中。"① 又曰："人而不仁，如禮何？人而不仁，如樂何？"② 然則求明刑之官，其必仁人而能作禮樂者乎！三代而下，言嚴刑而天下亂，言無刑而天下愈亂。周子曰："天下之廣，主刑者，民之司命也。""苟非其人，道不虛行"，③ 於用刑有明徵矣。

［總批］上下古今數千年利弊如指諸掌。④ "仁人之言，其利溥哉！"⑤ 願凡百君子之敬而聽之也。⑥

公第三十七

聖人之道，至公而已矣。或曰："何謂也？"曰："天地至公而已矣。" "天無私覆，地無私載"，⑦ 至公也。民受天地之中以生，亦至公也；其不公也，有我而已矣。聖人無我，故與天地參。

［眉批］堯禪舜，舜禪禹，光華復旦，⑧ 天地之心也；"穆穆文王，於緝熙敬止"，⑨ 文明柔順，天地之心也；孔子"無可無不可"，⑩ 仕、

---

① 見《論語·子路》。
② 見《論語·八佾》。
③ 見《易·繫辭下傳》。
④ 參《禮記·仲尼燕居》："子曰：'明乎郊社之義，嘗禘之禮，治國其如指諸掌而已乎！'"
⑤ 見《左傳》昭公三年。"溥"，《左傳》通行本作"博"，兩字義同。
⑥ 語本《詩·小雅·巷伯》："寺人孟子，作爲此詩。凡百君子，敬而聽之。"
⑦ 見《禮記·孔子閒居》。
⑧ 典出《尚書大傳·虞夏傳》所載《卿雲歌》："日月光華，旦復旦兮。"
⑨ 見《詩·大雅·文王》。穆穆，莊嚴和藹貌。於，歎詞。緝熙，光明。止，語氣詞。
⑩ 見《論語·微子》載孔子語："我則異於是，無可無不可。"

止、久、速，① 天地之心也；"顏氏之子，其殆庶幾乎"，② "克己復禮，仁也"，③ 復其見天地之心乎。

［總批］聖人之心，天地之心也。周子智足以知聖人，故其言之簡易如此。

孔子上第三十八

《春秋》，正王道，明大法也，孔子爲後世王者而修也。亂臣賊子誅死者於前，所以懼生者於後也。宜乎萬世無窮，王祀夫子，報德報功之無盡焉。周子明《易》，程子作《易傳》焉；周子明《春秋》，程子作《春秋傳》焉。周子經也，故其言簡而至；程子傳也，故其言詳而明。師弟淵源，傳千古不傳之秘，嗚乎，豈偶然哉！

［眉批］聖人心在萬世，故萬世報之。雖然，萬世祀典奚足以報聖人哉？周子明《春秋》，使萬世亂臣賊子懼，斯可謂聖人子孫也已矣。

［總批］《孟子》曰："《春秋》，天子之事也。"又曰："孔子成《春秋》，而亂臣賊子懼。"《春秋》者，堯舜之心，百王之法，而臣子之大經也。天地不改，日月常新，微④亂賊之黨，孰有不信《春秋》而尊孔子者？

孔子下第三十九

道德高厚，教化無窮，實與天地參而四時同，其惟孔子

---

① 見《孟子·公孫丑上》："可以仕則仕，可以止則止，可以久則久，可以速則速，孔子也。"
② 見《易·繫辭下傳》。
③ 見《左傳》昭公十二年，《論語·顏淵》"顏淵問仁"章所載略異。
④ 微，非也。

乎！昔讀《孔子世家》，贊而嘆其文章之美；今讀《通書》此篇，乃知史猶崇其名，未探其實也。聖人之求天下，後世也務名者得其名，務實者得其實。

[眉批]朱子曰："道高如天者，陽也；德厚如地者，陰也；教化無窮爲四時者，五行也。孔子其太極乎！"① 觀此則知《通書》與《太極圖説》一以貫之矣。蓋天下之書，非其人莫能貫之；亦非其人，莫能實之也。實而虛之，則孔子爲太極；虛而實之，則太極爲孔子。

[總批]尊聖人者，天下萬世之人心也。智足以知聖人，則顔子、曾子、孟子而下，厥惟我濂溪周子。

通書跋②

《通書》始於乾元，羲、文、周、孔所以心心相印也；終於蒙、艮，《正蒙》《啓蒙》所以續續而傳也。蒙、艮作而《通書》止矣者，艮之所以終始萬物也。"誠者，物之終始。"《通書》之作，蓋成言於艮而已矣。是故《通書》作，而《易》始通。

韓以三代兩漢爲宗，其所得者，兩漢而已矣；柳以漢魏六朝爲宗，其所得者，漢魏六朝而已矣；歐以韓爲宗，其所得者，韓而已矣；曾以歐爲宗，其所得者，歐而已矣。斯四者，皆唐宋成體之文也，而皆不能爲三代以上之文，無他，學不足也。嗚呼！三代而下，而有三代而上之文，其必自我濂溪周子。始乎周子，"依乎中庸，遯世不見知而不悔"，其學其文視荀、董、楊、王③，其精醇詳至皆過之。蓋孟子而後，一人而已矣。嗚呼！有三代而上之學，然後有三代而上之文，予於周子信之矣。

---

① 見朱熹《通書注》。
② 《通書跋》原缺，據柳詒徵《新泰州學案》補。
③ 荀、董、楊、王，指荀況、董仲舒、楊雄、王通。

《通書》者，無不通之書也。由此書而通之，而天下無不通之書也。書之難通久矣。孟子曰："盡信書，則不如無書。"書之不能盡道也。學如荀、楊，未通於性；才如屈、馬，未通於天道。人之不能盡通於書也。書之難通也久矣，周子以無欲養其心，百思無不通，以至誠養其性，而學無不通，以"依乎中庸，遯世不見知而不悔"，養其天而道無不通。是故《通書》作而天下無不通之書也。《語》《孟》而後，斯爲繼矣。無不通之書，必傳之無不通之人。人未必求所以通者，當先求所以不通者。禮門義路之不通也，以患得患失故也；周情孔思之不通也，以怨天尤人故也。書之不通也，人蔽之也；人之不通也，書又蔽之也。求書以通人，求人以通書。周子曰："非師友，則不可得也已。"年也愚，謹竊所聞於師者爲《通書》粗解大義，以就正於同學諸君子。

宣統三年辛亥夏五月，泰州後學黃葆年謹跋。

评论

评《波斯人信札》

阿什塔（Ingrid Ashida） 撰
杨法坤 译 许越 校

孟德斯鸠（Montesquieu），《波斯人信札》（*Persian Letters*），Translated by Stuart D Warner and Stéphane Douard. South Bend, IN：St. Augustine's, 2017.

由于对现代哲学方案和美国制度设计的贡献，孟德斯鸠广受赞誉；一位评论家曾简明地指出，孟德斯鸠的声名仿佛"法兰西的洛克"。① 人们通常不会把孟德斯鸠当作诗人，而是更多地视其为启蒙理性主义的最后余波。之后，第一位现代诗人-哲人卢梭异军突起，进入知识界，以美、自由和美德的名义冲破了这栋启蒙大厦。

然而，孟德斯鸠的实际作品让人难以理解这种评述。熟悉孟德

---

① Diana J. Schaub, *Erotic Liberalism*：*Women and Revolution in Montesquieu's "Persian Letters"* (Lanham, MD：Rowman & Littleield, 1995), ix.

斯鸠生平的人都知道，在被称为政治思想家之前，他已是一位文学名人：1721 年，他的书信体小说《波斯人信札》一鸣惊人，让他进入公众视野。在代表作《论法的精神》（The Spirit of the Laws）中的一些关键段落，孟德斯鸠将自己比作雕塑家、比作画家卡拉瓦乔（Caravaggio），甚至还向缪斯诸女神写了一段祷词。① 事实上，通观孟德斯鸠全集，他的小说——尤其是处理爱欲主题的小说——数量与他看上去严肃的政治哲学类作品数量几乎持平。② 简言之，孟德斯鸠的名声可能需要修正：全面探讨孟德斯鸠作品，必须设法处理他理性与诗性的双重面相。

没有任何其他作品像《波斯人信札》那样，能充分展现孟德斯鸠的文学天才，这是他最初也是最好的文艺尝试。《波斯人信札》是一部书信体小说，讲述了两个波斯人乌斯贝克（Usbek）和里加（Rica）从波斯出发去法国游历，也许是为了满足对智慧的纯粹爱欲（第一封信），也许是为了逃避法庭迫害（第八封信）。一定程度上，《波斯人信札》是一本讽刺法国的书。在法期间，两位波斯人一直惊讶于法国人民的虚荣及法兰西生活方式的诸多荒谬。既然他们是外国人——更别提是穆斯林了，他们的言辞就能比孟德斯鸠以他自己的名义所言更大胆、更不敬、更反教权。书中有一处相当大胆，里加直言不讳地称教皇是尊"出于习惯才被崇拜的旧偶像"（第二十九封信）。波斯人的异邦身份被孟德斯鸠熟练地使用成一件武器，用以讥刺法国人不敢公开嘲弄之事。

不过，这本书的主要剧情并没有发生在法国，而是波斯。当乌

---

① 与雕塑家和与卡拉瓦乔的比较，见《论法的精神》序言。对缪斯诸女神的祷词可以在作品第四部分的开头找到。

② 需要承认，这些小说数量惊人，但有些质量不佳，比如下流俗套的《格尼德神庙》（Temple of Gnide）。

斯贝克离开波斯时，他留下了一后宫的妻子，由一群身心俱残的太监看守。虽然时空分隔了乌斯贝克与他的妻子们，但他对她们的猜忌之心似乎只会与日俱增，妻子们反抗他专制统治的企图也同样在增长。乌斯贝克的后宫秩序日益瓦解，相应地，他心理上也陷入了执念、痛苦和否认，二者构成了本书的戏剧性核心。孟德斯鸠利用乌斯贝克残酷的家庭统治，创绘出一幅生动的专制主义心理图景，揭示出专制政权施加给统治者和被统治者的精神暴力。

以上简短描述并没有说清另一个问题：是什么让《波斯人信札》如此富有阅读乐趣？仅在某种意义上，《波斯人信札》才像一块蛋白酥：它远没有看上去那么轻盈。这部作品十分诙谐、有趣、偶尔放纵，让人觉得像部低俗小说；然而与此同时，几乎在不知不觉中，这本书呈现出令人眼花缭乱的主题和复杂结构。尤其是在该书后半部分，人们开始发现信中之信、旋转于神话中的人物以及人物之间微妙的关系网。这些都不是用言辞直接传达，而是往往通过文本的前后不一致和沉默而非任何显明的言语揭示出来。通过对主题的分析，人们可以发现孟德斯鸠处理了一系列至重的话题：自然与习俗、哲学生活的可能性、幸福、虚荣、女人、爱欲等几乎所有可以在他公开的严肃著作中找到的丰富哲学主题。可以说，《波斯人信札》在不失趣味的前提下，为严肃读者提供了一场智慧盛宴。

然而，至少迄今为止，使这部作品引人入胜的复杂性和写作风格，同样也在英语读者与文本之间设置了障壁。当这么多内容极其微妙地结合在一起时，当重要的主题联系只通过最细微的语言线索（如 jalousie 一词的多重含义）在两封看似不相干的信件之间建立起来时，译者的任务便十分艰巨。但华纳（Stuart D. Warner）和杜亚德（Stephane Douard）精妙的《波斯人信札》新译本在此方面表现出色，令人敬佩。这一高水平学术版本巧妙捕捉到孟德斯鸠难以捉摸的风格。华纳和杜亚德还为用各种语言（包括法语原文）阅读该书的读者提供了多种有益工具，包括对孟德斯鸠相当隐晦的书信年代的系统详细的解释，显示撰写信件的先后顺序及被公布的先后顺序的图表（他们指出，这两种顺序经常不一致），统计每个人物撰写和收到的书信数量的表格，以及贯穿手稿的宝贵注释。

我们还必须停下来欣赏华纳为该书撰写的精美导言，它以一种近乎孟德斯鸠式的微妙手法完成。他引导读者找到孟德斯鸠隐藏其普遍主题的地方：通过乌斯贝克的特殊苦难，孟德斯鸠探究了人类幸福的主题（前言，页 xvii），那些有关服装和妇女的信件则常常用来探索自然与习俗之间的关系（前言，页 xxii）。华纳还通过一系列异常犀利的文本分析，为如何进入这样一部机巧精心之作提供了示范。尤其值得一提的是，他给乱伦寓言"阿菲里顿和阿斯塔特"（Story of Aphéridon and Astarté，第六十七封信）提供了精妙解释，其细微之处在本评论中无法一一概述（前言，xxxiii–xliii）。另有一处分析同样精彩，笔者对其印象尤为深刻。译者指出，在涉及一个恳求乌斯贝克让他逃脱阉奴的情节（［校按］第四十二封信）中，孟德斯鸠似乎借助人物的名字和背景（花园）提到了《创世纪》，在逐出伊甸园与阉割之间作了一个耐人寻味的比较。或者，更准确些，华纳这样解释道，孟德斯鸠实际上

> 倒置了《创世纪》中的伊甸园故事——只有在伊甸园之外，而不是在伊甸园之内，它才得到了充分表达。（前言，页 xlviii）

笔者希望这个优秀的译本能鼓励读者以一种崭新的严肃态度重新返回《波斯人信札》。这是一片值得学者们深入耕耘的沃土。哲学在其中扮演的角色，尤其需要更多卓有成效的发掘。从《波斯人信札》一开篇，哲学就起着核心作用。乌斯贝克在第一封信中介绍了

他们的旅行，解释说这是出于"对知识的渴望"，他和里加"为了努力追寻智慧，放弃了安逸生活的享乐"（第一封信）。最初，里加和乌斯贝克此行背后的动机，因而也是全部信件背后的动力，似乎是一种哲学探求。然而，我们很快就会发现，乌斯贝克并不是第一封信中所承诺的开明人士。他最终看起来像个哲学的拙劣模仿者；精神残疾的他因厌倦生活而退缩到理论问题中。正如华纳所言，关键问题变成了"为什么……孟德斯鸠塑造了一个集哲学和专制于一身的人物"（前言，页 xv）。这个问题是《波斯人信札》中哲学论述的令人费解的核心。奇怪的是，乌斯贝克的精神残疾与他写作时对形而上学和政治哲学问题的转向似乎存在某种关联：当他开始更多地退隐到孤独中时，他明确对雷迪（Rhédi）说，自己比以往任何时候都"更像一位形而上学家"（第六十九封信）。要理解哲学——或者至少是某些看似哲学的东西——与专制人格之间这种明显联系的意义，还有更多学术工作要做。

然而，我们也发现一些人展现出乌斯贝克最初声称的对真正知识和智慧的渴望。年轻的波斯人雷迪以"教育自己"为"唯一目的"穿越意大利（第二十五封信）。里加说："我的头脑，正在不知不觉中失去亚洲遗留的一切"（第六十三封信）。这些年轻世界主义者的存在表明，寻求知识的人并不都像乌斯贝克那样自相冲突。孟德斯鸠确信，人的内心深处有一种东西在反抗传统的束缚，并强烈渴望获得一种无国界的知识。

事实上，该书还以另一种方式探讨了各种哲学主题：它似乎旨在唤起读者们的世界主义冲动，这种冲动引领雷迪和里加远离波斯。在孟德斯鸠讽刺法国社会的表象之下，是对读者跳出传统的普遍诱惑。例如，在第三十封信中，里加描述道，法国人在得知他是波斯人后，都不可避免地大吃一惊：

如果一群人中有人偶然得知我是波斯人，我的周围立刻就会响起一片嗡嗡声："啊！啊！先生是波斯人？非同寻常！怎会有人是波斯人呢？"

下一封信反衬了这种法兰西心态。雷迪说，他在意大利的生活让他"走出了笼罩在我出生的国家眼前的阴霾"（第三十一封信）。第三十和第三十一封信呈现出一对截然不同的人类可能性：一面是法国人，他们错误认定自己特定的文化视野涵盖了人类所有可能性的总和。另一面是雷迪，他明白自己生来就带有民族偏见，并努力超越这些偏见。前者说明了盲目接受习俗的荒谬，后者说明了人并不必然受困于传统思维：我们有走出洞穴的办法。两封信共同发出了行动号召。这本书温和地邀请所有生活在社会习俗中的读者——也就是所有读者——审查自己的狭隘思维，拨开习俗遮于视线之上的面纱。

从许多角度看，《波斯人信札》都是一部无法概括的作品；我们最终只能通过实在的阅读才能享受其中的丰富。华纳和杜亚德的出色译本为英语读者体验孟德斯鸠的文学杰作提供了一个新的机会。希望其他学者能接过华纳和杜亚德递出的接力棒，用出色的新解释媲美二人出色的翻译。

评《施特劳斯和文化的神学政治》

希莱尔（Antoine Pageau-St-Hilaire）撰

许越 译

冯·乌索（Philipp von Wussow），《施特劳斯和文化的神学政治》（*Leo Strauss and the Theopolitics of Culture*），Albany：State University of New York Press，2020。

该书标题会让许多读者惊讶或者疑惑，这至少有两个原因。第一，"神学政治"（theopolitics）的含义并非自明，与施特劳斯的哲学著作也缺少明显关联。诚然，宗教和政治在施特劳斯思想中都占据重要位置，他也确实将"神学-政治问题"（the ological-political problem）视为关键问题（*the* problem），但他从未发明 theopolitics 这个术语，也从未试图糅合宗教与政治，他甚至批评政治神学的这种做法。① 第二，该标题说明施特劳斯将"文化"作为哲学的中心概念。施特劳斯的确思考过，文化概念在哲学中占据怎样的位置，但鉴于他批评了"文化"概念，我们很难说他提出了一种新型文化哲学。还好，这并非冯·乌索的主张。我们可以如此澄清这个误导人的标题：最好将施特劳斯的思想理解为一种哲学尝试，通过政治哲学反对"文化"和各种文化哲学，此外，政治哲学必须反思启示宗教提出的问题。"施特劳斯的政治哲学构想形成于与'文化'概念的论辩之中"（前言，页 x）。

本书围绕《哲学与律法》（*Philosophy and Law*）、《德国虚无主义》（"German Nihilism"）、相对主义问题和《耶路撒冷与雅典》（"Jerusalem and Athens"）这几个文本和主题展开讨论，背景部分介绍了青年施特劳斯与马堡新康德主义的背离和他对施米特（Carl Schmitt）的批评。书中既有细致的文本分析，也有对施特劳斯作品同时代争论的更广阔的语境和哲学思考。这些背景分析对作者的课题非常重要，因为他在书中提出的一个主要主张是——我们不仅应根据论点，也应根据情节来理解施特劳斯的著作。冯·乌索坚持认为，施特劳斯的文本不应被视为直截了当的论文；虽然它们不像柏拉图对话那样具有明显戏剧性，但他坚持认为，只要"概念和问题表现出它们的冲突"，参与"展开的哲学戏剧"（页293），它们的论证就具有情节性。

这种对 logos-ergon ［言辞-行动］的动态（dynamic）理解方式，是如何避免把对哲学文本的戏剧性特征的应有关注与解释哲学著作时的语境工作的必要性混为一谈的？这点还不甚清楚。诚然，在哲

---

① 关于施特劳斯作品中以"神学-政治"问题为主题，见 Leo Strauss, *Gesammelte Schriften*, vol. 3, ed. H. and W. Meier (Stuttgart: Metzler, 2008), p. 8.

学史上，哲人之间存在分歧并相互回应，理解这点对所有成功的诠释学尝试都十分重要。避免落入这种语境工作的两个陷阱也同样重要：第一个陷阱是将作品还原为仅仅是其思想背景的表达。幸好，作者并未陷入这种还原主义（reductionism）：冯·乌索从未质疑施特劳斯思想的真正原创性或持久的哲学意义。

第二个陷阱是过度语境化，进而过分强调语境工作试图揭示的某些互文动态的重要性。读者可能会发现冯·乌索此书就有这种问题。虽然他对施特劳斯著作的一些语境分析有意义且有帮助，但其他尝试似乎有些夸张。一方面，我们很难否认，研究施特劳斯与科亨（Hermann Cohen）和施米特的关系，对于理解他对文化哲学的兴起和政治哲学被遗忘的不满非常重要。同样，冯·乌索借助与《哲学与律法》息息相关的古特曼（Julius Guttman）对施特劳斯的《分析》（"Auseinandersetzung"）①一文展开了详尽解释，有助于更好地理解这部艰深著作。但另一方面，作者为解读《德国虚无主义》做铺垫时，对国家社会主义谱系流派进行了冗长讨论（页163-191）；为了说明施特劳斯关注相对主义问题的背景，作者详细论述了文化人类学的兴起和本尼迪克特（Ruth Benedict）关于食人主义的立场（页219-225，230-232，234-237），以及施特劳斯的坚决有力与"西方"的festive［节庆］概念之间的反差（施特劳斯在这方面可与列维纳斯［Levinas］相提并论）；作者还对后殖民主义进行了论述

---

① ［译按］这篇《分析》的具体文献信息是：Strauss, "On the Argument with European Science," in Leo Strauss, *The Early Writings*, Edited by Michael Zank (Albany: State University of New York Press, 2002), p.114; cf. "Zur Auseinandersetzung mit der europäischen Wissenschaft," Leo Strauss, *Gesammelte Schriften* vol.2: Philosophie und Gesetz. Frühe Schriften. Edited by Heinrich Meier (Stuttgart/Weimar: Metzler, 1997), p.349.

（页266-269，页271），这是1967年发表的演讲《耶路撒冷与雅典》的主要戏剧性特征。这些在读者看来很可能多余，有时甚至是引人分心的弯路。作者的学识渊博令人印象深刻，他的许多评述饶有趣味且富有启发，但他对语境的详尽阐述应完全服从于理解研究对象的任务。遗憾的是，这项原则并未得到严格遵守。①有时，人们不禁要问，这些离题内容是否有助于强调文化问题在施特劳斯思想中的重要性。

现在让我们从方法论转向哲学本身。通观冯·乌索全书，我们可以看出，他正确指出了施特劳斯尝试通过恢复一种普遍的视野或标准来超越文化和诸文化。施特劳斯很早就指出，自然"是追求'超越自由主义视野'的文化主义的核心"（页52）。作者多次将施特劳斯对一个标准或自然的追求与他对柏拉图的回归或他的柏拉图主义联系在一起②——我认为这很正确。但同时，冯·乌索对相对主义问题的研究表明，相对主义的逻辑自相矛盾，在施特劳斯看来并非一个完善的论证（页247）。作者认为，除了能"'唤醒一种偏见'，有利于圣经和柏拉图，或耶路撒冷与雅典"（页252），施特劳斯以相对主义之矛攻击相对主义自身的策略冒险且不成功。我认为这是对施特劳斯尝试的具有误导性的错解。对相对主义的形式（formal）反驳不是为了证明任何特定"绝对主义"的有效性，而只是为了证明绝大多数相对主义立场的不可能：如果一个人把他的相对主义奉为教条，他就无法自洽。因为相对主义者应该对所有立场一视同仁，所以他必须以同等态度对待相对主义和绝对主义的立场，这

---

① 再举一个例子，在施特劳斯的《德国虚无主义》之后，梅耶-兰道尔（Mayer-Landauer）在新学院（New School）发生的关于德国哲学和政治的争论，似乎确实不合适（188-191）。

② 前言，页xxii，页37-38，61，65，196，204，264，288-289，293-294。

同样无法自洽。

施特劳斯的观点不是"'绝对主义'或许确实'和相对主义一样真实',但因此也与任何相对主义的立场一样不真实"(页252),而是相对主义无法驳倒任何绝对主义立场,而大多数相对主义立场都自相矛盾,因此它们只要服从逻辑规则,就会被驳倒。现在,相对主义者还有一个自洽的可能,那就是完全接受自身相对主义立场的相对性和偶然性。施特劳斯充分意识到了这种可能性,并将其归因于海德格尔的激进历史主义。施特劳斯当然不能把海德格尔的立场置于文化相对主义自相矛盾的形式之中,而他是否成功回应了海德格尔历史论的挑战,也远非本评论所能及。① 但他反对相对主义的论证不是为了在相对主义的基础上对柏拉图和圣经提出一种非相对主义的偏见。哲学一旦扫除了相对主义障碍,就不必持守任何教条式的立场,而是一定会对这种可能性保持开放,即人类心灵有可能获得某种超越多元文化的普遍标准。我相信,这种开放性是施特劳斯设想中的回归柏拉图。②

冯·乌索的想法略有不同。他正确描述了施特劳斯的柏拉图主义,断言"施特劳斯试图为二十世纪思想重申这一观点——哲学是对自身无知的知识"(页289)。但苏格拉底的 docta ignorantia [无知之学]很快被同化为从神圣启示的角度对人类理性的批判,仿佛施

---

① 关于施特劳斯察觉到海德格尔的立场逃脱了这种形式上的反驳,见 Leo Strauss, *Natural Right and History*, Chicago: University of Chicago Press, 1953, pp. 25-28. 关于海德格尔自己批判这一形式上的争论和他完全接受哲学事业的激进的不确定性,尤参 Martin Heidegger, *The Fundamental Concepts of Metaphysics*, Bloomington: Indiana University Press, 1995 [1929-30], pp. 18-19 [*GA* 29/30, 26-28].

② Leo Strauss, *What Is Political Philosophy? and Other Studies*, Chicago: University of Chicago Press, 1988, pp. 38-39.

特劳斯对柏拉图《申辩》(*Apology*) 的解释与哈列维 (Yehuda Halevi) 并无不同（参页 282）。作者指出，施特劳斯认为哈列维的解读"有些过头了"。[①] 他认为，哈列维和施特劳斯的不同在于，哈列维从苏格拉底的属人智慧中看见了神性智慧的可能以及二者的和谐兼容，而施特劳斯则从苏格拉底试图反驳德尔斐神谕的悖论式证明中看到了"理性与启示之关系的真正模型"（页 282）。我认为二者之间的差异更大。正如施特劳斯对《游叙弗伦》(*Euthyphro*) 的解读所示，施特劳斯认为苏格拉底不信仰希腊宗教的诸神，所以他很可能认为苏格拉底质疑凯瑞丰 (Chaerephon) 证词的神圣来源。无论如何，据施特劳斯的解释，德尔斐神谕不是苏格拉底"使命"的真正起源。理性与启示的真实张力不在于苏格拉底与阿波罗之间的张力，而在于柏拉图与圣经之间的张力。

关于"雅典与耶路撒冷"的问题，冯·乌索认为，这种张力最终无法解决，并给哲学留下了一个难题（如页 264-265）。虽然我同意这一解释，但他似乎没看到这种状态有多么困难，尤其对哲学来说：

> 哲学与启示的互不驳斥怎么可能仅仅是对哲学的驳斥呢？因为如果哲学与启示的互不驳斥性驳倒了哲学，那它似乎也驳倒了启示。如果启示无法驳倒哲学——这种自由探究的生活——那么启示也许就不是唯一需要的东西，顺从的爱的生活也并非显然唯一正确的生活。（页 277）

正如人们经常阐述的那样，问题在于启示无需驳倒哲学，因为

[①] Leo Strauss, *Studies in Platonic Political Philosophy* (Chicago: University of Chicago Press, 1983), p. 170.

它可以建立在信仰之上；而哲学的基础被认为是无助的理性，它不能接受被建立在意志行为之上："以信仰作为基础对哲学是致命的。"①

冯·乌索的说法很有意思：一旦从一种基本张力的角度来看待这个"西方"（页283），施特劳斯对"西方"的极力辩护就显得不那么"老套"（old-fashioned）和教条了；只有这种张力的力量得到充分认识时，这种张力才会得到加强。

---

① Leo Strauss, *Liberalism Ancient and Modern* (Ithaca, NY: Cornell University Press, 1968), p. 256.

图书在版编目（CIP）数据

沃格林与韦伯 / 刘小枫主编. -- 北京：华夏出版社有限公司，2025. -- （经典与解释）. --ISBN 978-7-5222-0820-6

Ⅰ．B1-53

中国国家版本馆CIP数据核字第2024R4N860号

沃格林与韦伯

主　　编	刘小枫
责任编辑	程　瑜
责任印制	刘　洋
出版发行	华夏出版社有限公司
经　　销	新华书店
印　　装	北京汇林印务有限公司
版　　次	2025年4月北京第1版 2025年4月北京第1次印刷
开　　本	880×1230　1/32
印　　张	10.5
字　　数	251千字
定　　价	59.00元

华夏出版社有限公司　地址：北京市东直门外香河园北里4号　邮编：100028
网址：www.hxph.com.cn　电话：(010)64663331(转)
若发现本版图书有印装质量问题，请与我社营销中心联系调换。

经典与解释辑刊

1 柏拉图的哲学戏剧
2 经典与解释的张力
3 康德与启蒙
4 荷尔德林的新神话
5 古典传统与自由教育
6 卢梭的苏格拉底主义
7 赫尔墨斯的计谋
8 苏格拉底问题
9 美德可教吗
10 马基雅维利的喜剧
11 回想托克维尔
12 阅读的德性
13 色诺芬的品味
14 政治哲学中的摩西
15 诗学解诂
16 柏拉图的真伪
17 修昔底德的春秋笔法
18 血气与政治
19 索福克勒斯与雅典启蒙
20 犹太教中的柏拉图门徒
21 莎士比亚笔下的王者
22 政治哲学中的莎士比亚
23 政治生活的限度与满足
24 雅典民主的谐剧
25 维柯与古今之争
26 霍布斯的修辞
27 埃斯库罗斯的神义论
28 施莱尔马赫的柏拉图
29 奥林匹亚的荣耀
30 笛卡尔的精灵
31 柏拉图与天人政治
32 海德格尔的政治时刻
33 荷马笔下的伦理
34 格劳秀斯与国际正义
35 西塞罗的苏格拉底
36 基尔克果的苏格拉底
37 《理想国》的内与外
38 诗艺与政治
39 律法与政治哲学
40 古今之间的但丁
41 拉伯雷与赫尔墨斯秘学
42 柏拉图与古典乐教
43 孟德斯鸠论政制衰败
44 博丹论主权
45 道伯与比较古典学
46 伊索寓言中的伦理
47 斯威夫特与启蒙
48 赫西俄德的世界
49 洛克的自然法辩难
50 斯宾格勒与西方的没落
51 地缘政治学的历史片段
52 施米特论战争与政治
53 普鲁塔克与罗马政治
54 罗马的建国叙述
55 亚历山大与西方的大一统
56 马西利乌斯的帝国
57 全球化在东亚的开端
58 弥尔顿与现代政治
59 拉采尔与政治地理学
60 斯威夫特的鹅毛笔与墨水谜语
61 欧洲历史上的永久和平愿想
62 亚当·斯密：商业生活的立法者
63 施特劳斯与回归古典：
　施特劳斯逝世五十周年祭
64 欧洲历史上的世俗化之争
65 奥古斯丁与罗马帝国
66 沃格林与韦伯